本书受齐鲁工业大学（山东省科学院）人才科研项目
"社会共治视角下直播电商产品质量治理研究"（2023RCKY289）、
国家自然科学基金面上项目"基于理性与感性视角的顾客契合行为机理研究"（72072104）资助。

多元共治格局下
直播电商产品质量治理研究

孙孝静◎著

经济管理出版社
ECONOMY & MANAGEMENT PUBLISHING HOUSE

图书在版编目（CIP）数据

多元共治格局下直播电商产品质量治理研究 / 孙孝
静著. -- 北京 ：经济管理出版社，2025. -- ISBN 978
-7-5243-0265-0

Ⅰ．F724.6

中国国家版本馆 CIP 数据核字第 2025YT6991 号

组稿编辑：张馨予
责任编辑：张馨予
责任印制：许　艳
责任校对：王淑卿

出版发行：经济管理出版社
　　　　　（北京市海淀区北蜂窝 8 号中雅大厦 A 座 11 层　100038）
网　　　址：www.E-mp.com.cn
电　　　话：（010）51915602
印　　　刷：唐山玺诚印务有限公司
经　　　销：新华书店
开　　　本：720mm×1000mm/16
印　　　张：13
字　　　数：206 千字
版　　　次：2025 年 5 月第 1 版　　2025 年 5 月第 1 次印刷
书　　　号：ISBN 978-7-5243-0265-0
定　　　价：98.00 元

前　言

随着互联网技术在国民经济各个领域的全面渗透，电子商务已成为当今社会重要的经济业态形式之一。近年来，以直播电商为代表的电子商务新业态开启了新一轮消费模式升级，成为释放消费潜力的新增长点。网经社报告显示，截至 2023 年 12 月，我国直播电商用户规模达到 5.4 亿人，同比增长 14.16%。2017~2023 年，直播电商市场交易额由 196.4 亿元增长至 49168.0 亿元，直播电商渗透率由 2017 年的 0.3% 增长至 2023 年的 31.9%，业态发展增速远超传统电商，已成为驱动我国电子商务产业发展乃至国内国际双循环相互促进的新发展格局的新引擎。然而，我们在为直播电商业态的发展成就拍手称赞的同时也应清醒地看到，增速持续爆发的直播电商业态已成为产品质量问题的"灰色领地"，以及消费者投诉的"重灾区"，产品质量问题已成为直播电商业态亟待解决的"痛点、难点、堵点"。从"高速发展"转向"高质量发展"成为业态可持续发展的内在要求和迫切需要，而如何建立与这一业态相适应的产品质量治理模式也成为我国政府目前面临的监管难题，构建政府有效监管、行业自律自治、社会各方参与的直播电商产品质量多元共治新格局成为探索业态监管创新的重要方向。

本书聚焦多元共治格局下直播电商产品质量治理这一议题，主要策划并完成了以下研究内容：

第一，多元共治格局下直播电商产品质量治理模式研究。本书进一步明确了直播电商"产品质量"的定义，丰富了"产品质量"和"产品质量问题"的内涵，将直播服务商失信及消费者失真评价等议题融入直播电商产品质量治理研究；基于"治理主体—责任主体"双重角色结构厘清了政府监管机构及平台、直播服务商、商家、消费者等产业链主体的角色定位，并在此基础上建立了多元共治格局下直播电商产品质量治理理论模型。

第二，政府监管视角下直播电商信任困境博弈研究。从"政府监管—行业自治—社会共治"研究逻辑中的"政府监管"视角出发，将直播服务商作为"责任主体"，聚焦实践中愈演愈烈的直播服务商失信问题，建立了政府监管机构、直播服务商和消费者三方博弈模型，探讨了信用激励约束机制、消费者共治成本、政府共治监管成本等关键因素对演化稳定策略的影响。

第三，行业自治视角下直播电商产品质量治理博弈研究。从"政府监管—行业自治—社会共治"研究逻辑中的"行业自治"视角出发，建立了平台、直播服务商、商家三方市场主体的博弈模型，并分析了声誉机制、平台处罚力度、成本等关键因素对演化稳定策略的影响，讨论了平台、直播服务商作为"治理主体"在直播电商产品质量治理中的内在机理和实现路径，揭示了市场主体在直播电商产品质量治理中的核心主体地位。

第四，考虑消费者反馈机制的直播电商产品质量治理博弈研究。从"政府监管—行业自治—社会共治"研究逻辑中的"社会共治"视角出发，综合考虑"治理主体+责任主体"双重角色叠加下消费者反馈机制的正面影响和负面影响，建立了政府监管机构、平台、商家和消费者四方博弈模型，讨论了各方博弈主体策略选择之间的相互作用，并探讨了消费者在线评论声誉机制、消费者失真评论因素、消费者维权概率、政府及平台惩罚机制等关键因素对演化稳定策略的影响。

本书综合考虑直播电商即时性、普惠性、跨界融合性、主体多元化等发展特征，构建了多元共治格局下直播电商产品质量治理理论模型，并按照"政府监管—行业自治—社会共治"的研究逻辑，聚焦实际问题，构建了多方博弈模型，探讨了多元主体参与直播电商产品质量治理的内在机制与实现路径，揭示了平台和直播服务商在直播电商产品质量治理中的"双核心"主体地位，阐明了声誉机制在直播电商产品质量治理中的"双刃剑"作用，验证了不同研究情境下惩罚机制的有限作用，并重点强调了成本因素对直播电商产品质量治理的重要影响，最后为各方主体如何在推动直播电商业态高质量发展中更有效地发挥作用、凝聚共治合力提出了政策建议。本书关于直播电商产品质量治理的系统性思考，为现有网络购物产品质量治理理论体系提供了有益补充；在直播电商业态转型与治理升级的背景下，开展多元共治格局下的直播电商产品质量治理研究，对于构建与直播电商业态相适应的产品质量多元共治新格局、推动业态高质量发展具有重要意义。

孙孝静

2025 年 4 月

目　录

第一章　绪论

一、选题背景与研究意义

（一）选题背景

随着互联网技术在国民经济各个领域的全面渗透，电子商务已成为当今社会重要的经济业态形式之一。我国电子商务市场自20世纪90年代开始萌芽，2013年电子商务交易总额突破10万亿元，其中网络零售交易额实现1.85万亿元，超越美国成为全球最大的网络零售市场（网经社，2024）。近年来，除了市场规模的全球引领之外，我国电子商务业态创新层出不穷，以直播电商为代表的电子商务新业态开启了新一轮消费模式升级，成为释放消费潜力的新增长点。

直播电商业态始于2016年，内容形式不断创新，市场规模持续扩大，已成为国民消费新常态。网经社报告显示，截至2023年12月，我国直播电商用户规模达到5.4亿人，同比增长14.16%。2017~2023年，直播电商市场交易额由196.4亿元增长至49168.0亿元（见图1-1）；直播电商渗透率（直播电商交易规模/网络零售交易规模）由2017年的0.3%增长至2023年的

31.9%（见图1-2），业态发展增速远超传统电商，直播电商在释放消费潜力、增加就业机会、助力乡村振兴、赋能经济发展、提升消费体验等方面的作用日益凸显，已成为驱动我国电子商务产业发展乃至国内国际双循环相互促进的新发展格局的新引擎。

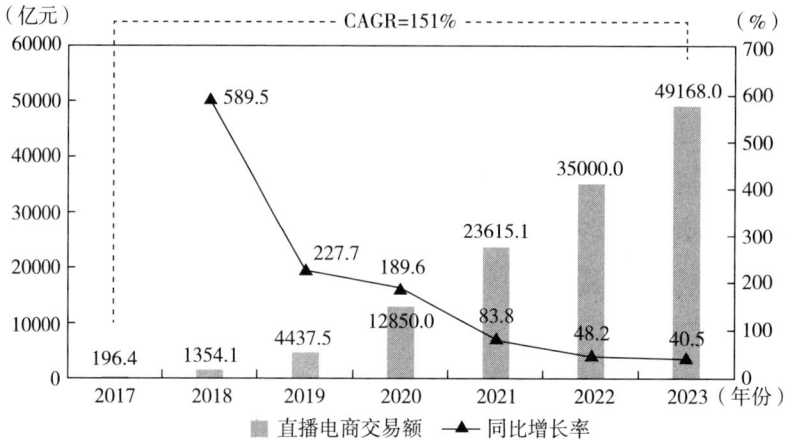

图1-1　2017～2023年我国直播电商发展趋势

资料来源：网经社.《2023年度中国直播电商市场数据报告》发布［EB/OL］.（2024-06-19）［2024-11-25］. https：//caifuhao. eastmoney. com/news/202406191 45226145231440.

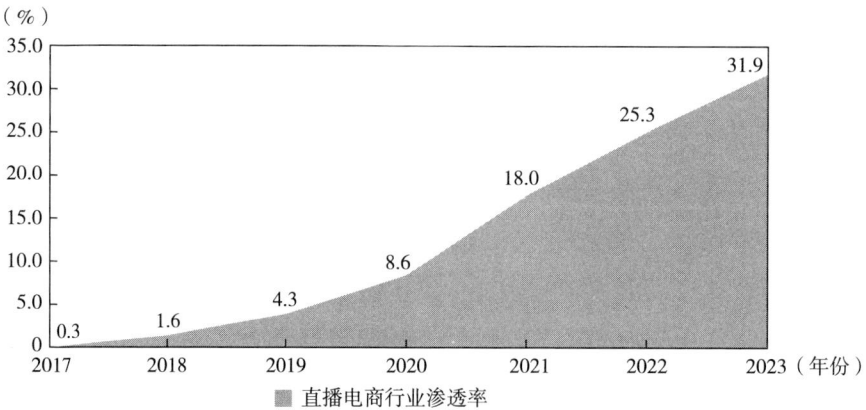

图1-2　2017～2023年我国直播电商行业渗透率发展趋势

资料来源：网经社.《2023年度中国直播电商市场数据报告》发布［EB/OL］.（2024-06-19）［2024-11-25］. https：//caifuhao. eastmoney. com/news/202406191 45226145231440.

　　然而，高速发展的背后往往隐藏着巨大危机，我们在为直播电商业态的发展成就拍手称赞的同时也应清醒地看到，增速持续爆发的直播电商业态已成为质量问题的"灰色领地"。近年来，直播带货产品质量出现问题事件频发，影响了消费者对直播电商业态的信任。国家市场监督管理总局数据显示，2023 年，全国 12315 平台接收直播带货投诉举报 33.7 万件，同比增长52.5%，2023 年投诉举报量是 2019 年的 48.1 倍（见图 1-3），投诉举报增幅明显高于传统电商平台，消费者反映的问题主要集中在购买的商品为"三无"产品、到手商品与直播间展示商品性能不一致、退换货困难等产品质量和售后服务问题（国家市场监督管理总局，2024）。网经社《2023 年度中国直播电商市场数据报告》显示，商品质量、网络售假、虚假促销、售后服务、退换货难、货不对板等质量问题均被列入"2023 年直播电商消费者投诉热点"。此外，中国消费者协会《2024 年"双 11"消费维权舆情分析报告》显示，直播带货是 2024 年"双 11"期间消费者投诉的热点领域，其中假冒伪劣、虚假宣传等问题投诉增幅明显。由此可见，产品质量问题已成为直播电商亟待解决的"痛点、难点、堵点"，从"高速发展"转向"高质量发展"成为业态可持续发展的内在要求和迫切需要。

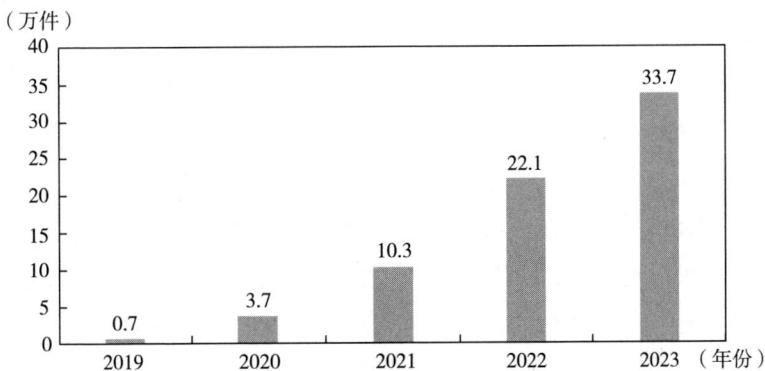

图 1-3　2019~2023 年直播电商投诉举报数量趋势

　　资料来源：国家市场监督管理总局 . 2023 年消费者投诉举报呈现八大特点［EB/OL］.（2024-03-14）［2024-05-15］. https：//mp. weixin. qq. com/s/YDxNGvFIW-F-0WkduiuVlg.

事实上，随着直播电商业态发展理性浮现，部分政府监管机构、平台、主播、MCN（Multi-Channel Network）机构、行业组织等利益相关方逐渐意识到质量对于这一新型业态健康发展的重大意义，并在提升产品质量、推动业态高质量发展方面进行了一定的积极探索。在政府监管层面，一方面，规范性政策文件纷纷出台，国家市场监督管理总局《关于加强网络直播营销活动监管的指导意见》、国家广播电视总局《关于加强网络秀场直播和电商直播管理的通知》、国家互联网信息办公室等七部门《关于加强网络直播规范管理工作的指导意见》、国家市场监督管理总局《网络交易监督管理办法》、国家互联网信息办公室等七部门《网络直播营销管理办法（试行）》、国家互联网信息办公室等三部门《关于进一步规范网络直播营利行为促进行业健康发展的意见》等政策文件的发布实施，推动直播电商业态规范化进程迈上新台阶。另一方面，个别地区开始着手探索与直播电商业态相适应的监管实践创新。例如，北京市海淀区市场监督管理局在直播电商领域开展了"监管沙盒"探索；浙江省为破解直播电商监管取证难问题，上线了基于区块链技术的取证APP"市监保"，其中，诸暨市上线全国首个综合性直播电商治理系统，靶向解决主体监管难、直播监测难、行业自治弱、运营不规范等治理难题；上海市成立了"网络直播营销监管综合协调工作组"，积极探索直播电商社会共治新格局，其中，杨浦区上线直播间"数字监管员"，为直播电商监管转型升级探索新模式。在平台治理层面，直播电商规则体系逐渐完善。以淘宝平台为例，自2016年以来，淘宝先后制定并持续完善《淘宝直播管理规则》《淘宝平台直播交易争议处理规则》《淘宝直播营销准入基础规则》《淘宝直播机构管理规范》《内容MCN机构管理规范》《淘宝直播优质主播首次违规预警规则》《内容MCN机构及主播绑定关系管理规则》《淘宝直播认证管理实施细则》《淘宝直播原石行业管理规范》《淘宝直播珠宝饰品行业管理规范》等平台规则及实施细则，建立了较为完善的直播电商规则体系，并应用人工智能、大数据等新兴技术对主播滥用极限词、流量造假、虚假评论等焦点问题进行了治理。在直播服务商自治层面，部分头部主播及其MCN机构已经认识到带货产品质量对企业长期发展的重要性，开始加速自身进化，积极开展直播选品质量治理。例如，MCN 机构美 ONE 于 2021 年 5 月率先推出了业内首个企业标准《直播电商商品质量与合规管理规范》，并于 2021 年 7 月入选"国家级服务业标准化试点（商贸流通专项）"，为规范直播电商业态发展探索切实可行、可复制、可推广的标准体系和经验做法。2024 年，"美 ONE 优选"品牌正式上线，这标志着美 ONE 开始向供应链深处延伸，探索直播电商与实体经济深度融合的新路径。此外，相关行业组织也纷纷为业态发展赋能发声。例如，2020 年，中国广告协会、中国商业联合会先后发布了《网络直播营销行为规范》以及《直播营销服务规范》团体标准；江苏、上海、浙江、重庆、湖南、广东等多地纷纷建立了直播电商产业联盟，以充分发挥行业组织在规范直播电商业态发展中的重要作用。

尽管不同利益相关方在促进直播电商规范发展方面开展了有益探索，但目前直播电商产品质量治理仍处于探索阶段，治理效果仍不甚理想。从监管供给侧来看，首先，直播电商是融合了市场营销、电子商务、网络直播、广告代言等诸多要素的新型复合业态，原有单一领域的法律法规和监管机制将不可避免地产生"晕轮效应"（韩新远，2021），尽管政府监管机构、行业组织近几年出台的政策文件为平台、商家、主播、MCN 机构等各类主体提供了指导，但目前直播电商产品质量治理法律法规和制度体系尚不完善（宋林霖和黄雅卓，2020；周剑平，2021）。其次，尽管我国已全面整合了市场监管职能，然而直播电商这一新型复合业态的产品质量监管仍涉及多个政府部门，执法中的多头监管和多层监管问题仍然存在（宋林霖和黄雅卓，2020），部门、区域之间的协同监管机制尚未形成。最后，我国对直播电商等新业态创新性地提出实施包容审慎监管，但监管实践中对于"包容创新"与"审慎监管"的割裂认知使得直播电商业态发展矛盾日益突出，不同政府监管机构对于直播电商监管理念、监管力度、监管手段的差异化导致区域间直播电商监管质量和绩效存在较大差距。从监管需求侧来看，主播、MCN 机构、社交平台、内容平台等多元化主体的加入，普惠性和即时性导致的不可控因素增加使得直播电商这一新型业态更为复杂和多变，多元参与主体的责任结构离散和角色定位交叉重叠制约了直播电商产品质量监管的有效性（韩新远，

2021）。此外，平台和直播服务商作为双边市场的营利性主体，其经济性质决定其不可能仅为消费者一方考虑，受经济利益驱使，部分平台或直播服务商可能会对商家及其所提供产品的质量采取宽松管控或者不管控策略，加之电商主播素质参差不齐，行业马太效应明显（毕马威和阿里研究院，2020），90%以上的腰尾部主播在产业链中处于相对弱势地位，在对商家产品质量治理中的作用发挥不足，甚至部分主播为追求经济利益而进行流量造假、虚假宣传（刘雅婷和李楠，2021），从而进一步加剧了直播电商市场中的产品质量问题。因此，尽管多元共治已成为直播电商产品质量治理的共识，但目前各类主体在直播电商产品质量治理中的角色定位和责任结构不甚清晰，有关直播电商产品质量治理的探索相对独立且各自为政，尚未实现不同主体间甚至同类主体间的系统性协同共治，我国尚未建立起与直播电商业态相适应的产品质量多元共治模式。

综上所述，直播电商这一新型业态已成为驱动我国电子商务产业发展乃至"双循环"新发展格局的新引擎，但伴随着市场规模的爆发式增长，产品质量问题成为这一新型业态可持续发展面临的巨大挑战，我国直播电商业态正处于由"高速发展"向"高质量发展"的重要转型期。在直播电商业态转型发展与治理升级的背景下，开展共治格局下直播电商产品质量治理研究，对于构建政府有效监管、行业自律自治、社会各方参与的直播电商产品质量多元共治新格局，推动直播电商业态高质量发展具有重要意义。

（二）研究意义

直播电商越来越深刻地影响着人们的消费及生活方式。作为一种新型经济业态，从"高速发展"转向"高质量发展"已成为直播电商可持续发展的内在要求和迫切需要，如何建立与这一业态相适应的产品质量治理模式也成为我国政府目前面临的监管难题，构建政府有效监管、行业自律自治、社会各方参与的直播电商产品质量多元共治新格局成为探索业态监管创新的重要方向。本书聚焦多元共治格局下直播电商产品质量治理这一议题，具有较强的理论意义和实践意义。

1. 理论意义

目前，国内外关于传统网络购物情境下产品质量治理的研究相对较多，而聚焦直播电商这一新型复合业态下产品质量治理的研究较多关注问题前端，很少有研究系统性地探讨如何建立与直播电商业态相适应的产品质量治理模式，以及多元共治格局下不同主体参与直播电商产品质量治理的内在机理与实现路径等问题，两者在研究深度和系统性方面尚存在较大差距。第一，本书从市场营销视角进一步界定了直播电商业态下"产品质量"的定义，丰富了"产品质量"和"产品质量问题"的内涵。第二，本书创新性地提出了"治理主体—责任主体"双重角色结构，在此基础上厘清了政府监管机构及平台、直播服务商、商家、消费者等产业链主体的角色定位，建立了直播电商产品质量治理角色定位网络体系，并综合考虑直播电商业态发展特征，构建了多元共治格局下直播电商产品质量治理理论模型，形成了较为系统的理论框架。第三，本书基于"政府监管—行业自治—社会共治"的研究逻辑，应用博弈论、数据模拟等方法分别开展了政府监管视角下直播电商信任困境博弈研究、行业自治视角下直播电商产品质量治理博弈研究及考虑消费者反馈机制的直播电商产品质量治理博弈研究，从不同视角探讨了各类主体参与直播电商产品质量治理的责任机制及关键因素对不同情境下演化稳定策略的影响。本书开启了多元共治格局下直播电商产品质量治理模式及多元主体参与共治的内在机理和实现路径研究，研究结果为现有网络购物产品质量治理理论体系提供了有益补充。

2. 实践意义

本书围绕多元共治格局下如何建立与直播电商业态相适应的产品质量治理模式这一现实问题展开研究，具有较强的实践意义。第一，尽管目前关于直播电商的相关政策文件不断完善，但这些文件多数聚焦宏观层面，实际落地的指导文件、制度仍存在缺位，且现有法律法规体系也需根据新的发展环境和业态特点进一步修订，本书的研究结论能够为政府持续完善直播电商法律法规与制度体系提供一定借鉴；本书所构建的多元共治格局下直播电商产品质量治理理论模型，是关于直播电商产品质量治理的系统性思考，能够为政府创新监管新业态提供有效思路。第二，本书基于"政府监管—行业自治—社会共治"的研究逻辑，探讨了多元主体参与直播电商产品质量治理的内在机制与实现路径，揭示了平台和直播服务商在直播电商产品质量治理中的"双核心"主体地位，阐明了声誉机制在直播电商产品质量治理中的"双刃剑"作用，验证了不同研究情境下惩罚机制的有限作用，并重点强调了成本因素对直播电商产品质量治理的重要影响，以上研究结果能够为建立与直播电商业态相适应的产品质量多元治理模式提供一定借鉴。第三，本书基于"治理主体—责任主体"双重角色结构，将直播服务商失信及消费者失真评价等议题融入直播电商产品质量治理研究中，研究结果不仅能够指导政府监管机构、平台、直播服务商、消费者等利益相关方更好地履行产品质量治理责任，还为缓解直播电商业态中愈演愈烈的直播服务商失信问题、更好地发挥消费者反馈的价值、降低失真评价带来的负面影响提供了可行性的策略建议。综上所述，本书能够为政府监管机构、平台、直播服务商、商家、消费者等多元主体在推动直播电商业态高质量发展中更有效地发挥作用、凝聚共治合力提供重要的实践启示。

二、研究目的与研究内容

本书聚焦多元共治格局下直播电商产品质量治理这一议题，目的在于探讨以下问题：①直播电商业态下，"产品质量"的内涵如何界定？产品质量治理主要涉及哪些关键监管议题？②政府监管机构、平台、直播服务商、商家、消费者等关键利益相关方在直播电商产品质量治理中的角色和责任如何厘定？③多元共治格局下如何建立与直播电商业态相适应的产品质量治理模式？④多元主体参与直播电商产品质量治理的内在机理及实现路径是怎样的？声誉机制、成本因素、激励惩罚机制、消费者反馈机制等内在机制对各方主体策略选择有怎样的影响？围绕上述问题，本书主要策划并完成了四项研究内容。

（一）多元共治格局下直播电商产品质量治理模式研究

借鉴市场营销领域对于产品质量的定义，本书进一步明确了直播电商"产品质量"的定义，丰富了"产品质量"和"产品质量问题"的内涵，将直播服务商失信及消费者失真评价等议题融入直播电商产品质量治理研究；探讨了多元主体参与直播电商产品质量治理的必要性；基于"治理主体—责任主体"双重角色结构厘清了政府监管机构及平台、直播服务商、商家、消费者等产业链主体的角色定位，构建了直播电商产品质量治理多元主体角色定位网络体系，探究了不同角色定位下各参与主体的质量策略选择，并在此基础上综合考虑直播电商业态发展特征，结合我国在市场监管职能整合大背景下的监管机制创新及新业态下的监管理念创新，借鉴各地政府监管机构直播电商监管创新的最佳实践，构建了多元共治格局下直播电商产品质量治理理论模型。

（二）政府监管视角下直播电商信任困境博弈研究

直播电商是建立在信任基础上的新型业态，然而目前业态发展面临着"信任反被信任误"的困境。作为连接供需双方交易链和信任链的核心，直播服务商的失信问题，同商品和服务质量问题一样，是导致直播电商产品质量问题的关键治理议题之一；探索行之有效的社会信用体系，是政府监管改革的重要目标和关键职责所在。本部分从"政府监管—行业自治—社会共治"研究逻辑中的"政府监管"视角出发，聚焦实践中愈演愈烈的直播服务商失信问题，建立了政府监管机构、直播服务商和消费者三方博弈模型，探讨了信用激励约束机制、消费者共治成本、政府共治监管成本等关键影响因素对演化稳定策略的影响。

（三）行业自治视角下直播电商产品质量治理博弈研究

行业自治是多元共治格局下直播电商产品质量治理模式的核心组成部分，

相较于政府监管而言，行业自治在技术、信息、成本等方面优势更加明显。本部分从"政府监管—行业自治—社会共治"研究逻辑中的"行业自治"视角出发，建立了平台、直播服务商、商家三方市场主体的博弈模型，并分析了声誉机制、平台处罚力度、成本等关键因素对演化稳定策略的影响，讨论了平台、直播服务商作为"治理主体"在直播电商产品质量治理中的内在机理和实现路径，揭示了市场主体在直播电商产品质量治理中的核心主体地位。

（四）考虑消费者反馈机制的直播电商产品质量治理博弈研究

在以信任为基础的直播电商业态下，社会临场感的打造、更广泛的受众面及更深度的消费者参与使得消费者反馈机制在产品质量治理中的作用更加凸显。本部分从"政府监管—行业自治—社会共治"研究逻辑中的"社会共治"视角出发，综合考虑"治理主体+责任主体"的双重角色叠加下消费者反馈机制的正面和负面影响，建立了政府监管机构、平台、商家和消费者的四方博弈模型，通过各博弈主体策略稳定性分析以及关键因素对演化稳定策略的影响分析，讨论了政府监管机构、平台、商家和消费者策略选择之间的相互作用，探索了消费者在线评论声誉机制、消费者失真评论、消费者维权概率、政府和平台惩罚机制等关键因素对演化稳定策略的影响。

三、研究方法与章节安排

（一）研究方法

1. 文献分析法

本书综合运用文献综述、文献计量分析方法（VOSviewer 软件）对国内外相关文献资料进行了全面收集、归纳整理和深入分析，在系统了解研究现状的基础上深入挖掘本书的研究空间，构建研究框架，为后续研究奠定了坚实的理论基础。

2. 专家访谈法

该方法主要应用于数据仿真初始值的确定、博弈模型的构建和参数设置的讨论。由于博弈论方法的局限性和真实数据获取的困难性，本书在博弈模型构建及参数设置过程中应用专家访谈法收集了专家意见建议，并根据专家意见和建议确定了数据仿真的初始值。

3. 博弈论

聚焦每章研究的实际问题，本书基于演化博弈理论建立了直播电商不同主体间的多方博弈模型，探究了不同情境下各博弈主体之间的相互作用机制，并分析了关键因素对演化稳定策略的影响，为进一步的探讨和数值模拟提供了支撑。

4. 数值模拟法

本书使用 MATLAB 软件对各博弈模型的析出命题进行了数据仿真分析，更为直观地展现了不同研究情境下各博弈主体之间的相互作用机制及关键因素对演化稳定策略的影响，从而对所提出的命题及研究结论进行了验证。

（二）章节安排

本书聚焦多元共治格局下直播电商产品质量治理这一重要议题，基于"治理主体—责任主体"双重角色结构厘清了政府监管机构及平台、直播服务商、商家、消费者等产业链主体的角色定位，构建了多元共治格局下直播电商产品质量治理理论模型，并在此基础上按照"政府监管—行业自治—社会共治"的研究逻辑，应用博弈论和数据仿真对影响直播电商产品质量的关键议题展开了具体研究，技术路线如图 1-4 所示。

本书共分为七章，内容安排如下：

第一章，绪论。本章主要介绍了为什么选择该研究主题，本书的研究意义、研究目的、研究内容、研究方法、技术路线及主要创新点等内容。

第二章，文献综述。本章应用文献计量分析方法对直播电商相关研究进行了全面系统的分析，并重点就直播电商产品质量治理相关研究进行了梳理。

```
┌─────────────────────────────────────────┐
│              第一章  绪论                 │
│  ┌──────────────┐      ┌──────────────┐  │
│  │ •分析研究背景 │      │ •明确研究问题 │  │
│  └──────────────┘      └──────────────┘  │
└─────────────────────────────────────────┘

┌─────────────────────────────────────────┐
│              第二章  文献综述              │
│  ┌──────────────┐   ┌──────────────────┐ │
│  │•直播电商文献计量分析│ │•传统网络购物模式下产品│ │
│  │•直播电商产品质量治理文献│ │ 质量治理文献综述  │ │
│  │ 综述          │   │                  │ │
│  └──────────────┘   └──────────────────┘ │
│       ┌──────────────────────┐           │
│       │ •文献述评与启示        │           │
│       └──────────────────────┘           │
└─────────────────────────────────────────┘

┌─────────────────────────────────────────┐
│       第三章  多元共治格局下直播电商        │
│            产品质量治理模式研究            │
│  ┌──────────────┐   ┌──────────────────┐ │
│  │•直播电商业态发展及监管│ │•多元主体参与直播电商产品│ │
│  │ 历程          │   │ 质量共治的必要性   │ │
│  └──────────────┘   └──────────────────┘ │
│  ┌─────────────────────────────────────┐ │
│  │ •多元共治格局下直播电商产品质量治理模式 │ │
│  │   ——模式的构建基础:内涵界定与角色厘定  │ │
│  │   ——模式的理论搭建:理论框架与要点解构  │ │
│  └─────────────────────────────────────┘ │
└─────────────────────────────────────────┘
```

第四章 政府监管视角下直播电商信任困境博弈研究

第五章 行业自治视角下直播电商产品质量治理博弈研究

第六章 考虑消费者反馈机制的直播电商产品质量治理博弈研究

政府监管机构、直播服务商、消费者三方博弈与仿真分析

平台、直播服务商、商家三方博弈与仿真分析

政府监管机构、平台、商家、消费者四方博弈与仿真分析

"政府监管—行业自治—社会共治"研究逻辑

第七章 研究结论与展望

•研究结论与管理启示   •研究不足与展望

"治理主体—责任主体"双重角色结构

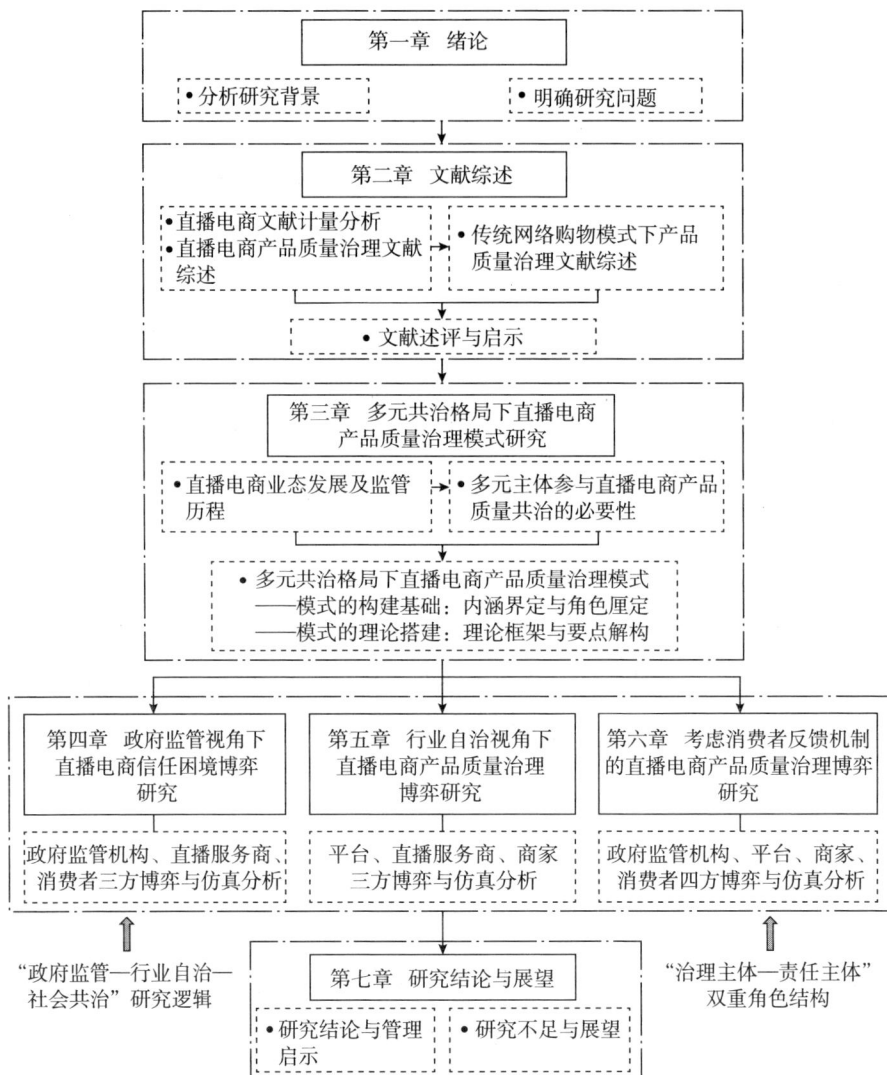

图 1-4 技术路线

资料来源:笔者整理。

鉴于现有研究鲜有涉及直播电商产品质量治理层面,本章进一步扩大文献综述范围,对国内外传统网络购物模式下产品质量治理相关文献进行分析,最后对研究现状进行了述评,总结了现有研究对本书的启示。

第三章，多元共治格局下直播电商产品质量治理模式研究。本章回顾了直播电商业态发展及监管历程，探讨了多元主体参与直播电商产品质量治理的必要性，基于"治理主体—责任主体"双重角色结构厘清了政府监管机构及平台、直播服务商、商家、消费者等产业链主体的角色定位，探究了不同角色定位下各参与主体的质量策略选择，并在此基础上构建了多元共治格局下直播电商产品质量治理理论模型。

第四章，政府监管视角下直播电商信任困境博弈研究。本章将直播服务商作为责任主体，构建了政府监管机构、直播服务商和消费者三方博弈模型，探讨了信用激励约束机制、消费者共治成本、政府共治监管成本等关键影响因素对演化稳定策略的影响，并运用 MATLAB 软件对析出命题进行了数据仿真，本章构成了"政府监管—行业自治—社会共治"研究逻辑中"政府监管"的重要内容。

第五章，行业自治视角下直播电商产品质量治理博弈研究。本章构建了平台、直播服务商、商家三方市场主体的博弈模型，分析了声誉机制、平台处罚力度、成本等关键因素对演化稳定策略的影响并进行了仿真分析，讨论了平台、直播服务商作为"治理主体"在直播电商产品质量治理中的内在机理和实现路径，揭示了市场主体在直播电商产品质量治理中的核心主体地位。本章构成了"政府监管—行业自治—社会共治"研究逻辑中"行业自治"的重要内容。

第六章，考虑消费者反馈机制的直播电商产品质量治理博弈研究。本章综合考虑"治理主体+责任主体"的双重角色叠加下消费者反馈机制的正面和负面影响，建立了政府监管机构、平台、商家和消费者四方博弈模型，讨论了各博弈主体策略选择之间的相互作用，并分析了消费者在线评论声誉机制、消费者失真评论、消费者维权概率、政府和平台惩罚机制等关键因素对演化稳定策略的影响。本章构成了"政府监管—行业自治—社会共治"研究逻辑中"社会共治"的重要内容。

第七章，研究结论与展望。本章对研究结论和管理启示进行了总结，并分析了研究不足，提出了未来研究展望。

四、主要创新点

第一，本书从市场营销视角进一步界定了直播电商这一新型复合业态下"产品质量"的定义，丰富了"产品质量"和"产品质量问题"的内涵，并创新性地提出了"治理主体—责任主体"双重角色结构，在此基础上厘清了政府监管机构及平台、直播服务商、商家、消费者等产业链主体在直播电商产品质量治理中的角色定位，建立了直播电商产品质量治理多元主体角色定位网络体系，使得研究更为立体化、系统化；在此基础上综合考虑直播电商业态即时性、普惠性、跨界融合性、主体多元化等发展特征，构建了多元共治格局下直播电商产品质量治理理论模型，并就多元主体协同共治、"包容审慎监管"的辩证性理解、数据和信息的核心资源地位、信用监管的基础作用性、智慧监管的支撑作用等方面的实施要点进行了重点解构。这是首次关于直播电商产品质量治理的系统性思考，在理论方面具有较强的创新性。

第二，本书按照"政府监管—行业自治—社会共治"的研究逻辑，应用博弈论方法分别构建了政府监管机构、直播服务商和消费者三方博弈模型，平台、直播服务商和商家三方博弈模型，政府监管机构、平台、商家和消费者四方博弈模型，探讨了多元主体参与直播电商产品质量治理的内在机制与实现路径，揭示了平台和直播服务商在直播电商产品质量治理中的"双核心"主体地位，阐明了声誉机制在直播电商产品质量治理中的"双刃剑"作用，验证了不同研究情境下惩罚机制的有限作用，并重点分析了成本因素对直播电商产品质量治理的重要影响。最后为各方主体在完善直播电商法律法规和制度体系、推进多元主体协同共治、发挥直播电商大数据核心资源价值、创新"激励+惩罚"联合作用机制等方面提出了政策建议，为政府监管机构、平台、直播服务商、商家、消费者等关键利益相关方在推动直播电商业态高质量发展中更有效地发挥作用、凝聚共治合力提供了重要的实践启示。

第二章　文献综述

本章对相关文献进行了全面梳理：首先，基于文献计量分析方法运用 VOSviewer 软件构建了直播电商研究可视化图谱，并通过聚类分析对关键研究主题进行了介绍；其次，从直播电商产品质量问题的成因、内涵及表现形式、治理三个层面就直播电商产品质量治理相关研究进行了梳理；最后，鉴于现有研究鲜有涉及直播电商产品质量治理层面，本章进一步扩大文献综述范围，对国内外传统网络购物模式下产品质量治理相关文献进行了分析，以期对直播电商产品质量治理研究提供一定启示。

一、直播电商相关研究

（一）直播电商研究概况

直播电商又称为"直播带货、电商直播"，是依托网络直播技术手段以达成营销目的的新型电商业态，是数字化时代背景下"网络直播"与"电子商务"两种业态双向融合的产物。作为一种新型复合业态，直播电商自 2016 年兴起以来逐渐引起了学术界的关注。2021 年 12 月 21 日，以"直播电商"为主题在 CNKI 数据库进行模糊搜索，文献类型选择"学术期刊""学位论文""会议",共搜索到 2994 条文献记录。对文献内容进行逐条筛选,最终获得直播电商相关文献 1877 篇,包括学位论文 252 篇,期刊论文 1625 篇,其中 CSSCI/核心论文 220 篇,SCI 论文 7 篇。同时,以检索条件 = "Livestreaming E-Commerce"(Title) or "Live-Streaming E-Commerce"(Title) or "Live Streaming E-Commerce"(Title) or "E-Commerce Live Broadcasting"(Title) or "E-Commerce Livestreaming"(Title) 在 Web of Science 数据库中检索,共检索到英文文献 7 篇,笔者均为国内研究学者,其中期刊论文 5 篇,会议论文 2 篇,均发表于 2021 年。直播电商研究文献类型及发表时间分布如图 2-1 所示。

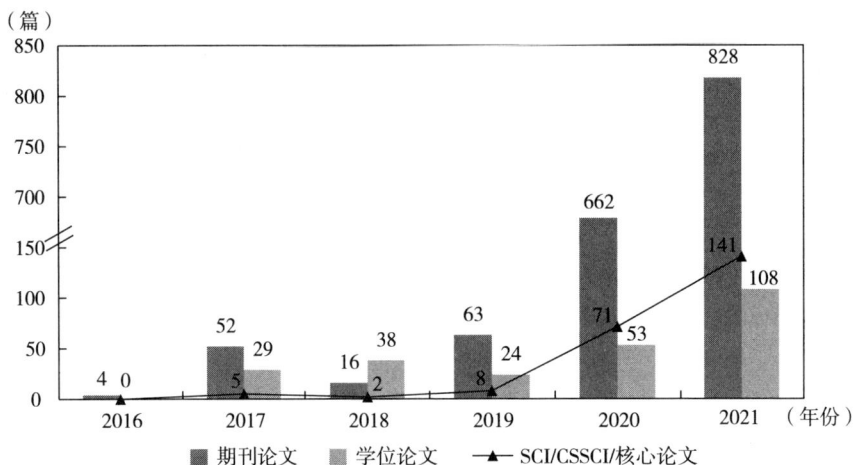

图 2-1 直播电商研究文献类型及发表时间分布

注:由于 2020 年、2021 年文献数量激增,针对这两组数据采取数据截断方式进行绘制。

资料来源:笔者整理。

从图 2-1 中可以看出,直播电商相关研究主要呈现如下两个特点:

第一,有关直播电商的研究数量存在较大波动,自 2020 年起呈现爆发式增长。2016 年,即直播电商发展元年,仅发表期刊论文 4 篇;2017 年发表期刊论文 52 篇,学位论文 29 篇;2018 年,期刊论文发表数量有所减少,仅有 16 篇,学位论文 38 篇;2019 年,发表期刊论文 63 篇,学位论文 24 篇;2020 年,有关直播电商的研究数量剧增,发表期刊论文 662 篇,学位论文

53 篇；2021 年，研究数量仍保持较大幅度增长，共发表期刊论文 828 篇，学位论文 108 篇。

第二，研究前期论文质量不高，自 2019 年起研究深度逐步加强。2016~2018 年，所发表论文基本出自普通期刊，CSSCI/核心论文数量极少；2019 年发表 CSSCI/核心论文 8 篇，占当年论文总数比例接近 10%；2020 年发表 CSSCI/核心论文 71 篇，约占当年论文总数的 10%；2021 年发表 CSSCI/核心论文 134 篇，SCI 收录论文 7 篇，合计约占当年论文总数的 15.06%，这些数据从侧面反映出学术界对直播电商的关注程度与研究深度逐步加强。

（二）直播电商研究可视化图谱

由于文献数量相对较多，传统的文献综述方法效率和适用性较低，因此本书选择文献计量分析方法，应用 VOSviewer 软件对直播电商相关文献进行关键词共现分析和聚类分析，构建直播电商研究的可视化图谱，从而更加直观、高效地呈现分析结果。

第一步：关键词整合。由于同一关键词在不同文献中可能存在表现形式不同，或是表述不完全一致等情况，因此在分析前首先应对关键词进行整合，以确保共现分析结果的准确性。此外，由于英文文献仅有 7 篇，本书不再对英文文献进行单独分析，而是采取将英文关键词直接翻译转化为中文的方式，对中英文文献进行合并分析。表 2-1 是关键词整合规则（示例）。

表 2-1 关键词整合规则（示例）

整合前	整合后
"网红"、网红、网络红人	网红
"直播带货"、直播带货	直播带货
农产品电子商务、农产品电商	农产品电商
冲动购买意愿、冲动性购买愿意	冲动性购买意愿
SOR 理论、S-O-R 理论、S-O-R 模型	SOR 模型
购买意愿、消费者购买意愿、用户购买意愿、消费者在线购买意愿	消费者购买意愿

资料来源：笔者整理。

第二步：共词分析。应用 VOSviewer 软件，"Type of Analysis" 选择 "Co-Occurrence"，"Unit of Analysis" 选择 "Keywords"，共 3650 个关键词，将 "Minimum Number of Occurrences of a Keyword" 设置为 8，共有 111 个关键词符合要求。根据 "Total Strength" 排序，参考关键词数量设置规则，"Number of Keywords to be Selected" 设置为 100（Wen et al.，2022），得到直播电商文献网络可视化图谱，如图 2-2 所示。

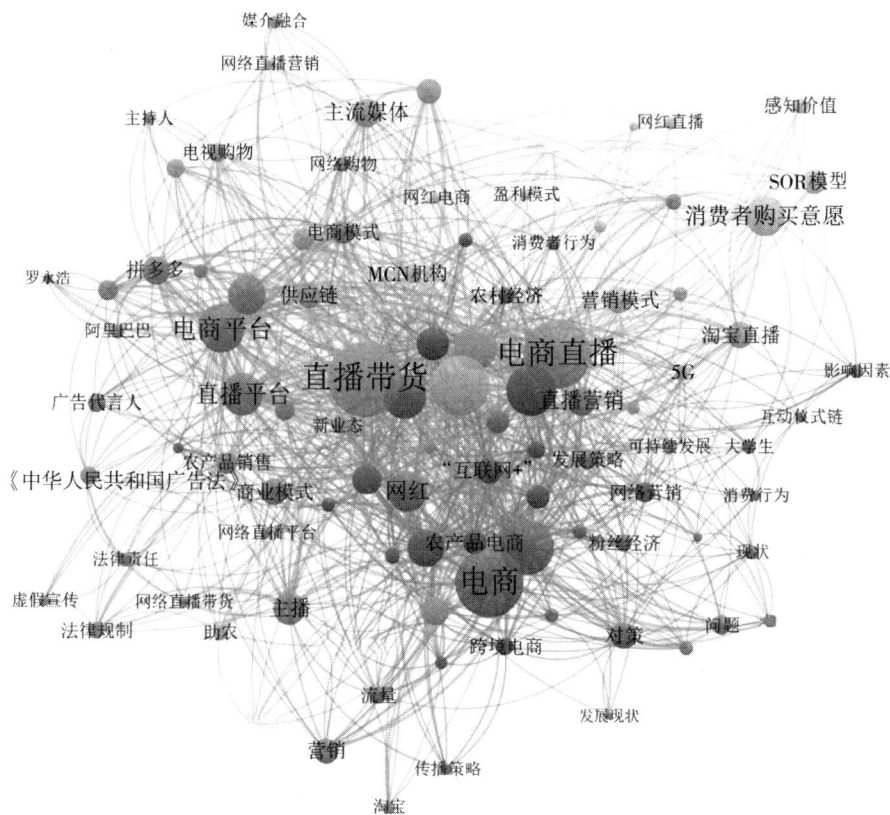

图 2-2 直播电商文献网络可视化图谱

资料来源：笔者整理。

从研究对象来看，现有研究覆盖了直播电商业态的各类参与主体，如直播电商平台（相关关键词：电商平台、短视频平台、网络直播平台、直播平台、阿里巴巴、淘宝、抖音、拼多多、小红书等）、主播（相关关键词：网红、主播、主持人等）、MCN 机构、电商企业、品牌商家、媒体（相关关键词：主流媒体、广电媒体、传统媒体、自媒体、新媒体、媒体融合、媒体转型等）、消费者等。从研究方法与理论来看，文献多采用传统定性描述，应用最多的理论方法是 SOR 模型、社会临场感理论。此外，技术接受模型、SWOT 分析、结构方程模型等方法也在研究中逐渐得到了应用。从涉及学科来看，贸易经济、新闻与传媒、农业经济、市场研究与信息、企业经济、工业经济、出版等学科文献分布相对较多。

第三步：聚类分析。VOSviewer 软件将研究中共现频次最多的 100 个关键词分为 8 个集群，其中 3 个集群的主题最为突出，分别是消费者购买愿意、农村电商与乡村振兴、法律责任与规制，其他多是有关直播电商及其各类参与主体的泛化研究，如概念特征、关注热点、媒体融合、发展现状、存在问题、对策建议、营销策略等。下面对三个关键主题做具体介绍：

第一，直播电商业态下消费者购买意愿相关研究，相关关键词有感知价值、消费者购买意愿、SOR 模型、电商营销、直播经济、营销模式、盈利模式等。不同研究文献分别从有形维度（主播因素、平台因素、互动信息、产品因素）、无形维度（社会临场感、感知示能性、直播特征、购物氛围、感知风险、感知服务质量、感知价值）研究了不同因素之间的互动作用对直播电商消费者购买行为和购买愿意的影响（顾钰炜，2020；刘平胜等，2020；韩箫亦，2020；孟陆等，2020；朱永明和黄嘉鑫，2020；赵保国和王耘丰，2021；Li et al.，2021；杨劼和王璐，2021；李琪等，2021；李森和华迎，2021；张宝生等，2021；都雯雯，2021；田宵函等，2021；刘佳等，2021；闫秀霞等，2021；黄敏学等，2023）。在与该主题相关的研究中，冲动性购买（Impulse Buying）是研究的一大热点。所谓冲动性购买，是指非计划内的购买，是市场营销领域的一个重要概念。现有研究大多集中于探索冲动性购买的影响因素，如 Turkyilmaz 等（2015）研究了个性特征和网站质量对消费者冲动性购买的影响。Chan 等（2017）基于 SOR 理论对影响消费者在线冲动购买的因素进行了整合，并提出了一个分类框架，认为影响消费者冲动性购买的因素主要包括外部刺激（网站刺激、营销刺激、情境刺激）、内部刺激（消费者特征）和有机体（情感反应和认知反应）。刘洋等（2020）基于网络直播购物情境，研究了互动性、可视性、娱乐性、真实性等特征对消费者目的性和冲动性购买行为影响的传导机制。鉴于冲动性购买对市场营销的积极作用，现有研究多从正向视角探讨冲动性购买的驱动和影响因素，而鲜有研究关注冲动性购买的后果。事实上，由于更强的交互性、娱乐性等特征，直播电商业态下冲动性购买所占交易份额较之传统网络购物模式进一步激增，为了诱导消费者冲动性购买，部分主播带货时存在夸大宣传、数据造假等侵害消费者权益的行为。中国消费者协会（2024）与艾媒咨询（2020）的调查数据均显示，40%以上的消费者认为直播电商的最大问题在于直播间购物氛围、主播推介、直播间下单数量等因素导致的冲动性购买；而冲动性购买也成为导致直播电商投诉率高、退货率高的重要原因之一。

第二，农村电商与乡村振兴相关研究，相关关键词有乡村振兴、农村电商、直播助农、农村经济、农产品电商、农产品、特色农产品等。直播电商在推动农村产业升级、推进农产品上行、促进乡村振兴战略中的重要作用已在理论界和社会界达成共识，关于这一主题的研究尽管数量较多，但多数出自普通期刊，研究内容主要集中于总结农产品直播带货中的实际问题、发展困境或现状，探索农产品与直播电商新业态融合发展的新模式，为进一步发挥直播助农的作用提出建议等，研究深度有待进一步加强。

第三，法律责任与规制相关研究，相关关键词有《中华人民共和国广告法》、《中华人民共和国电子商务法》、法律规制、法律责任、虚假宣传、广告代言人、网红、主播等。随着直播电商"带货"行业乱象日益凸显，对这一新型业态的监管已成为理论界和社会界的共识。2020 年以来，相关政府监管部门开展的专项整治活动，以及《市场监管总局关于加强网络直播营销活动监管的指导意见》《互联网直播营销信息内容服务管理规定（征求意见稿）》《国家广播电视总局关于加强网络秀场直播和电商直播管理的通知》《网络交易监督管理办法》《网络直播营销管理办法（试行）》等规章制度的密集性出台，使得直播电商进入常态化监管。然而，由于监管需求侧和供给侧存在的诸多问题，导致目前直播电商监管效率和效果不佳。现有相关研究多数聚焦于监管的必要性（直播电商存在的问题）、监管的难点与现状、主播的法律责任等展开研究，后文就相关内容进行了详细介绍。

二、直播电商产品质量治理相关研究

（一）直播电商产品质量问题的成因

1. 信息不对称

Akerlof（1970）以二手车市场为例，解释了买卖双方之间的信息不对称是如何影响市场有效运作的，并证明了信息不对称可能会导致"逆向选择"，从而形成"柠檬市场"，即劣质产品充斥市场。诸多研究表明，买卖双方的信息不对称是导致网络购物市场产品质量问题最深层次的原因（李波，2014；潘勇，2008；汪旭晖和张其林，2017）。网络购物市场在一定程度上降低了消费者的信息收集成本，却诱发了更高的信息处理成本。与线下市场相比，由于网络购物市场信息与实物相分离、交易者物理空间相分离、商品与平台相分离、支付与商品交割相分离、产品质量评价的主观性、在线产品的不易检验性等特点使得买卖双方的信息不对称现象进一步加剧，从而导致网络购物市场的"柠檬问题"比线下市场更为严重（潘勇，2009）。直播电商业态下，视频直播、实时互动等形式在一定程度上缓解了传统网络购物模式的信息不对称。然而，直播电商"信息爆炸"带来的信息超载，MCN 机构、主播等多元主体入局及直播与交易相分离导致的信息衰减，巨大的流量红利诱导下市场主体更为严重的信息投机行为（如虚假宣传、数据造假、好评刷单等），都进一步反向加剧了交易主体之间的信息不对称。在这种情况下，商家和直播服务商比消费者拥有更多关于交易产品的质量信息，从而导致交易双方利益的失衡，市场中"柠檬问题产品"越来越多，影响了直播电商市场的运行效率。

2. 委托代理问题

根据委托代理理论，委托人和代理人均为追求个体利益最大化的理性经济人，在双方信息不对称情况下，委托人无法观察到代理人的行为，双方利益偏好不一致则容易诱发代理人做出损害委托人利益的行为，即委托代理问题（Sappington，1991）。传统网络购物模式下，平台、商家与消费者之间存在三层委托代理关系：第一，消费者在平台注册账号，委托平台实现交易的达成，这构成了消费者与平台之间的委托代理关系，消费者为"委托人"，平台为"代理人"，消费者与平台之间不存在根本的利益冲突（汪旭晖和张其林，2015），因此不存在委托代理问题。第二，商家在平台注册，平台委托商家满足消费者的购物需求，商家遵守平台规则并提供产品资源，这构成了平台与商家之间的委托代理关系，平台为"委托人"，商家为"代理人"。第三，消费者与商家的交易构成了两者之间的委托代理关系，消费者为"委托人"，商家为"代理人"。在以上两层委托代理关系中，平台与商家之间利益目标不一致导致双方"关系异化"，"平台代理激励"与"商家经营绩效"的脱钩导致"委托—代理激励缺位"，消费者"短期可见成本"与商家"长期风险收益"之间的矛盾导致"非对称激励"，这些因素产生的委托代理问题，成为网络购物市场"柠檬问题"的主要原因（汪旭晖和张其林，2017）。直播电商业态下，由于主播、MCN 机构等直播服务商的加入，委托代理关系进一步复杂化，如消费者与直播服务商之间的委托代理关系，直播服务商与平台之间的委托代理关系，商家与直播服务商之间的委托代理关系，由于委托代理双方之间的信息不对称、利益目标不一致及激励缺位等，使直播电商业态中的委托代理问题更加突出，成为导致直播电商产品质量问题的主要原因之一。

（二）直播电商产品质量问题的内涵及表现形式

本书之所以选择"产品"一词，是因为相较于"商品""货品"等词汇，"产品"是一个更为广义的概念。直播电商是融合了市场营销、电子商务、网络直播、广告代言等诸多要素的新型复合业态，在市场营销领域中，学者们通常基于消费者视角将产品质量分为"客观质量"和"感知质量"。

顾客感知价值理论认为，客观质量是指"相对于某些预先确定的理想标准，具有可测量和可验证的优越性"；感知质量则被定义为"消费者对于产品整体卓越性或优越性的判断"，因此感知质量的内涵如下：①不同于客观质量或实际质量；②是更高级别的抽象维度而非产品的特定属性；③在某种情况下是一种类似于态度的整体评价；④通常是在消费者的诱发集合中作出的判断（Zeithaml，1988）（见图2-3）。

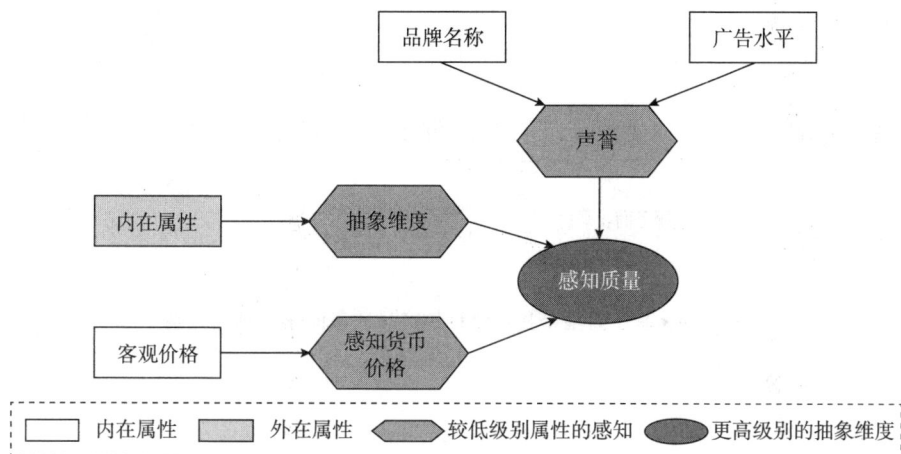

图 2-3 感知质量的概念模型

资料来源：Zeithaml V A. Consumer perceptions of price, quality and value：A Means-End model and synthesis of evidence [J]. Journal of Marketing, 1988, 52 (3)：2-22.

借鉴 Zeithaml 对于感知质量的定义，本书将直播电商产品质量定义为顾客对于所购买的直播带货产品卓越性或优越性的判断。在该逻辑情境下，直播电商产品质量问题，远远超越了商品本身的客观质量问题的范畴，而是指影响消费者感知质量的各类问题的统称。本书基于直播带货全流程视角，识别了各个子流程常见产品质量问题的外在表现，并在此基础上总结出了直播电商产品质量治理的三大关键议题：商品及服务质量问题、直播服务商失信问题及消费者失真评价问题，如图 2-4 所示。

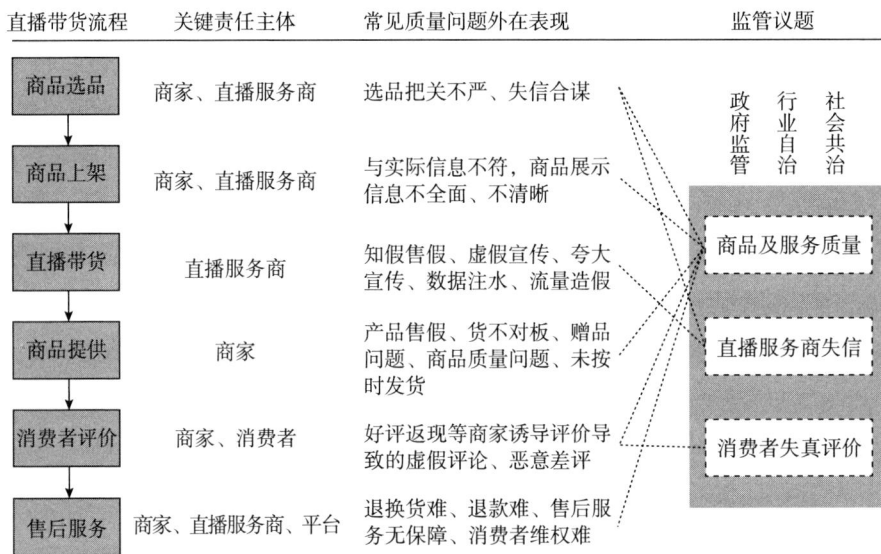

直播带货流程	关键责任主体	常见质量问题外在表现	监管议题
商品选品	商家、直播服务商	选品把关不严、失信合谋	政府监管 行业自治 社会共治
商品上架	商家、直播服务商	与实际信息不符，商品展示信息不全面、不清晰	
直播带货	直播服务商	知假售假、虚假宣传、夸大宣传、数据注水、流量造假	商品及服务质量
商品提供	商家	产品售假、货不对板、赠品问题、商品质量问题、未按时发货	直播服务商失信
消费者评价	商家、消费者	好评返现等商家诱导评价导致的虚假评论、恶意差评	消费者失真评价
售后服务	商家、直播服务商、平台	退换货难、退款难、售后服务无保障、消费者维权难	

图 2-4 基于直播带货全流程的产品质量问题识别与归纳

资料来源：笔者整理。

对于目前直播电商市场中愈演愈烈的产品质量问题，商家应负主要责任，但并不是唯一的责任主体，直播服务商、消费者不仅是直播电商产品质量问题的重要治理主体，还是关键的责任主体，直播服务商失信问题、消费者失真评价问题，同商品及服务质量问题一样，也是提升直播电商产品质量、促进业态高质量发展迫切需要解决的关键议题。

1. 商品及服务质量问题

商品及服务质量问题主要包括商品质量问题及与之相关的服务问题，其中最为突出的是商品质量问题、售后服务体系不完善及消费者维权困难等问题。

商品质量问题由来已久，并非直播电商新业态衍生出的新问题。网经社电子商务研究中心 2011~2020 年发布的《中国电子商务用户体验与投诉监测报告》显示，商品质量、制假售假等问题几乎年年入选前十大投诉热点。尽管直播电商业态下，视频直播、实时互动等在一定程度上缓解了传统网络购物市场的信息不对称问题，然而，多元化参与主体的入局、直播与交易相分离、"全网最低价"导向下的劣质驱逐良币、工具理性逻辑驱动下的业态传播失范、"即时性"导致的不可控因素增加、新业态监管的滞后性等因素也反向加剧了直播带货中的商品质量乱象（夏令蓝和宋姣，2020；王之熙和仲余年，2020；田丽，2020；王彪和高贵武，2020；周剑平，2021；梅傲和侯之帅，2021）。直播电商商品质量问题通常有两种类型：第一种是假冒商品，是指存在伪造或冒用厂名、厂址、产品名称、质量标志，伪造或者使用虚假产地，假冒注册商标等情形的商品。第二种是劣质商品，是指质量、性能指标达不到应有标准，或是掺杂使假、以假充真、以次充好的商品，这种情形在直播电商中也较为常见。直播电商的即时性和普惠性等特征，导致该业态下的商品质量问题相较于传统电商更具危害性。

售后服务体系不完善，主要是指直播电商业态中存在的售后无门、退换货难、发货、物流等问题。直播电商业态下，直播与交易相分离，商家、主播、MCN 机构等多元化主体之间法律责任界定不清晰，在缺乏外部约束的环境下，部分商家和直播服务商将前端客户开发引流作为主要关注点，对后端售后服务不重视，甚至拒绝提供售后服务（邓锦雷，2020）。此外，依托流量优势新加入的内容平台和社交平台，电商、供应链基础较为薄弱，商品供应、物流体系、消费者投诉处理等售后服务体系不健全，部分平台通过跨平台导流方式实现流量变现，不同平台、直播服务商、商家法律责任进一步交织，从而导致不同主体间"踢皮球"，不发货、少发货、晚发货、限制退货、拒绝退货等乱象频发。

消费者维权困难，在直播电商业态下相较于传统网络购物模式进一步加剧。首先，追责对象更加模糊（黄楚新和吴梦瑶，2020）。直播电商业态下，消费者维权可能涉及商家、主播、MCN 机构、平台等众多主体，而且与消费者直接互动的主播可能兼具生产者、销售者、广告代言人、广告发布者等多重身份，多元化责任主体、重叠的法律角色，再加之可能存在的跨平台交易，导致消费者和政府监管机构难以确定责任对象（夏令蓝和宋姣，2020）。其次，取证难度进一步增加（李秋红，2020）。相较于传统网络购物模式，直播电商业态产生的数据量呈指数级增长，现有技术手段难以对如此海量数据进行实时监测；加之直播电商"即时性"特征导致直播带货过程中不可控因素增加，部分主播未能按照要求保存视频影像，甚至在直播结束后直接下架商品或者被投诉后直接关闭店铺，因此消费者在维权时往往难以获取原始证据，追责对象的模糊性和取证难度的增加导致直播购物消费者维权更加困难。

2. 直播服务商失信问题

直播服务商失信问题主要是指主播、MCN 机构等直播服务商在直播带货过程中虚假宣传、数据流量造假等问题。

虚假宣传，是指主播在直播过程中传递与商品或服务实际内容不相符的虚假信息，从而导致消费者误解的行为。中国消费者协会（2024）发布的直播电商满意度专项调查结果显示，消费者对于宣传环节的满意度评分最低，仅为 64.7 分。传统网络购物模式下，虚假宣传问题随着业态的发展得到了有效治理，然而直播电商的"即时性"特征，一定程度上又为虚假宣传的卷土重来提供了土壤。一方面，受经济利益驱使，一些不良商家可能会向主播、MCN 机构提供商品和服务的不实信息，从而导致主播在不知情的情况下做出虚假宣传；另一方面，部分主播法律意识淡薄，为了追求利益而在知情情况下刻意夸大、虚构商品性能和效果（王家宝和武友成，2021），或是虚假促销，诱导消费者冲动性下单（顾钰炜，2020）。

数据流量造假，是指直播带货过程中通过刷单制造观看人次、点赞数、评论数、关注数、转发数、成交量、交易额等虚假数据的现象。流量是直播电商变现的基础要素，各大平台争夺的主战场，同时也是商家选择合作主播的核心评价标准。直播带货本质上是由利益驱动的商业行为（田丽，2021），平台、商家、主播、MCN 机构等参与主体在利益导向下，都有可能通过数据流量造假来实现"虚假繁荣"。对于平台而言，其数据造假的主要目的在于获取更多流量，从而提高其变现能力；对于商家而言，可能会与主播联合数据造假，通过营造供不应求的假象，利用"羊群效应"来煽动消费者冲动性下单，从而提高商品销量以获取更多利益；对于主播、MCN 机构等直播服务商而言，一方面可通过虚增交易数据而赚取更多的佣金，另一方面也可通过数据虚假繁荣提升自身影响力，从而获得与更多商家合作的机会。虚假宣传和数据流量造假，不仅误导了消费者选择，破坏了正常的市场竞争秩序，还加剧了"劣币驱逐良币"的恶性效应，严重影响了直播电商业态的可持续发展（苏宏元，2019）。

3. 消费者失真评价问题

消费者失真评价问题是指消费者为获取利益而主动或者受诱导而被动在评论中提供虚假信息、误导性信息或做出指定评价、不实评论等现象。消费者失真评价主要有主动和被动两种类型，恶意评价、好评返现是主动与被动失真评价的常见形式。

"好评返现"是商家诱导评价的常见形式，即商家通过返现、红包、优惠券、抽奖等方式诱导消费者对产品作出非真实评价。"好评返现"是平台商家热衷的一种营销手段，从表面上看，"好评返现"似乎是买卖双方的自愿行为，商家与消费者通过"好评"和"返现"行为实现了互利共赢；但从本质上讲，"好评返现"构成了不正当竞争（郭海玲，2015），这种信用炒作损害了在线评论的正向引导性，冲击了直播电商的声誉评价体系，破坏了正常的市场竞争秩序（韩菁等，2019）。2021 年，国家市场监督管理总局在《禁止网络不正当竞争行为规定（公开征求意见稿）》中指出，经营者不得以返现、红包、卡券等方式足以诱导用户作出指定评价、点赞、转发、定向投票等互动行为。2021 年"双 11"期间，广东省消费者委员会明确指出，"好评返现"违反了国家相关法律法规要求，违背了诚实信用的市场原则，侵害了消费者的知情权、公平交易权等重要法定权利。

恶意评价，是指直播电商交易过程中消费者以无根据的、恶意的差评为手段进行谋利的行为。在线评论机制已经成为影响消费者购买意愿的重要因素，由于消费者对负面信息更为敏感，因此相较于正面评论，负面评论对消费者购买决策的影响更大（吴正祥和郭婷婷，2019）。陆海霞等（2014）研究表明，负面评论文本内容及差评数量均会对消费者购买意愿产生显著的负面影响。黄华和毛海帆（2019）构建了负面在线评论对消费者购买意愿影响的传导机制，研究发现负面在线评论的长度、质量、数量和时效性会影响消费者对这些评论的感知易用性和感知有用性，继而对购买意愿产生显著的负面影响。由于消费者拥有言论自由权，因此差评在一般情况下具有合法性，但当差评基于主观恶意的目的时，就会侵害名誉权从而引发侵权违法责任（王琦，2021）。然而，由于个人评论的主观性，当差评中不包含危害网络基本秩序的内容且在真实交易的基础上产生时，其违法性的判定通常较为困难，而且在言论自由的原则下，商家通过正常的维权渠道要求删除差评的成本较高，因此多数商家在遭受恶意评价时，通常会选择向恶意评价者妥协。恶意评价不仅损害了商家权益，而且严重扭曲了网络诚信，对直播电商生态系统造成了巨大的负面影响（袁源和张永汀，2014）。

（三）直播电商产品质量治理研究

目前专门针对直播电商产品质量治理的研究数量较少，多数研究聚焦于直播电商监管目前存在的问题、难点及现状等展开研究。

从监管供给侧来看，新业态监管的滞后性、法律法规和市场监管体系尚不健全是现有多数研究对直播电商产品质量治理现状的评价。直播电商是融合了市场营销、电子商务、网络直播、广告代言等诸多要素的新型复合业态，因此原有单一领域的法律法规和监管机制将不可避免地产生"晕轮效应"（Halo Effect），无法系统把握直播电商业态全貌做出快速反应（韩新远，2021）。直播电商业态自2016年开始兴起，已完成了初探、蓄能到爆发的发展历程，然而从政府监管层面来看，这一新型业态直到2020年才真正进入"监管元年"。宋林霖和黄雅卓（2020）指出，尽管《中华人民共和国广告法》《中华人民共和国电子商务法》《中华人民共和国消费者权益保护法》等现行法律均对电子商务交易者的责任义务有所涉及，但聚焦至直播电商这一新型业态，多元化主体的法律责任划分、尺度适用性、消费者权益保护等方面还存在诸多薄弱环节。此外，由于直播电商监管涉及的政府机构众多，执法中也存在多头监管及执法力度不足等问题。周剑平（2021）与上述观点基本一致，并指出直播电商立法不完善还体现在不同情境下参与主体的行为关系及相关法律责任界定不明。梅傲和侯之帅（2021）认为，多元政府监管机构职责划分不清晰、行业自律主体联动不足、不同法律规范下治理路径冲突等因素制约了直播电商治理效果。此外，对于直播电商等新业态，我国创新性地提出实施"包容审慎监管"，即一方面对直播电商新业态采取包容态度，赋予其充足的发展空间和更加宽松的创新环境；另一方面严守发展底线，坚决依法打击业态发展中的违法违规行为。"包容审慎"并非是一个全新的概念，常见于金融审慎监管与包容性增长等研究命题中，但与传统经济视域下包容与审慎的单向作用不同，对于新业态的"包容审慎监管"更加强调两者的同时性、互补性与均衡性，即在包容中审慎监管，在审慎中包容创新（刘乃梁，2019）。然而由于相关法律法规制度体系尚不完善，加之新型经济形态释放的巨大红利，各地政府往往在柔性监管过程中出现"重包容轻审慎""包容审慎不监管"等倾向，监管实践中对于"包容创新"与"审慎监管"的割裂认知使得直播电商业态发展矛盾日益突出。

从监管需求侧来看，主播、MCN机构、社交平台、内容平台等多元参与主体的加入，普惠性和即时性导致的不可控因素增加使得直播电商这一新型业态更为复杂和多变，多元参与主体的责任结构离散和角色定位交叉重叠制约了直播电商产品质量治理的有效性（韩新远，2021）。对于主播法律责任的认定是研究和争议的热点之一。主播在不同场景下角色交叉重叠导致法律责任不清，如在不同情形下，主播可能涉及《中华人民共和国广告法》中的广告主、广告经营者、广告发布者、广告代言人等角色，《中华人民共和国电子商务法》中的平台内经营者角色，《中华人民共和国产品质量法》中的生产者、销售者角色，《中华人民共和国消费者权益保护法》中的经营者角色，《中华人民共和国民法典》中的要约人角色，不同直播场景下主播责任不同，且可能存在多重角色交叉重叠（孟雁北，2020），进一步增加了其作为"责任主体"的认定难度。李希盛（2020）指出，如果主播仅仅为塑造个人IP开展直播带货，而未从中获取任何佣金、返利、提成、商业合作、流量赋能等利益，该情形下主播不宜承担广告代言人责任。多数学者认为，主播的法律责任认定，需根据不同情形具体判断。宋亚辉（2020）从《中华人民共和国广告法》视角指出，主播的核心角色是广告代言人，其与销售者之间的关系决定了其是否是广告主，与平台之间的关系决定了其是否是广告经营者和发布者。邱燕飞（2021）按照带货产品的归属将主播责任划分为四种类型："广告代言人""广告代言人+广告发布者""销售者+广告主""生产者+销售者+广告主"。刘雅婷和李楠（2021）认为，商家自播型主播应承担广告主或经营者责任，达人主播应承担广告代言人责任，在平台设立个人直播账号的主播应承担广告经营者、广告发布者、广告代言人等多重责任。姜洁（2021）提出了不同情形下主播的法律责任界定：当主播作为产品生产者或销售者时，应承担"商品经营者+广告主+要约人"责任；作为生产者或销售者员工时，应承担"广告代言人"责任；作为产品生产者或销售者的委托带货人时，应承担"委托代理人+广告代言人"责任；作为 MCN 机构的商业合伙人时，应承担"广告经营者+中介人或代理人"责任；作为 MCN 机构员工时，承担"广告代言人"责任。由此可见，不同研究对主播法律责任的界定也不尽相同，责任界定的模糊性在很大程度上加剧了直播电商失信困境和监管难度。

关于如何完善直播电商产品质量治理，现有研究数量较少且系统性不足。郭延禄等（2023）建立了平台、主播和消费者三方博弈模型，讨论了消费功能性和情感性收益、收益类参数、主播风险态度等因素对各方策略选择的影响。胡春华等（2023）构建了面向直播电商"平台—经营者—消费者"的监管机制模型，运用演化博弈理论分析了不同监管模式下三方主体策略选择的动态演化过程及影响因素，提出了直播电商事前事中事后监管过程中的路径优化策略。费威和王阔（2023）聚焦直播电商食品安全，建立品牌商与主播的微分博弈模型，对比了集中决策、分散决策、成本分担模式下双方的均衡策略。李国昊等（2024）分析了不同的奖惩机制下直播带货平台与政府监管机构的演化博弈模型，并发现政府监管机构采用科学合理的动态奖惩机制有助于直播带货行业的稳健发展。丁国峰（2024）从协同共治视角出发，分析了直播带货法律治理的困境，并有针对性地从立法协同、执法协同和社会协同等方面提出了直播带货法律治理路径。Wang 等（2024）指出，政府政策结构不合理、过多的监管政策抑制了各主体发展的积极性。多数文献仅从建议角度给出泛化的定性描述。例如，进一步完善直播电商产品质量监管法律法规和政策文件体系（邓锦雷，2020；张艳荣和闫晓彤，2021；刘双舟，2020），构建多元主体协同参与的共治监管格局（王家宝和武友成，2021；潘锡泉，2021），把信息监管作为直播电商规范治理的重要工具（宋林霖和黄雅卓，2020），把创新科技手段作为规范治理的支撑（梅傲和侯之帅，2021），鲜有研究从更深层次、系统化视角探讨直播电商产品质量治理问题。综上所述，目前有关直播电商产品质量监管的相关文献较多关注研究前端，即直播电商产品质量问题的表现形式，目前监管存在的问题、难点与治理现状等内容，尽管监管的滞后性、治理难度大、治理效率低下等已成为社会共识，但尚未有研究系统性地探讨如何建立与直播电商业态相适应的产品质量治理模式，以及多元共治格局下不同主体以不同角色参与产品质量治理的内在机理与实现路径等问题，即按照"提出问题—分析问题—解决问题"的范式，现有研究多数仅处于"提出问题"和"分析问题"的初步阶段，而对于如何更深入地"分析问题"和"解决问题"，现有研究鲜有涉及。为全面了解和深入分析研究现状，本书将进一步扩大文献综述范围，对传统网络购物模式下产品质量治理相关文献进行分析，以期对直播电商产品质量治理提供一定启示。

三、传统网络购物模式下产品质量治理相关研究

（一）国外网络购物产品质量治理相关研究

世界主要发达国家建立了相对完善的社会信用体系，社会信用环境较为成熟，因此网络购物模式与传统线下购物模式之间产品质量问题的过渡相对

平缓，并未像我国一样在新模式、新业态发展初期造成产品质量问题的集中爆发，因此国外关于网络购物的研究大多关注营销领域，如消费者购买行为与意愿、消费者满意度、服务质量等，前期鲜有网络购物产品质量治理的相关研究，然而随着全球电子商务和跨境电商的发展，网络购物市场的产品质量问题进一步凸显，逐渐成为各国电子商务监管的重点。研究内容主要聚焦于电子商务法律法规与监管环境、网络产品质量问题治理、市场机制在产品质量治理中的作用等方面。

第一，电子商务法律法规与监管环境的相关研究。多项研究指出，一个国家的政治或监管环境对于电子商务的可持续发展有积极的作用，高质量的法律及执法质量能够促进电子商务的发展（Ndubizu and Arinze，2002；Adam et al.，2020），然而，随着全球电子商务市场及跨境电商的快速发展，法律法规的"滞后性"特征在全球范围内进一步凸显（Ni，2017），因此电子商务法律法规的持续完善成为各国政府监管改革的重点。美国对于电子商务市场的监管采用市场主导型模式，美国联邦贸易委员会将电子商务交易中商家的自我治理作为消费者法律保护的重要组成部分；与美国不同，欧盟采取政府主导型电子商务监管模式，更加注重通过立法发挥国家作用，为电子商务发展提供法律保护（Barkatullah and Djumadi，2018）。2000 年，欧盟发布了《电子商务指令》（The E-Commerce Directive），这一指令奠定了欧盟电子商务的基本法律框架和监管基石，但已无法有效应对当今电子商务发展带来的假冒伪劣产品激增、平台不正当竞争及避税问题、虚假信息问题等各种挑战。因此，欧盟委员会于 2020 年发布了《数字服务法》（Digital Service Act）和《数字市场法》（Digital Market Act）两项提案，对《电子商务指令》进行了升级，进一步强化了平台（尤其是大型平台）在电子商务治理中的责任，指出对不遵守规则的平台最高将处以全球营业额 10% 的罚款；除此之外，两项提案在假冒伪劣产品及有害内容的处理、线上用户的可追溯性、在线风险的应对、监管结构、平台不正当竞争等方面做出了有效应对（European Commission，2020）。Barkatullah 和 Djumadi（2018）在对比美国和欧盟的电子商务监管模式后提出，自我治理在电子商务监管中是非常必要的，然而如果没有政府干预，自我治理模式无法有效运作，因此提出应建立一种融合美国市场主导型模式和欧盟政府主导型模式的电子商务监管模式。

第二，网络产品质量问题治理的相关研究。多项研究指出，互联网已经成为销售假冒伪劣产品的重要载体。Ströbel（2002）指出，相较于线下市场，电子商务市场中的信息不对称现象更为严重，因此更易导致"柠檬问题"的发生。Tiffany 曾起诉 eBay，原因是该平台上销售的假冒 Tiffany 产品令其损失了数百万美元（The Mad Hatter，2006）。欧洲品牌协会（European Brands Association，2020）发布报道称，据欧盟知识产权局（EUIPO）和经济合作与发展组织（OECD）估计，网络假冒伪劣产品贸易在欧盟进口总额中所占比例高达 6.8%，这将给欧盟造成每年 1210 亿欧元的经济损失；不仅如此，在欧盟委员会 RAPEX 数据库登记的假冒伪劣产品中，97%的产品对人们健康安全构成威胁，80%的产品为儿童用品，网络假冒伪劣产品对消费者和欧洲经济造成了巨大伤害。由此可见，网络假冒伪劣产品已成为全球电子商务发展面临的巨大挑战。部分学者研究了网络假冒产品的动机及驱动因素。Raman 和 Pramod（2017）从需求侧和供给侧两个方面进行了总结，并指出影响网络假冒产品的需求侧特征包括消费者特征、文化因素、产品特征和制度特征；供给侧特征包括市场特征、技术特征、文化因素、制度特征、品牌所有者及技术因素。对于网络假冒伪劣产品的治理，相较于政府监管视角，国外更倾向于从技术层面展开研究。例如，Spink 等（2014）开发了一种基于聚类分析的假冒产品分类工具，该工具有助于根据违规类型更有效地制定防伪策略。Wadleigh 等（2015）设计了一个二元分类器，通过自动提取网站 WHOIS 信息、价格、网站内容等特征，来预测该网站是否存在销售"柠檬产品"行为。Cheung 等（2019）提出了一种基于深度学习的卖家共享图像关联检测框架用于识别售假商家，并通过实证对比发现该框架比目标识别方法效率提高了 30%。Lund（2019）基于中和技术，提出了一种利用顶级域名方法以阻止非欺骗性假冒产品交易的方法。虚假评论在很大程度上影响了消费者的感知产品质量，因此对于虚假评论的技术治理也一直是国外学者们的关注焦点。例如，Sun 等（2020）针对在线产品评论的分类问题，提出了一种半监督的方法，为在线真实评论生成特定类别的产品标签。Yelundur 等（2019）提出了一种半监督二元多目标张量分解方法用于监测在线虚假评论。此外，Fouliras（2013）、Monaro 等（2020）和 Fornaciari 等（2020）也从技术层面探讨了基于不同方法的虚假评论的治理问题。

第三，市场机制在电子商务产品质量治理中的作用。Ströbel（2002）探讨了卖家、中介机构、消费者等不同主体在电子商务"柠檬产品"质量治理中的作用，并指出电子商务中所有关于质量治理的讨论本质上也是关于信任的讨论，因为如果消费者信任卖家，卖家能够诚实披露产品信息，那么电子商务市场中就不存在信息不对称和质量不确定性问题。Pavlou 等（2007）指出，网络交易中的不确定性包括卖方的质量不确定性和产品的质量不确定性，信任机制、网站信息量、产品诊断机制、社会临场感等有助于降低卖方的道德风险和买方的逆向选择，从而减少网络交易中的不确定性。Otim 和 Grover（2010）指出，相对于立法，市场机制在假冒商品治理方面更为有效，信息共享、电子市场服务定价、商家网络责任保险等市场机制能够有效遏制假冒产品和品牌侵权等问题。Hui 等（2016）从平台治理视角，探讨了 eBay 平台缓解信息不对称的两种机制——声誉机制（顶级卖家保护计划 eTRS）和买家保护计划（eBP）及两种机制互动的影响，研究结果发现，声誉机制能够使得认证卖家获得更高的价格溢价和产品销量；买家保护计划则能够更好地降低道德风险、减少逆向选择，并使总福利增加 2.9%。然而，Chow（2020）对阿里巴巴和亚马逊平台品牌商家的调查发现，品牌商家对于两大平台在假冒商品治理方面的努力并不满意，品牌商家认为由于平台会从所有产品销售（包括假货销售）中获利，因此平台对假货持容忍态度。事实上，由于平台的双边市场性质（Rochet and Tirole，2003），其在产品质量治理中的贡献度一直备受争议，尽管如此，平台在产品质量治理中应承担核心主体责任早已成为共识（Li et al.，2015）。

通过对国外网络购物产品质量治理的相关文献梳理可以发现，产品质量治理逐渐成为各国电子商务监管的重点，国外研究学者主要从法律法规与监管环境、网络产品质量问题治理、市场机制在产品质量治理中的作用等方面研究了政府法律法规及监管环境、市场机制、技术治理等在网购产品质量治理的作用，主要启示如下：政府监管层面并不存在唯一的、最有效的模式可以直接复制，应根据国家法律法规和监管环境、业态发展实际构建与之相适应的监管模式，重要的是应持续完善以避免模式僵化；网络购物市场更为严重的信息不对称加剧了质量的不确定性和质量问题的复杂性，技术治理的实施很有必要；平台在产品质量治理中处于核心主体地位，然而由于平台的双边市场性质，应进一步创新机制以更好地促进平台参与治理的积极性和有效性；诚信是电商市场产品质量问题更深层次的根源，有关网络购物产品质量问题与主体诚信问题的探讨是相通的，这一观点与本书对于直播电商产品质量问题内涵的界定相契合。

（二）国内网络购物产品质量治理相关研究

国内有关网络购物产品质量治理的研究随着网络购物市场的发展而不断积累和完善，本书着眼于网络购物商品质量问题末端的监管、治理、管控等议题，从宏观——网络购物产品质量治理模式，以及微观——各方主体质量策略影响因素及内在机制两个维度展开综述，以期能够对直播电商产品质量治理提供一定启示。

第一，网络购物产品质量治理模式相关研究。李波（2014）建立了全主体、全过程、全面的"网络购物产品质量三级管控体系模型"，并指出政府监管机构、平台、商家三方应共同参与网购产品质量治理。汪旭晖和张其林（2015）指出，平台是"互联网+"时代的重要治理主体，兼具"市场经营者+市场管理者"双重角色，呈现"治理"与"管理"双重特征，由此构建了平台"温室管理模式"。在此基础上，汪旭晖和张其林（2017）建立了网络购物市场"柠檬问题"的"市场治理—平台治理—行政治理"三元复合模式。李雅萍（2019）构建了涵盖政府监管机构、平台、卖家、消费者、第三方机构、媒体等治理主体的网购产品质量社会共治体系，并建立了由法律机制、激励机制、约束机制、利益机制和信息机制组成的网购产品质量共治监管模式运行机制。王勇等（2020）对比了政府公共监管、平台私人监管及两者协同监管三种模式，发现政府监管机构与平台的监管力度并非简单的互补或替代，其关系会受到平台规模、处罚强度、连带责任等因素影响。孙韶阳（2021）基于协同治理视角分析了"平台—政府"双层治理模式，并指出该模式稳定性的关键在于平台选择不进行假货治理策略时的收益损失比，当该指标数值较低时，平台倾向于选择与政府监管机构协同治理策略，而当该数值处于较高水平时，协同治理将处于失效状态。钱贵明等（2022）对包容审慎监管逻辑和现有平台监管逻辑进行了重新审视，构建了公共政府监管、平台监管与用户监管分类主导的平台监管模式。综上所述，多元主体参与共治、平台的核心主体作用等议题已成为网络购物产品质量治理的共识。

第二，各方主体质量策略影响因素及内在机制研究，该部分研究多数采用了博弈论方法。首先，部分文献关注政府监管机构、平台等治理主体的质量策略选择及影响因素。蹇洁等（2014）建立了政府监管机构与平台的委托—代理模型，发现政府监管机构的代理成本会受到平台风险规避程度、电商市场不确定因素的波动程度、平台综合能力等因素的正向影响；平台治理的努力水平则会受到单位违法案件数量的收益、平台综合能力、平台治理成本系数、风险规避程度、外生不确定性因素等参数的影响。Li 等（2018）构建了政府监管机构与平台之间的产品质量监管博弈模型，发现平台治理成本和平台选择"不治理"收益的增加有助于提升政府监管概率，平台"治理"的收益和激励、"不治理"的损失和惩罚增加则会使得政府倾向于选择"不监管"；政府、平台不认真履行治理职责所受到的处罚有助于提升平台治理概率，政府实施监管所需投入的成本增加则会降低平台治理概率。其次，更多的研究将商家（卖方）纳入研究模型，探讨商家作为责任主体，与平台、政府、消费者等治理主体在不同情境下的质量策略选择及影响因素。傅田（2016）构建了"平台—商家"的博弈模型，发现平台与商家的质量策略选择与其对产品质量投入的产出比密切相关，且增加政府惩罚力度有助力提升平台和商家对产品质量的关注及投入。高博（2019）指出，信用激励约束机制有助于降低电子商务市场的信用风险，并同样认为加大治理主体的监管和惩罚力度，有助于降低商家失信概率。关于惩罚力度的影响，王勇等

（2020）则提出了不同观点，他们认为政府和平台对于商家的处罚强度并非越高越好，存在一个适中的强度能够最大化且最优地协调政府监管机构和平台的治理力度。杨肃昌和董甜甜（2018）构建了"商家—消费者"博弈模型，发现商家质量策略选择与消费者反馈成本、投诉收益及购买到劣质产品的心理效用损失等因素有关；消费者评价概率则与商家销售劣质产品与优质产品的成本差、所获得的短期收益差、平台对于好评商家的奖励、消费者差评或投诉时为商家带来的声誉损失等因素有关。Wen 等（2021）构建了考虑风险态度的"平台—商家"博弈模型，研究发现降低平台质量治理成本或者提高政府基准罚款额度有利于提升平台治理概率；降低租金比例、增加商家欺诈成本、提高政府基准罚款额度则有利于提高商家合规概率；当平台和商家均是风险偏好型时，加大政府监管力度有利于促进博弈双方的质量策略选择向好的方向转变。此外，还有部分学者在网络购物背景下研究了绿色产品（He and Zhu，2020）、药品（朱立龙和荣俊美，2020）、农产品（Yang，2017）、食品（封俊丽，2016）等特定产品的质量治理博弈议题。由此可见，博弈论是讨论网络购物产品质量问题的一种有效方法，相关影响因素的探讨主要集中于成本收益机制、激励惩罚机制、信用机制、声誉机制等对于各方博弈主体质量策略选择的影响。

四、文献述评与启示

本章应用文献计量分析方法对直播电商相关研究进行了全面系统的分析，并着重就直播电商产品质量治理相关研究进行了梳理，结果发现：目前有关直播电商产品质量治理的相关文献较多关注前端，即直播电商产品质量问题的表现形式、目前监管存在的问题、难点与治理现状等内容，鲜有研究系统性地探讨如何建立与直播电商业态相适应的产品质量治理模式，多元共治格局下不同主体参与直播电商产品质量治理的内在机理与实现路径等问题，即按照"提出问题—分析问题—解决问题"的范式，现有研究多数仅处于"提出问题"和"分析问题"的初步阶段，而对于如何更深入地"分析问题"和"解决问题"，现有研究鲜有涉及，因此直播电商产品质量治理领域仍存在较大的研究差距。

为全面了解和深入分析研究现状，本章进一步扩大文献综述范围，对传统网络购物模式下产品质量治理相关文献进行分析，得出主要启示如下：①多元主体参与共治已成为网络购物产品质量治理的共识，直播电商产品质量治理需要政府监管机构、市场主体及社会各方共同参与；②政府层面并不存在唯一的、最有效的监管模式，应根据我国法律法规和监管环境、直播电商业态发展实际构建与之相适应的治理模式，重要的是应持续完善以避免模式僵化；③平台在产品质量治理中处于核心主体地位，然而由于平台的双边市场性质，应进一步创新机制以更好地提升平台参与治理的积极性和有效性；④网络购物市场更为严重的信息不对称加剧了质量的不确定性和质量问题的复杂性，技术治理的实施是非常必要的；⑤诚信是电商市场产品质量问题更深层次的根源，有关网络购物产品质量问题与各方主体诚信问题的探讨是相通的，这一观点与本书对于直播电商产品质量问题内涵的界定相契合；⑥博弈论是讨论直播电商产品质量治理的一种有效方法，成本收益机制、激励惩罚机制、信用机制、声誉机制等内在机制会对参与各方质量策略的选择产生重要影响。

以上研究差距和研究启示为本书研究内容奠定了基础，本书聚焦直播电商这一新型业态，探讨如何建立与之相适应的直播电商产品质量治理模式，在此基础上形成较为系统的理论框架；并基于"政府监管—行业自治—社会共治"的研究逻辑，应用博弈论、数据仿真等方法对影响直播电商产品质量治理的关键议题展开研究，从不同视角探讨各类主体参与直播电商产品质量治理的内在机制和实现路径，研究结论将为现有网络购物产品质量治理理论体系提供有益补充。

第三章　多元共治格局下直播电商产品质量治理模式研究

本章回顾了直播电商业态发展及监管历程，探讨了多元主体参与直播电商产品质量共治的必要性，并基于"治理主体—责任主体"双重角色结构厘清了政府监管机构及平台、直播服务商、商家、消费者等产业链主体的角色定位，探究了不同角色定位下各参与主体的质量策略选择，在此基础上建立了多元共治格局下直播电商产品质量治理理论模型，为后续"政府监管—行业自治—社会共治"研究逻辑的展开提供了理论框架和基础。

一、直播电商业态发展及监管历程

直播电商，是依托网络直播技术手段以达成营销目的的新型电商业态，是数字化时代背景下"网络直播"与"电子商务"两种业态双向融合的产物（毕马威和阿里研究院，2020），其本质仍是电商，内在逻辑是"人、货、场"三要素的重构与升维。直播电商业态始于2016年，业态面持续扩大，并加速渗透线下商业场景，业态发展从"小众围观"到"全民狂欢"，再到"狂欢渐息，理性浮现"，直播电商从"高速发展"转向"高质量发展"的业态转型期已然到来。直播电商业态发展及监管历程如图3-1所示。

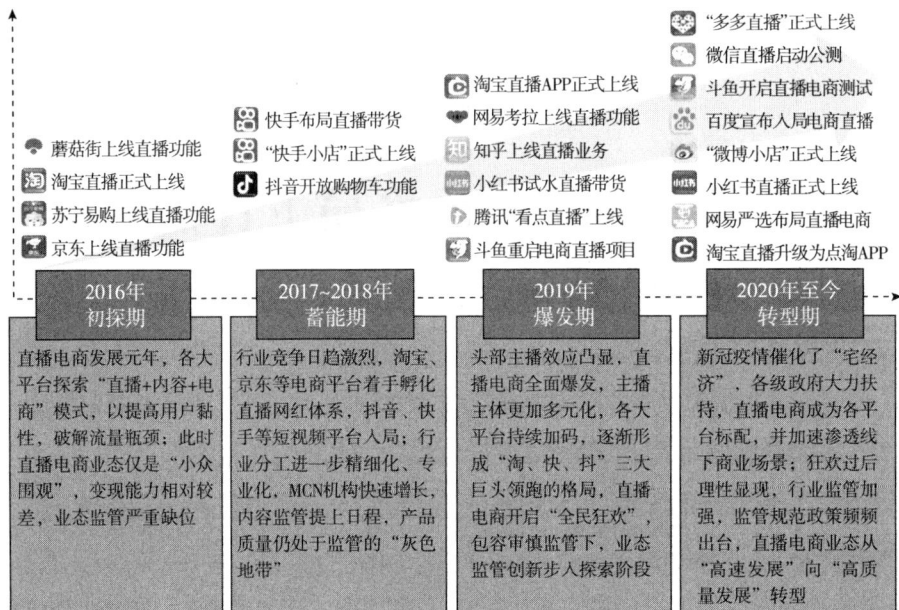

图 3-1　直播电商业态发展及监管历程

资料来源：笔者整理。

（一）初探期：2016 年

2016 年被称为我国直播电商"发展元年"，多个平台启动"直播+"创新，以主动拥抱这一新型盈利模式。2016 年 3 月，蘑菇街率先上线视频直播功能，试图打造一种"直播+内容+电商"业态，这是关于直播电商的最早探索；5 月，淘宝直播正式上线；紧随其后，苏宁易购和京东分别于 8 月和 9 月正式上线直播功能。直播功能上线的初衷仅是为了延长用户在平台的停留时间，提高用户黏性，并试图将流量变现，以破解电商平台越发凸显的流量瓶颈。在这一阶段，尽管我国直播用户已达 3 亿人规模，但多数流量分布于游戏直播、秀场直播、泛娱乐直播、赛事直播等，直播电商业态仅是"小众围观"，网红主播孵化体系尚不成熟，流量转化变现能力有限；从监管视角来看，这一阶段直播电商业态监管存在严重缺位。

（二）蓄能期：2017～2018 年

2017～2018 年，我国直播电商业态竞争日趋激烈，电商平台的"电商+直播"模式逐渐清晰。2018 年，淘宝直播月度销售额超百万的直播间超过400 个，全年直播带货交易额突破 1000 亿元，同比增速近 400%（淘榜单和淘宝直播，2019）。在这一阶段，抖音、快手等短视频平台跑步进入直播电商赛道，依托强大的流量优势探索流量变现之道。直播电商业态分工进一步精细化、专业化，MCN 机构快速增长，总量超过了 5000 家（毕马威和阿里研究院，2020）。从监管视角来看，尽管政府监管机构通过出台监管政策、约谈平台负责人、关停违法网站和直播间、封停违规账号等措施加强了"在线直播"行业的监管力度，但治理对象主要是因前期低门槛而流入的"低俗"内容，直播电商产品质量问题仍处于监管的"灰色地带"。

（三）爆发期：2019 年

2019 年，淘宝直播 APP 正式上线，淘宝直播顺势推出包括"启明星计划""村播计划""百千亿计划""亿百亿计划"在内的"四大计划"，网易考拉、知乎、小红书、腾讯、斗鱼等平台纷纷入局加码，直播电商市场呈现全面爆发态势，2019 年总体规模实现 4338 亿元；业态布局加速重构，逐步形成了"淘宝、快手、抖音"三大巨头领跑的格局；直播电商普惠性逐步显现，"人人皆可播、万物皆可播"，直播电商引发"全民狂欢"。从监管视角来看，电子商务领域首部综合性法律《中华人民共和国电子商务法》正式实施，为规范直播电商发展提供了法律依据，然而在"包容审慎监管"下，政府监管机构对于直播电商这一新兴业态的监管仍处于初步探索阶段。

（四）转型期：2020 年至今

2020 年是直播电商业态发展的转折之年。一方面，新冠疫情催化了"宅经济"，政府扶持政策频出，爆发态势进一步加速。2020 年 2 月，淘宝直播向所有线下商家和个人开放零门槛免费入驻，拼多多、微信、百度、微博、网易严选等相继上线直播功能，直播电商已成为各大平台的"新标配"，线下商业场景也纷纷利用直播电商开展"自救"，多位企业家、主持人、明星化身主播带货，直播电商在激活消费潜力、赋能实体经济、增加就业机会、助力复工复产、助推乡村振兴等方面的作用日益凸显，多地政府纷纷出台业态发展扶持政策。2020 年 3 月 23 日，广州市率先发布《广州市直播电商发展行动方案（2020—2022 年）》，明确要打造"全国著名的直播电商之都"。2020 年 3 月 30 日，四川省发布全国首个省级直播电商发展计划《品质川货直播电商网络流量新高地行动计划（2020—2022 年）》。紧随其后，营口市、重庆市、青岛市、菏泽市、济南市、大连市、义乌市、莆田市、石家庄市、盘锦市、杭州市、厦门市、辽宁省、红河哈尼族彝族自治州、丹东市、沈阳市、黑龙江省、上海市、鸡西市、海口市、芜湖市、临沂市等发布了直播电商扶持发展政策。在国家层面，《加快培育新型消费实施方案》《"十四五"电子商务发展规划》《关于推动农村电商高质量发展的实施意见》《关于促进服务消费高质量发展的意见》等一系列政策文件的出台（见表 3-1），进一步催化了业态的持续爆发态势。

表 3-1　国家层面支持直播电商发展的政策

时间	文件名称	发文机关	具体内容
2021 年 3 月	《加快培育新型消费实施方案》	国家发展改革委等 28 部门	发展直播经济，鼓励政企合作建设直播基地，加强直播人才培养培训。开展"双品网购节"等活动，组织指导各地开展线上线下深度融合的促销活动。推进电子商务公共服务平台建设应用，提升中小电商企业数字化创新运营能力
2021 年 10 月	《"十四五"电子商务发展规划》	商务部、中央网信办、国家发展改革委	发挥电子商务对价值链重构的引领作用，鼓励电子商务企业挖掘用户需求，推动社交电商、直播电商、内容电商、生鲜电商等新业态健康发展
2022 年 12 月	《扩大内需战略规划纲要（2022—2035 年）》	中共中央、国务院	支持社交电商、网络直播等多样化经营模式，鼓励发展基于知识传播、经验分享的创新平台

续表

时间	文件名称	发文机关	具体内容
2023 年 7 月	《关于恢复和扩大消费的措施》	国务院办公厅	大力发展农村直播电商、即时零售，推动电商平台和企业丰富面向农村的产品和服务供给。加快传统消费数字化转型，促进电子商务、直播经济、在线文娱等数字消费规范发展。支持线上线下商品消费融合发展，提升网上购物节质量水平
2024 年 1 月	《关于学习运用"千村示范、万村整治"工程经验有力有效推进乡村全面振兴的意见》	中共中央、国务院	实施农村电商高质量发展工程，推进县域电商直播基地建设，发展乡村土特产网络销售。加强农村流通领域市场监管，持续整治农村假冒伪劣产品
2024 年 3 月	《关于推动农村电商高质量发展的实施意见》	商务部等 9 部门	打造 1000 个左右县域直播电商基地，直播电商应用水平进一步提升。鼓励市集、街区、商家开展导购直播，推介特色店铺、商品和服务。鼓励各地制定农村直播电商人才支持政策，省级商务主管部门应至少编制一套符合当地实际的农村电商培训教材，免费向社会公开。举办农村直播电商赛事和促销活动
2024 年 8 月	《关于促进服务消费高质量发展的意见》	国务院	加快生活服务数字化赋能，构建智慧商圈、智慧街区、智慧门店等消费新场景，发展"互联网＋"医疗服务、数字教育等新模式，加快无人零售店、自提柜、云柜等新业态布局，支持电子竞技、社交电商、直播电商等发展

资料来源：笔者整理。

另一方面，与爆发增长相伴而来的投诉退货率居高不下、直播数据造假等也逐渐揭开了直播电商业态乱象的冰山一角，业态发展理性浮现，政府监管机构、平台、行业组织等纷纷着手制定相关文件规范，以探索科学有效的治理模式。2020 年 7 月 1 日，中国广告协会发布的《网络直播营销行为规范》正式实施，为各类直播电商市场主体提供了行为指南；7 月 3 日，人民网"直播投诉平台"正式运行；7 月 27 日，中国商业联合会牵头制定的《直播营销服务规范》团体标准正式发布；8 月 28 日，上海首例网红直播售假案告破；9月，抖音、快手、京东共同发布了《网络直播和短视频营销平台自律公约》。随后，政府相关部门相继出台了《市场监管总局关于加强网络直播营销活动监管的指导意见》《互联网直播营销信息内容服务管理规定（征求意见稿）》《国家广播电视总局关于加强网络秀场直播和电商直播管理的通知》《关于加强网络直播规范管理工作的指导意见》《网络交易监督管理办法》《网络直播营销管理办法（试行）》《网络主播行为规范》《关于进一步规范网络直播营利行为促进行业健康发展的意见》，政府监管机构、行业组织、市场主体一系列规范监管政策文件的密集性出台（见图3-2），表明直播电商发展进入真正的"监管元年"，"左手扶持发展，右手规范监管"，直播电商业态由"高速发展"向"高质量发展"的转型期已然到来。

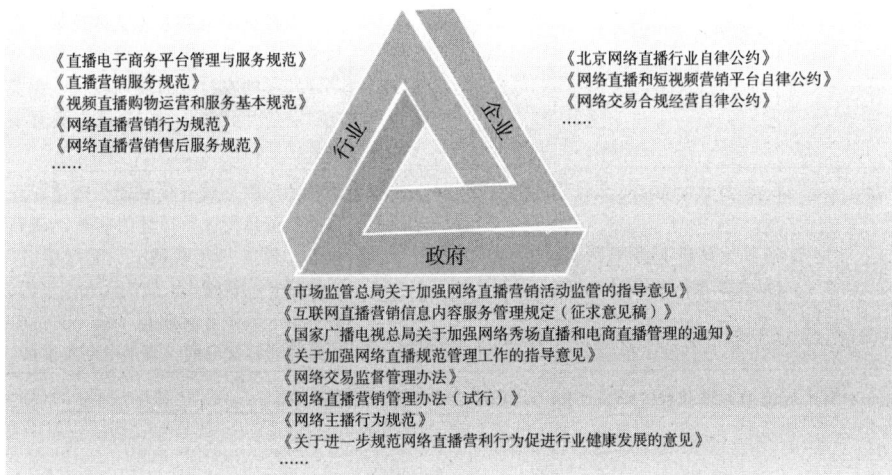

图3-2 多元主体关于直播电商规范发展的政策文件

资料来源：笔者整理。

尽管目前我国在直播电商业态监管创新方面开展了一定探索，然而由于直播电商是融合了市场营销、电子商务、网络直播、广告代言等诸多要素的新型复合业态，现有直播电商产品质量治理法律法规和制度体系仍不健全

（宋林霖和黄雅卓，2020；周剑平，2021），且该业态下产品质量问题涉及政府监管机构众多，执法过程中多头监管及多层监管问题仍然存在。加之"包容审慎监管"创新下对于"包容创新"与"审慎监管"的割裂认知，导致我国直播电商产品质量监管法律环境和执法质量仍有待提升。此外，主播、MCN 机构、社交平台、内容平台等多元参与主体的加入，普惠性和即时性导致的不可控因素增加使得直播电商这一新型业态更为复杂和多变，多元参与主体的责任结构离散和角色定位交叉重叠、平台与直播服务商双边市场的经济性质也制约了直播电商产品质量治理的有效性（韩新远，2021）。在这样的背景下，探索建立多元共治格局下与直播电商业态相适应的产品质量治理模式，对于破解业态发展瓶颈、推动业态高质量发展具有重要意义。

二、多元主体参与直播电商产品质量共治的必要性

传统监管模式下，政府在产品质量监管中占据绝对的主导性（范寒冰，2015），市场主体和社会力量作用发挥不足，是导致我国产品质量问题最深层次的原因（程虹，2013）。2013 年，我国市场监管机构改革"大幕"开启；2018 年 4 月，新组建的国家市场监督管理总局正式挂牌，标志着市场监管机构改革取得了重大突破；与此同时，监管机制和监管方式也在实践中持续改革创新。传统监管模式下，监督抽查是政府产品质量监管的重要手段，有效的监督抽查机制能够降低质量安全风险，提升产品质量水平（Starbird，2005，2000；雷兴虎等，2004）；然而，由于抽样偏差、抽样风险、监管政策执行失效、行业差异等诸多因素的存在，导致政府产品质量监管的效果逐渐弱化（刘小鲁和李泓霖，2015；沈岿，2009；Laffont，2005；程虹和王晓璐，2016）。2019 年 2 月 15 日，国务院印发《关于在市场监管领域全面推行部门联合"双随机、一公开"监管的意见》；紧接着，国家市场监督管理总局在

2月17日发布了《关于全面推进"双随机、一公开"监管工作的通知》,提出要"加快健全以'双随机、一公开'监管为基本手段、以重点监管为补充、以信用监管为基础的新型监管机制"。根据《市场监管总局随机抽查事项清单(第一版)》,电子商务经营行为监督检查被列入随机抽查事项范围,因此在电子商务领域,我国继续延用"双随机、一公开"监管机制。2019年7月16日,国务院办公厅印发《关于加快推进社会信用体系建设构建以信用为基础的新型监管机制的指导意见》,进一步强调了信用在提升监管能力和水平、创新监管机制等方面的基础性作用。在监管理念改革方面,我国对于直播电商、共享经济等新产业、新业态、新模式,创新性地提出了"包容审慎监管",自2017年以来,"包容审慎监管"频繁出现于政府工作报告、中央及国务院政策文件中;2019年,被写入行政法规《优化营商环境条例》(中华人民共和国国务院令第722号)。2021年,《法治中国建设规划(2020—2025年)》明确提出"探索信用监管、大数据监管、包容审慎监管等新型监管方式",这表明"包容审慎监管"已成为中国特色社会主义法治体系的一部分(张效羽,2020)。推行包容审慎监管,一方面严守发展底线思维,切实遏制"监管失灵";另一方面优化营商环境,突破监管的创新抑制效应,助力网络直播营销业态在规范中走得更远。

伴随着市场监管体制的深化改革,我国对于电子商务及直播电商业态的监管也在持续探索和完善,多元共治成为我国探索监管创新的重要方向。法律法规与政策环境方面,2018年8月31日正式通过的《中华人民共和国电子商务法》提出,"国家建立符合电子商务特点的协同管理体系,推动形成有关部门、电子商务行业组织、电子商务经营者、消费者等共同参与的电子商务市场治理体系"。2021年3月15日,国家市场监督管理总局发布的《网络交易监督管理办法》中明确,"市场监督管理部门引导网络交易经营者、网络交易行业组织、消费者组织、消费者共同参与网络交易市场治理,推动完善多元参与、有效协同、规范有序的网络交易市场治理体系"。2022年3月25日,国家互联网信息办公室、国家税务总局和国家市场监督管理总局发布的《关于进一步规范网络直播营利行为促进行业健康发展的意见》中明确，"强化信息共享、深化监管联动，着力构建跨部门协同监管长效机制，加强对网络直播营利行为的规范性引导，鼓励支持网络直播依法合规经营，切实推动网络直播行业在发展中规范，在规范中发展"。

在监管实践方面，多地针对直播电商业态特点，探索与之相适应的直播电商产品质量多元共治机制。例如，浙江省为破解直播电商监管取证难题，上线了基于区块链技术的取证 APP"市监保"，并开通了个人用户注册功能，引入民众监督，以实现"全民参与、社会共治"的直播电商监管环境。2022 年，浙江诸暨市探索开发了"浙里直播共富"应用，上线全国首个综合性直播电商治理系统，该系统包含了 15890 个敏感字段、335 条违法判定条目，覆盖 19 部法律法规，靶向解决主体监管难、直播监测难、行业自治弱、运营不规范等治理难题。2021 年，上海市市场监督管理局牵头本市 15 个部门组成"网络直播营销监管综合协调工作组"，积极构建市场主体自治、行业自律、政府各部门协同监管、社会各方监督的社会共治格局。2023 年，上海杨浦区上线直播监测平台"数字监管员"，采取实时感知开播状态、动态启停直播监测、批量监测等技术手段，从海量且动态的直播数据中精准抓取网络违法线索，提高监管效能，为直播电商监管转型升级探索新模式。北京市积极探索互联网新业态自律自治，2020 年指导京东、抖音、快手 3 家企业共同发布了《网络直播和短视频营销平台自律公约》，海淀区市场监督管理局率先在直播电商领域应用了金融领域创新监管工具——"监管沙盒"。2024 年，北京市市场监督管理局发布《北京市直播带货合规指引》，进一步推动直播电商治理重心从事中监管、事后处罚向事前预防转变，促进直播电商业态有序竞争、创新发展。此外，江苏、上海、浙江、重庆、湖南、广东等建立了直播电商产业联盟，以加强行业自律，充分发挥行业组织在规范业态发展中的重要作用。综上所述，构建政府有效监管、行业自律自治、社会各方参与的多元共治格局成为我国探索直播电商产品质量监管创新的重要方向。

三、多元共治格局下直播电商产品质量治理模式

（一）模式的构建基础：内涵界定与角色厘定

直播电商是融合了市场营销、电子商务、网络直播、广告代言等诸多要素的新型复合业态，本书借鉴市场营销领域顾客感知价值理论对于产品质量的定义，将直播电商产品质量定义为顾客对于所购买的直播带货产品卓越性或优越性的判断（具体见第二章）。相较于 ISO9000 对于质量的定义——一组固有特性满足要求的程度（ISO，2015），本书的定义更加强调顾客感知，尽管 ISO9000 定义中的"要求"包括"明示的、通常隐含的或必须履行的需求或期望"，涵盖了顾客和其他相关方的要求，但"固有特性"仅指"存在于客体中的特性"，不包括"赋予"的特性，因此该定义更加强调产品的客观质量。在本书逻辑情境下，直播电商产品质量问题，远远超越了商品本身客观质量问题的范围，而是指影响消费者感知质量的各类问题的统称，这一定义更加符合直播电商业态的发展特点，而且与电子商务法律法规要求相契合。例如，《中华人民共和国电子商务法》规定，"电子商务经营者应当全面、真实、准确、及时地披露商品或者服务信息，保障消费者的知情权和选择权。电子商务经营者不得以虚构交易、编造用户评价等方式进行虚假或者引人误解的商业宣传，欺骗、误导消费者"。对于目前直播电商市场中愈演愈烈的产品质量问题，商家应负主要责任，但并不是唯一的责任主体，主播、MCN 机构等直播服务商、消费者不仅是直播电商产品质量问题的重要治理主体，也可能是关键的责任主体，兼具"治理主体+责任主体"双重角色定位，同一主体的不同角色定位在直播电商产品质量治理中的责任机制和策略选择不同，因此厘清各方参与主体的角色和责任定位是构建多元共治格局下直播电商产品质量治理模式的基础。

本书基于直播带货全流程的产品质量问题识别，构建了多元参与主体的角色定位网络体系，如图3-3所示。

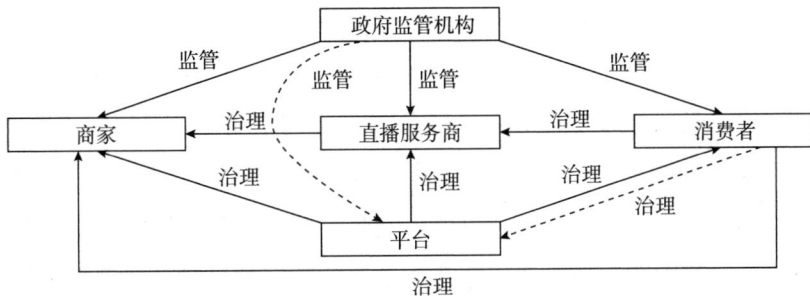

图3-3　直播电商产品质量治理多元主体角色定位网络体系

资料来源：笔者整理。

1. 政府监管机构

目前我国涉及直播电商产品质量监管职能的政府机构主要包括国家互联网信息办公室、国家市场监督管理总局、公安部、商务部、文化和旅游部、国家广播电视总局等部门，形成了以市场监管为主，多部门联合横向监管、各部门从中央到地方纵向监管的矩阵式监管体系（见图3-4）。

图3-4　直播电商产品质量政府监管体系

资料来源：笔者整理。

毫无疑问，在商品及服务质量、直播电商失信及消费者失真评价等导致产品质量问题的治理议题中，政府监管机构均承担着重要的"治理主体"角色。理论上讲，政府监管机构的监管策略及动作应是一致的、标准化的，严格按照法律法规明确的监管职责和监管事项对直播电商业态中的各市场主体进行监管。然而，由于目前直播电商产品质量监管的法律法规和制度体系尚不完善、多头监管和多层监管体系导致的责任结构离散、"包容审慎监管"创新下对于"包容创新"与"审慎监管"的割裂认知、政府监管机构监管资源限制等多重因素的交叉影响，目前不同政府监管机构的监管策略和行为存在明显差异。部分政府监管机构在直播电商产品质量监管方面进行了积极探索，如前文提到的理念创新、手段创新及引入多元主体参与共治的机制创新，本书将这部分政府监管机构的策略选择定义为"共治监管"。然而，笔者查阅多地电子商务"双随机、一公开"工作方案或抽查计划发现，多数政府监管机构尚未将开展直播带货的社交平台、内容平台、主播、MCN 机构等主体纳入检查对象名录库，目前关于直播电商的监管以被动的个案处理为主。此外，经调查走访发现，多数开展直播电商监管的政府监管机构，尤其是基层监管机构，由于监管资源等各方面限制，对于直播电商仍延续线下传统的监管手段和方法，实际监管效果不佳。本书将这部分采取消极的被动监管或者不监管的政府监管机构的策略选择定义为"传统监管"，因此政府监管机构作为"治理主体"，其策略选择空间为（共治监管，传统监管）。

2. 平台

作为数字经济时代越来越重要的组织模式，平台在直播电商产业链中处于核心位置，也是连接所有参与主体的桥梁和纽带。直播电商业态中的平台主要有三类：第一类是传统的电商平台，典型代表如淘宝、京东、拼多多、苏宁易购等，这类平台将直播作为营销工具，利用直播流量赋能电商，运营模式为"电商+直播"模式，这类平台拥有完整的电子商务产业链、丰富的商品和供应链资源，建立了相对完善的平台治理规则体系。第二类是内容平台，典型代表如抖音、快手等，这类平台拥有丰富的网红达人资源和流量优势，但电商、供应链基础相对薄弱，运营模式为"直播+电商"模式，业态发展逐步由与其他电商平台合作向搭建电商生态闭环转变。第三类是社交平台，典型代表如新浪微博、微信等，其运营模式为"社交+直播电商"，这类平台用户覆盖面广，拥有强大的社交优势，社会化传播效应显著。

多项研究表明，平台在网络购物产品质量治理中处于核心主体地位，《中华人民共和国电子商务法》等诸多法律法规也明确了平台在保障商品质量、保护消费者权益等方面的连带责任。在商品及服务质量、直播电商失信，以及消费者失真评价等导致直播电商产品质量问题的治理议题中，平台承担着核心治理主体角色。由图3-3可以发现平台同样也是线条指向主体，即责任主体，但由于平台在产品质量治理议题中承担的多是连带责任，而非直接责任，因此图中用虚线予以区别，故在此不讨论其作为责任主体的策略选择。由于平台是双边市场的营利性主体，因此不同平台在电商产品质量治理中的策略选择和贡献度也存在着较大差异。部分平台积极探索科学有效的直播电商产品质量治理模式，持续完善商家和直播服务商准入、产品信息展示与沟通、信誉反馈系统、"神秘买家"质量抽检、技术治理等措施，本书将这部分平台的质量策略选择定义为"积极治理"。还有部分平台为追求流量带来的巨大红利，对商家、直播服务商等采取宽松管控或不管控策略，本书将这部分平台的质量策略选择定义为"消极治理"，因此平台作为"治理主体"，其策略选择空间为（积极治理，消极治理）。

3. 直播服务商

直播服务商在不同法规和标准文件中有不同称谓，如网络直播营销主体、直播间运营者、直播营销人员、直播营销人员服务机构、网络直播服务提供者、网络直播者等，通常包括"台前"的"主播"及"幕后"的"MCN机构"，本书将其统称为"直播服务商"。直播电商产业链中，主播是连接供需双方的节点，也是带货的关键。2020年6月，人力资源社会保障部、市场监管总局、国家统计局共同发布的新职业信息中增设"互联网营销师"职业，下设"直播销售员"工种，主播得到了官方正式认证。伴随着直播电商业态的爆发，网红达人、明星艺人、企业家、政府官员、品牌商家导购员、线下门店老板、个体工商户、村播农民等纷纷加入主播阵营，导致主播素质参差不齐。目前行业马太效应明显，占比极小的头部主播占据了近 80% 的市场份额，而占比 90% 以上的腰尾部主播生存困难（毕马威和阿里研究院，2020）。MCN 机构本质是一种新型的网红经济运作模式，在直播电商业态中主要扮演着连接主播、商家、平台的"中介"作用。2015 年我国 MCN 机构的数量仅有 160 家，而这一数据在 2019 年已暴涨至 14500 家（艾媒咨询，2020），MCN 机构已成为直播电商业态规模化、常态化进程中不可或缺的参与主体。

商品选品是直播电商产品质量治理的重要环节，《网络直播营销管理办法（试行）》中明确了主播、MCN 机构等直播服务商在商家信息核验、商品质量审核、消费者权益保护等方面的责任。各大平台在直播管理规范中也对直播服务商在商品质量治理中的责任进行了界定，因此在商品及服务质量治理议题中，直播服务商承担着重要的"治理主体"责任。然而，同平台一样，直播服务商作为双边市场的营利性主体，其在直播电商产品质量治理中的策略选择也存在着较大差异。部分直播服务商基于长期利益视角，加速自身进化积极开展直播选品质量治理，本书将该部分直播服务商的质量策略选择定义为"积极治理"，而多数主播为追求短期流量收益，对直播电商产品质量采取宽松管控或不管控策略，本书将此类策略选择定义为"消极治理"。因此，直播服务商作为直播电商产品质量问题的"治理主体"，其策略选择空间为（积极治理，消极治理）。直播服务商不仅是重要的治理主体，而且在虚假宣传、流量造假等导致直播电商产品质量问题的治理议题中也扮演着重要的"责任主体"角色。部分直播服务商为了追求短期利益，利用消费者信任进行虚假宣传、流量造假，导致以信任为基础的直播电商业态屡陷信任危机，既损害了消费者、商家和公众对主播、MCN 机构等直播服务商的信任，又损害了直播电商业态的公信力，使得这一新型业态陷入"信任反被信任误"的困境，此时直播服务商作为"责任主体"，其策略选择空间为（诚信，失信）。

综上所述，直播服务商在产品质量问题中承担着"治理主体+责任主体"双重角色定位，作为"治理主体"，其策略选择空间为（积极治理，消极治理）；作为"责任主体"，其策略选择空间为（诚信，失信）。

4. 商家

商家，是指通过电商直播销售商品或者提供服务的电子商务经营者，处于产业链的供给侧。直播电商业态下，商家这一参与主体角色也日趋多元化，除了传统电商平台内的商家，直播电商的商家还有可能来自档口实体店、直播基地、农产品原产地、个体工商户、线下生产商、线下门店等；商家入局直播电商主要有两种形式：一种是委托直播服务商带货，另一种是商家自播模式。商家是消费者所购买的直播产品的提供者，毫无疑问是产品质量的"责任主体"，其策略选择空间为（优质产品，问题产品）。

5. 消费者

直播电商生态中，消费者也突破了传统"消费者"的角色，部分消费者可能由于某些消费心理驱动而被动成为"消费者"。例如，除了实用型消费之外，还可能存在粉丝型消费、场景型消费、社交型消费、情感型消费等，在实际的直播电商交易中，消费者可能受某种消费心理驱动，也可能并存多种消费心理。

在直播电商商品及服务质量治理议题中，消费者是重要的"治理主体"。多项法律法规、政策文件和理论研究，都强调了消费者参与产品质量共治的重要作用。现实中，部分消费者通过声誉机制、维权等方式，积极参与质量共治；也有部分消费者选择不参与共治，因此作为"治理主体"，消费者的策略选择空间为（参与共治，不参与共治）。消费者反馈机制对于消费者购买决策存在信号效应，真实的在线评论能够在一定程度上缓解由于信息不对称导致的质量不确定性，建立商家或平台信任、优化平台内产品质量、推进产品和服务创新、提高消费者购买意愿、提升商家和平台绩效。然而，也有很多消费者为贪图小利参与好评返现，或是为获取利益对商家及产品进行恶意失真评论，类似的虚假评论破坏了市场的竞争秩序和诚信环境，也为直播电商产品质量治理带来了更为严峻的挑战。在该议题中，消费者扮演着"责任主体"的角色，此时其策略选择空间为（真实评论，失真评论）。

综上所述，直播服务商在产品质量问题中承担着"治理主体+责任主体"

双重角色定位，作为"治理主体"，其策略选择空间为（参与共治，不参与共治）；作为"责任主体"，其策略选择空间为（真实评论，失真评论）。

本部分基于直播带货全流程的产品质量问题识别，构建了各个参与主体的角色定位网络体系，基于"治理主体—责任主体"双重角色结构厘清了政府监管机构及平台、直播服务商、商家、消费者等产业链主体的角色定位，并梳理了不同角色定位下各参与主体的质量策略空间。事实上，除以上参与主体外，在直播电商产品质量治理中，还存在其他多元化参与主体，如行业组织（产业联盟、行业协会等）、第三方社会力量（新闻媒体、职业打假人、第三方检测机构、第三方认证机构等），行业组织通常扮演着"治理主体"的角色，而第三方社会力量除了扮演"治理主体"角色外可能还兼具"责任主体"角色。例如，新闻媒体失真报道、检测机构出具虚假报告、认证机构出具虚假证书等，这些因素也在一定程度上加剧了直播电商市场中的产品质量问题，但这些问题的发生机理及其治理在直播电商业态与传统网络购物模式下不存在本质性区别，因此在本书中不再单独讨论。

（二）模式的理论搭建：理论框架与要点解构

本书综合考虑直播电商即时性、普惠性、跨界融合性、主体多元化等发展特征（韩新远，2021；毕马威和阿里研究院，2020；刘雅婷和李楠，2021；夏令蓝和宋姣，2020；付业勤等，2017），结合我国在市场监管职能整合大背景下的监管机制创新及新业态下的监管理念创新，借鉴各地政府监管机构直播电商监管创新的最佳实践，建立了多元共治格局下直播电商产品质量治理理论模型，如图3-5所示。多元共治格局下直播电商产品质量治理模式坚持包容审慎监管原则，以信用监管为基础，以"双随机、一公开"监管为基本手段，以个案处理、专项检查、重点监管为补充，以智慧监管为支撑，并积极推动行业自律自治、社会各方共同参与，致力于实现多元参与、协同共治的直播电商产品质量治理格局。

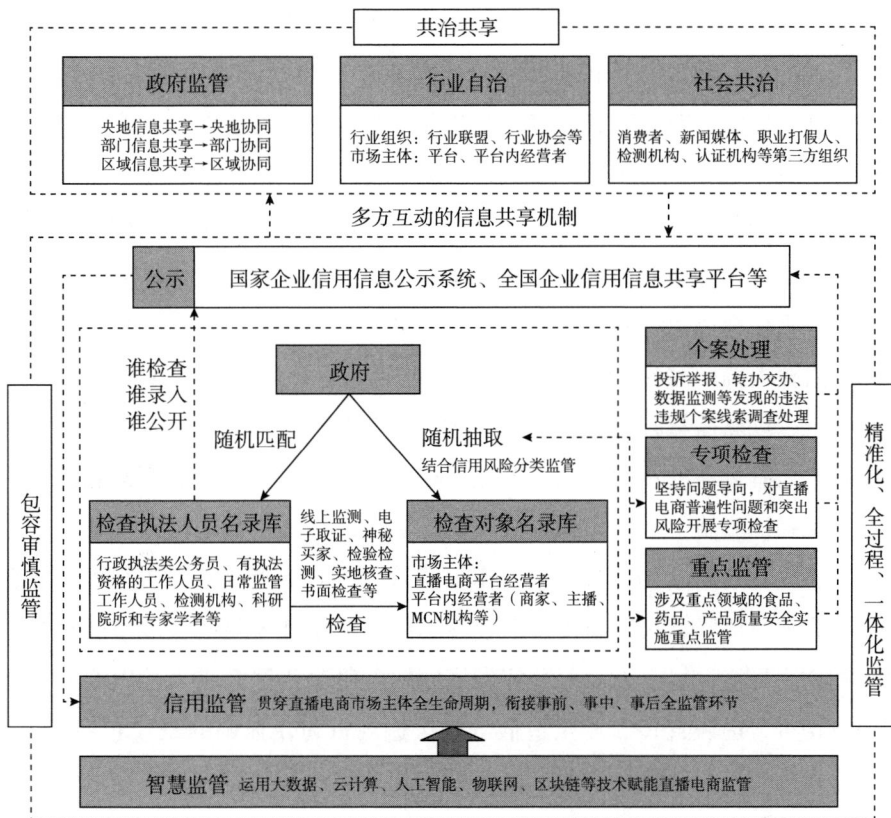

图 3-5　多元共治格局下直播电商产品质量治理理论模型

资料来源：笔者整理。

　　第一，直播电商产品质量治理需要多元主体协同共治。在"全民皆主播、万物皆可播"的发展场景下，相对有限的监管资源与相对无限的监管对象之间的矛盾将会成为直播电商监管的主要矛盾，因此应全面引导多元主体协同参与，形成监管合力，优化提升直播电商产品质量治理绩效。在政府监管方面，直播电商产品质量监管涉及多个政府部门，形成了以市场监管为主，多部门联合横向监管、各部门从中央到地方纵向监管的矩阵式监管体系，应深入推进直播电商产品质量监管的部门协同、区域协同和央地协同，以适应这一新型业态精准化监管、全过程监管和一体化监管的内在要求。在行业自律自治方面，一方面要充分发挥联盟、协会等行业组织的作用，探索行之有效的行业标准和规范，维护直播电商市场秩序，与政府监管实现有效联动；另一方面要厘清平台及商家、直播服务商等平台内经营者的网络交易经营者责任，明确不同市场主体的"治理主体+责任主体"角色定位，充分履行"治理主体"的治理责任和"责任主体"的质量安全主体责任，推进市场主体自律自治。在社会共治方面，直播受众群体的广泛性、自媒体时代的到来等有利因素使得以消费者为代表的社会力量能够以更低的成本、更畅通的渠道参与直播电商产品质量治理，并成为政府监管、行业自治的重要补充。

第二，创新监管理念，辩证地理解"包容审慎监管"。包容审慎监管是我国探索监管创新的重大突破，李克强在有关新产业、新业态等命题的讨论中，多次强调实施"包容审慎监管"的必要性，并从"创新包容"与"安全底线"两个角度辩证地阐释"包容审慎监管"的核心要义。对直播电商业态实施包容审慎监管，一方面要采取包容态度，赋予其充足的发展空间和更加宽松的创新环境；另一方面要严守发展底线，坚决依法打击直播电商发展中的假冒伪劣、虚假宣传、流量造假等违法违规行为，强调的是"包容创新"与"审慎监管"两者的同时性、互补性与均衡性，在包容中审慎监管，在审慎中包容创新。然而，由于相关法律法规、制度体系尚不完善，加之直播电商业态释放的巨大发展红利，各地政府监管机构往往强调"包容创新"的单向作用，在监管实践中容易出现"重包容轻审慎""包容审慎不监管"等倾向，从而导致直播电商业态发展矛盾日益突出。因此，应辩证地理解包容审慎监管，探索更为有效的监管措施，在"包容创新"和"审慎监管"之间寻求平衡，为直播电商业态提供包容的发展和创新环境，同时避免由于包容监管导致的系统性风险。

第三，数据和信息将成为直播电商产品质量治理的核心资源。从目前发布的直播电商监管文件中可以看出，政府对于平台和平台内经营者在信息收集与共享方面提出了较多要求，例如，《网络交易监督管理办法》规定，每年1月和7月向住所地省级市场监督管理部门报送平台内经营者的相关身份信息；网络直播服务提供者对网络交易活动的直播视频保存时间自直播结束之日起不少于三年；网络交易经营者应当全面、真实、准确、及时地披露商品或服务信息，保障消费者的知情权和选择权等。除此之外，直播电商产品质量治理过程源源不断地产生大量信息，如政府监管机构的执法信息、消费者反馈信息、市场主体信用信息、直播服务商产品核查信息、第三方认证检测机构信息等，这些构成了直播电商大数据，而如何实现这些大数据的价值，将会成为直播电商产品质量监管的关键所在。建立多方互动的信息共享机制，是实现直播电商产品质量多元主体协同共治的前提，但需注意的是，多方互动的信息共享机制需要信息技术手段的支持，建立直播电商产品质量治理"数据大脑"，有效实现大数据价值，提升直播电商产品质量治理绩效。此外，海量数据对数据质量治理也提出了挑战，部分网络交易经营者为了获得短期利益不惜进行数据造假、虚假宣传，诱导消费者作出失真评价等，导致"数据大脑"中充斥着大量的虚假数据，因此数据质量治理也将成为直播电商产品质量治理的重要组成部分。

第四，充分发挥信用监管在直播电商产品质量治理中的基础性作用。信任是直播电商业态发展的基石和核心推动力。与传统的事中事后监管不同，信用监管贯穿市场主体全生命周期，衔接事前、事中、事后全监管环节，与直播电商精准化监管、全过程监管、一体化监管的内在要求相契合（宋林霖和黄雅卓，2020）。首先，信用信息的归集和共享是信用监管的前提。直播电商业态下，政府监管机构、市场主体、社会主体等通过各种渠道收集了大量的信用信息，如国家企业信用信息公示系统、全国企业信用信息共享平台及其他政府信用平台公示信用信息，平台收集的顾客投诉、顾客信用信息、商家信用信息，直播服务商在商品核查时掌握的商家信用信息，第三方组织收集的信用信息等，但不同主体之间的信用信息互动共享机制尚不完善，信用监管与社会信用体系的联动机制尚未有效形成。其次，信用监管的本质在于根据市场主体的信用状况实施差异化监管，信用分级分类监管是信用监管实施的重要措施，市场主体信用分级分类结果是"双随机、一公开"监管、专项检查、重点监管的有效输入，能够进一步促进精准监管，降低监管成本。最后，应强化信用的激励和约束机制，构建跨地区、跨行业、跨领域的失信联合激励与惩戒机制。

第五，充分发挥智慧监管在直播电商产品质量监管中的支撑作用。由于直播电商具有即时性、普惠性、跨界融合性、主体多元化等发展特征（韩新远，2021；毕马威和阿里研究院，2020；刘雅婷和李楠，2021；夏令蓝和宋姣，2020；付业勤等，2017），传统的被动式监管已无法适应直播电商精准化监管、全过程监管、一体化监管的内在要求，迫切需要信息技术全方位赋能，构建智慧监管体系。智慧监管是基于大数据、云计算、人工智能、物联网、区块链等新兴技术的风险甄别、过滤和监管形态，是监管技术与制度耦合升级的监管模式，新兴技术的嵌入是智慧监管的基础。智慧监管能够促进直播电商产品质量监管从分行业、分区域监管向跨行业、跨领域整合监管转变，从多层级监管向扁平化监管转变，从静态化监管向动态化监管转变，从封闭式监管向开放式监管转变，从单向度监管向多元共治监管转变（郭剑鸣和赵强，2021）。需要注意的是，智慧监管实施过程中，不仅要做好国家顶层设计，更重要的是要关注基层单元的智慧化赋能水平。例如，部分基层监管机构受监管资源和经费的限制，仍采用传统的监管手段，导致基层监管效率低下。由于智慧化技术资源不足，部分主播、商家等平台内经营者为履行信息义务而导致行政负担过重，这在一定程度上影响了市场主体履行信息义务的积极性。此外，目前智慧监管平台向社会公众开放的接口数量非常有限，仅有个别地区开展了相关探索，社会力量在智慧监管中参与度较低。智慧监管体系不仅要赋能各级政府监管部门，更要与市场主体、社会力量实现智慧联动，如此才能更有效地发挥其在直播电商产品质量治理中的智慧支撑作用。

四、本章小结

本章首先通过回顾直播电商业态发展及监管历程，揭示了目前直播电商产品质量监管存在的问题，讨论了建立与直播电商业态相适应的产品质量治理模式的现实意义；其次，探讨了多元主体参与直播电商产品质量共治的必要性；最后，基于"治理主体—责任主体"双重角色结构厘清了政府监管机构及平台、直播服务商、商家、消费者等产业链主体的角色定位，构建了各个参与主体的角色定位网络体系，探究了不同角色定位下各参与主体的质量策略选择，并在此基础上综合考虑直播电商业态发展特征，结合我国在市场监管职能整合大背景下的监管机制创新及新业态下的监管理念创新，借鉴各地政府监管机构直播电商监管创新的最佳实践，建立了多元共治格局下直播电商产品质量治理理论模型，并就模型的实施要点进行了重点解构。本书关于直播电商产品质量治理的系统性思考，为现有研究理论体系提供了有益补充，而且也为后续研究内容的展开奠定了理论基础。

第四章　政府监管视角下直播电商信任困境博弈研究

信任是直播电商业态发展的基石和核心推动力，然而随着直播翻车事件频发，直播电商业态面临着"信任反被信任误"的困境。作为连接供需双方交易链和信任链的核心，直播服务商的失信问题，同商品和服务的客观质量问题一样，构成了直播电商产品质量治理的关键议题。本章从"政府监管—行业自治—社会共治"研究逻辑中的"政府监管"视角出发，将直播服务商作为"责任主体"，聚焦实践中愈演愈烈的直播服务商失信问题，建立了政府监管机构、直播服务商和消费者的三方博弈模型，以期能够为构建政府有效监管、直播服务商自律自治、消费者参与共治的直播服务商诚信协同共治体系提供启示。

一、问题描述

直播电商业态下，主播、MCN 机构等直播服务商作为连接供需双方的核心，对于消费者行为及其购买意愿有着重要影响（韩箫亦和许正良，2020）。直播电商将社交关系、粉丝经济、意见领袖等引入商家与消费者之间，通过关系信任促进多方信任，加之直播场景下的全方位展示及社会临场感的营造使得信任成为直播电商业态的最大优势和红利（李凌和周业萍，2020）。然而，随着直播电商业态逐渐释放出的巨大红利，部分主播、MCN 机构等直播服务商为了追求短期利益，利用消费者信任进行虚假宣传、流量造假，导致以信任为基础的直播电商业态屡陷信任危机，既损害了消费者、公众和商家对主播、MCN 机构等直播服务商的信任，又使得这一新型业态陷入"信任反被信任误"的困境。

主播、MCN 机构等直播服务商在虚假宣传、流量造假等失信问题中承担着"责任主体"角色。中国消费者协会（2020）发布的 2020 年直播电商满意度专项调查结果显示，消费者对于宣传环节的满意度评分最低，仅为64.7 分，其中"主播夸大或虚假宣传"被提及频次较多。流量是直播电商变现的基础要素，也是商家选择合作主播的核心评价标准，由于造假成本低、收益高，监管尚存在缺位。中国消费者协会 2020 年发布的《"双 11"消费维权舆情分析报告》中，"明星带货涉嫌刷单造假"成为消费者"吐槽"的焦点。虚假宣传和数据流量造假，不仅误导了消费者选择，破坏了正常的市场竞争秩序，还加剧了"劣币驱逐良币"的恶性效应，严重影响了直播电商业态的可持续发展（苏宏元，2019）。

探索行之有效的社会信用体系，是我国政府监管改革的重要目标和关键职责，政府是直播服务商诚信治理体系中主导型的监管主体。传统监管模式下，由于主播、MCN 机构等直播服务商的平台内经营者责任不明晰，以及对"包容创新"和"审慎监管"的割裂认知，部分政府监管机构未将主播、MCN 机构等直播服务商纳入监管范围，尽管有部分监管机构将其纳入了监管范围，但由于监管资源和经费有限、监管方式和手段滞后，难以适应直播电商即时性、普惠性、跨界融合性、主体多元化等发展特征，导致政府监管机构对于主播、MCN 机构等直播服务商的监管在一定程度上存在缺位。随着直播服务商失信问题的日益凸显，部分政府监管机构开始着手探索对这一议题的有效监管。例如，持续完善直播电商相关法律法规制度体系，明确直播服务商的平台内经营者责任，通过建立积极发挥信用的激励和约束作用，并推动以消费者为代表的社会力量积极参与，促进线上线下一体化监管，提升直播服务商监管质量和绩效。作为直播电商交易最直接的利益相关者和最广泛的参与者，消费者共治策略的选择对于直播服务商诚信治理同样有着重要影响。一方面，消费者以直播弹幕、转发直播间、在线评价、自媒体发布等方式参与共治，通过声誉机制促进信用机制得到有效发挥；另一方面，消费者对失信直播服务商的投诉、举报、诉讼等维权共治方式，构成了目前我国直播服务商失信个案处理的重要线索来源。

　　基于以上分析，本章建立了政府监管机构、直播服务商和消费者的三方博弈逻辑关系图，如图4-1所示。

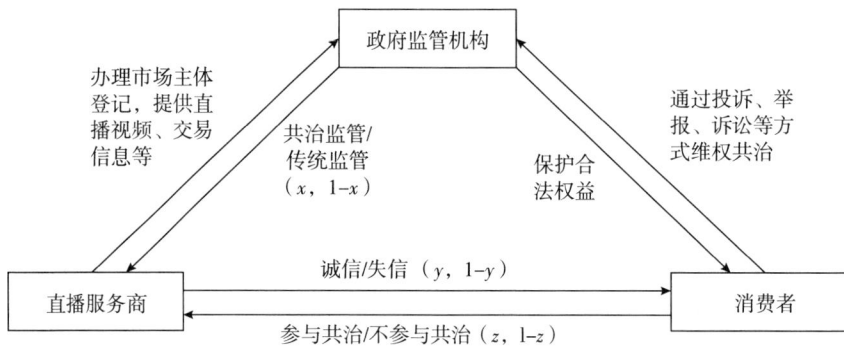

图4-1　政府监管机构、直播服务商、消费者三方博弈逻辑关系

资料来源：笔者整理。

二、模型构建与均衡点求解

（一）基本假设与参数设定

假设1：本模型中有三个博弈主体，分别是政府监管机构、直播服务商和消费者，参与博弈的三方均是有限理性的，为追求自身利益最大化而不断调整策略选择。各参与主体的策略选择已在前文中详细描述，目前政府对于直播电商业态的监管尚处于探索阶段，其策略选择空间 S_1 =（共治监管，传统监管）；直播服务商作为"责任主体"的策略选择空间 S_2 =（诚信，失信）；消费者作为"治理主体"的策略选择空间 S_3 =（参与共治，不参与共治）。假设政府监管机构选择"共治监管"策略的概率为 x，则选择"传统监管"的概率为 $1-x$；直播服务商选择"诚信"策略的概率为 y，则选择"失信"策略的概率为 $1-y$；消费者选择"参与共治"策略的概率为 z，则选择"不参与共治"的概率是 $1-z$，x，y，$z \in [0, 1]$。

假设 2：直播服务商诚信经营时，会有 θ 的概率进入守信"守信名单"从而获得一定的激励 I_h（共治监管模式下，政府监管机构根据信用风险分级分类结果建立守信"守信名单"，为名单内主体提供在金融服务、行政审批、市场交易等方面的便利，降低监管频次），此时，若消费者参与共治（如转发直播间、在线评价、自媒体发布等）会为守信直播服务商带来信用声誉收益 R_c，消费者的共治成本为 C_{w1}，并将获得直播服务商支付的共治激励收益 I_w（直播间红包、弹幕截屏抽奖等）。

假设 3：直播服务商失信经营时，将获得由虚假流量、虚假宣传等带来的额外收益 R_d，但也需花费一定的成本 C_d（如购买观看人次、点赞数量、互动数据、刷单刷榜等）。直播服务商失信经营时消费者损失为 L_w，若消费者通过投诉、举报、诉讼等方式参与共治，将会给失信直播服务商带来信用声誉损失 L_d，直播服务商失信行为被发现时政府监管机构将对其处以罚款 P_d，并责令其向消费者支付赔偿 P_w。直播服务商失信经营时，共治监管模式下消费者参与共治的成本为 C_{wl}；传统监管模式下消费者参与共治的成本为 C_{wh}（$C_{wl} < C_{wh}$）。

假设 4：政府监管机构的监管成本为 C_g，实施共治监管时，需要投入额外的监管成本 C_a（如一次性适应成本、收集数据和信息而产生的信息负担等），政府监管机构共治监管的最大社会效益为 R_g（如政府公信力的提升、社会福利增加等），传统监管的最大社会效益为 R_t，共治监管提升了社会效益，即 $R_g > R_t$；政府监管机构共治监管时发现直播服务商失信行为的概率为 α（$0 \leqslant \alpha \leqslant 1$），传统监管时发现直播服务商失信行为的概率为 β（$0 \leqslant \beta \leqslant 1$），共治监管提升了直播电商监管质量和效率，即 $\alpha > \beta$。

基于以上假设，本书对政府监管机构、直播服务商和消费者的相关参数进行了汇总，如表4-1所示。

表4-1 参数设定及其含义

参数	描述
C_g	政府监管机构的监管成本
C_a	政府监管机构实施共治监管的额外成本
R_g	政府监管机构实施共治监管的社会效益
R_t	政府监管机构实施传统监管的社会效益
R_c	消费者参与共治时守信直播服务商的信用声誉收益
I_h	守信直播服务商进入守信名单获得的激励
C_d	直播服务商失信经营需花费的成本
R_d	直播服务商失信经营获得的额外收益
L_w	直播服务商失信经营时消费者损失
P_d	失信直播服务商向政府监管机构缴纳的罚款
P_w	失信直播服务商向消费者支付的赔偿
L_d	消费者参与共治时失信直播服务商的信用声誉损失
C_{w1}	消费者参与守信直播服务商共治的成本
C_{wl}	共治监管下消费者参与失信直播服务商维权共治的成本
C_{wh}	传统监管下消费者参与失信直播服务商维权共治的成本
I_w	守信直播服务商向参与共治消费者支付的激励
θ	守信直播服务商进入守信名单的概率
α	政府监管机构共治监管效率

参数	描述
β	政府监管机构传统监管效率
x	政府监管机构选择共治监管策略的概率
y	直播服务商选择诚信策略的概率
z	消费者选择参与共治策略的概率

资料来源：笔者整理。

（二）模型构建及均衡点求解

根据以上假设与参数设定，建立政府监管机构、直播服务商与消费者三方博弈支付矩阵，如表4-2所示。

表4-2　政府监管机构、直播服务商与消费者三方博弈支付矩阵

		消费者	政府监管机构	
			共治监管 x	传统监管 $1-x$
直播服务商	诚信 y	参与共治 z	$R_g-C_g-C_a$, $\theta I_h+R_c-I_w$, I_w-C_{w1}	R_t-C_g, R_c-I_w, I_w-C_{w1}
		不参与共治 $1-z$	$R_g-C_g-C_a$, θI_h, 0	R_t-C_g, 0, 0
直播服务商	失信 $1-y$	参与共治 z	$R_g-C_g-C_a+P_d$, $R_d-C_d-L_d-P_w-P_d$, $P_w-C_{wl}-L_w$	$R_t-C_g+P_d$, $R_d-C_d-L_d-P_w-P_d$, $P_w-C_{wh}-L_w$
		不参与共治 $1-z$	$\alpha R_g-C_g-C_a+\alpha P_d$, $R_d-C_d-\alpha P_d-\alpha P_w$, αP_w-L_w	$\beta R_t-C_g+\beta P_d$, $R_d-C_d-\beta P_d-\beta P_w$, βP_w-L_w

资料来源：笔者整理。

政府监管机构选择共治监管和传统监管的期望收益 E_x^1、E_x^2 及平均期望收

益 $\overline{E}_x$ 分别如下：

$$\begin{cases} E_x^1 = y(R_g - C_g - C_a) + (1-y)z(R_g - C_g - C_a + P_d) + \\ \qquad (1-y)(1-z)(\alpha R_g - C_g - C_a + \alpha P_d) \\ E_x^2 = y(R_t - C_g) + (1-y)z(R_t - C_g + P_d) + (1-y)(1-z)(\beta R_t - C_g + \beta P_d) \\ \overline{E}_x = x E_x^1 + (1-x)E_x^2 \end{cases} \tag{4-1}$$

根据 Malthusian 动态方程，政府监管机构选择"共治监管"策略的复制动态方程如下：

$$\begin{aligned} F(x) &= \frac{dx}{dt} = x(E_x^1 - \overline{E}_x) \\ &= x(1-x)\big[y(R_g - R_t - C_a) + (1-y)z(R_g - R_t - C_a) + \\ &\quad (1-y)(1-z)(\alpha R_g - \beta R_t - C_a + \alpha P_d - \beta P_d) \big] \end{aligned} \tag{4-2}$$

同理，可得直播服务商选择"诚信"策略，以及消费者选择"参与共治"策略的复制动态方程如公式（4-3）和公式（4-4）所示：

$$\begin{aligned} F(y) &= \frac{dy}{dt} = y(E_y^1 - \overline{E}_y) \\ &= y(1-y)\big[x\theta I_h + z(R_c - I_w) - z(R_d - C_d - L_d - P_w - P_d) - \\ &\quad x(1-z)(R_d - C_d - \alpha P_d - \alpha P_w) - (1-x)(1-z)(R_d - C_d - \beta P_d - \beta P_w) \big] \end{aligned} \tag{4-3}$$

$$\begin{aligned} F(z) &= \frac{dz}{dt} = y(E_z^1 - \overline{E}_z) \\ &= z(1-z)\big[y(I_w - C_{w1}) + x(1-y)(P_w - C_{w1} - \alpha P_w) + \\ &\quad (1-x)(1-y)(P_w - C_{wh} - \beta P_w) \big] \end{aligned} \tag{4-4}$$

其中，E_y^1 为直播服务商选择"诚信"策略的期望收益，$\overline{E}_y$ 为直播服务商的平均期望收益，E_z^1 为消费者选择"参与共治"策略的期望收益，$\overline{E}_z$ 为消费者的平均期望收益。

由上述复制动态方程（4-2）至方程（4-4）可组成直播服务商诚信治理的三维动力系统，令 F（x）＝0，F（y）＝0，F（z）＝0 可求得系统存在

8 个均衡点，即 E_1 (0, 0, 0)，E_2 (1, 0, 0)，E_3 (0, 1, 0)，E_4 (0, 0, 1)，E_5 (1, 1, 0)，E_6 (1, 0, 1)，E_7 (0, 1, 1)，E_8 (1, 1, 1)。需要说明的是，对于多种群演化博弈而言，非端点平衡态无法持续抵御微小累计的"入侵"，最终会向端点平衡态演化（金迪斯，2015），因此本书对非端点平衡态不做讨论。

三、演化稳定策略分析

（一）构建雅可比矩阵及特征值求解

复制动态系统方程解出的均衡点并非一定是系统的演化稳定策略（ESS）。演化稳定策略可以根据均衡点的稳定性分析进行判断，而均衡点的稳定性可通过雅可比矩阵（Jacobian Matrix，记为 J）的局部稳定性进行分析：当 Jacobian Matrix 的所有特征值 $\lambda < 0$ 时，该均衡点为渐进演化稳定策略；当 Jacobian Matrix 至少有一个特征值 $\lambda > 0$ 时，该均衡点为不稳定点；当 Jacobian Matrix 除为零的特征值外，其余特征值 $\lambda < 0$，则均衡点处于临界状态，其稳定性无法确定（Friedman，1998）。

构建 Jacobian Matrix 如下：

$$
J = \begin{bmatrix}
\dfrac{\partial F(x)}{\partial x} & \dfrac{\partial F(x)}{\partial y} & \dfrac{\partial F(x)}{\partial z} \\[2mm]
\dfrac{\partial F(y)}{\partial x} & \dfrac{\partial F(y)}{\partial y} & \dfrac{\partial F(y)}{\partial z} \\[2mm]
\dfrac{\partial F(z)}{\partial x} & \dfrac{\partial F(z)}{\partial y} & \dfrac{\partial F(z)}{\partial z}
\end{bmatrix}
\tag{4-5}
$$

$$
\begin{aligned}
&\begin{bmatrix}
(1-2x)\big[y(R_g-R_t-C_a)+ \\
(1-y)z(R_g-R_t-C_a)+ \\
(1-y)(1-z) \\
(\alpha R_g-\beta R_t-C_a+\alpha P_d-\beta P_d)\big] \\[1em]
y(1-y)\big[(1-z)(\alpha-\beta)(P_d+P_w)+ \\
\theta I_h\big] \\[1em]
z(1-z)(1-y) \\
z \\
(C_{wh}-C_{wl}-\alpha P_w+\beta P_w)
\end{bmatrix}
=
\begin{bmatrix}
x(1-x)(1-z)\big[(R_g-R_t)- \\
(\alpha R_g-\beta R_t+\alpha P_d-\beta P)\big] \\[1em]
(1-2y)\big[x\theta I_h+z(R_c-I_w)- \\
z(R_d-C_d-L_d-P_w-P_d)- \\
x(1-z)(R_d-C_d-\alpha P_d-\alpha P_w)- \\
(1-x)(1-z)(R_d-C_d-\beta P_d-\beta P_w)\big] \\[1em]
z(1-z)\big[(I_w-C_{w1})- \\
x(P_w-C_{wl}-\alpha P_w)- \\
(1-x)(P_w-C_{wh}-\beta P_w)\big]
\end{bmatrix}
\\[2em]
&\begin{bmatrix}
x(1-x)(1-y)\big[(R_g-R_t)- \\
(\alpha R_g-\beta R_t+\alpha P_d-\beta P_d)\big] \\[1em]
y(1-y)\big[R_c-I_w+L_d+(1-\beta)(P_w+P_d)- \\
x(\alpha-\beta)(P_d+P_w)\big] \\[1em]
(1-2z)\big[y(I_w-C_{w1})+ \\
x(1-y)(P_w-C_{wl}-\alpha P_w)+ \\
(1-x)(1-y)(P_w-C_{wh}-\beta P_w)\big]
\end{bmatrix}
\end{aligned}
$$

根据 Jacobian Matrix 求解各均衡点及其特征值如表 4-3 所示。

表 4-3　均衡点及其特征值

均衡点	特征值		
	λ_1	λ_2	λ_3
(0, 0, 0)	$\alpha R_g - \beta R_t - C_a + \alpha P_d - \beta P_d$	$-(R_d - C_d - \beta P_d - \beta P_w)$	$P_w - C_{wh} - \beta P_w$
(1, 0, 0)	$-(\alpha R_g - \beta R_t - C_a + \alpha P_d - \beta P_d)$	$\theta I_h - (R_d - C_d - \alpha P_d - \alpha P_w)$	$P_w - C_{wl} - \alpha P_w$
(0, 1, 0)	$R_g - R_t - C_a$	$R_d - C_d - \beta P_d - \beta P_w$	$I_w - C_{w1}$
(0, 0, 1)	$R_g - R_t - C_a$	$\begin{array}{c}(R_c - I_w) \\ -(R_d - C_d - L_d - P_w - P_d)\end{array}$	$-(P_w - C_{wh} - \beta P_w)$
(1, 1, 0)	$-(R_g - R_t - C_a)$	$(R_d - C_d - \alpha P_d - \alpha P_w) - \theta I_h$	$I_w - C_{w1}$
(1, 0, 1)	$-(R_g - R_t - C_a)$	$\begin{array}{c}(\theta I_h + R_c - I_w) \\ -(R_d - C_d - L_d - P_w - P_d)\end{array}$	$-(P_w - C_{wl} - \alpha P_w)$
(0, 1, 1)	$R_g - R_t - C_a$	$\begin{array}{c}(R_d - C_d - L_d - P_w - P_d) \\ -(R_c - I_w)\end{array}$	$-(I_w - C_{w1})$
(1, 1, 1)	$-(R_g - R_t - C_a)$	$\begin{array}{c}(R_d - C_d - L_d - P_w - P_d) \\ -(\theta I_h + R_c - I_w)\end{array}$	$-(I_w - C_{w1})$

资料来源：笔者整理。

（二）信用激励约束机制对演化稳定策略的影响

守信激励和失信惩戒机制是社会信用体系运行的核心，主要包括行政监管性、市场性和社会性激励约束（李乃文等，2017）。本书构建的政府监管机构、直播服务商和消费者的三方博弈系统中，行政监管性激励约束主要包括政府监管机构对于守信直播服务商实施的激励 θI_h，政府监管机构对直播服务商失信行为的处罚 P_d 及责令其向消费者支付的赔偿 P_w；市场性和社会性激励约束主要是指，消费者参与共治时为守信直播服务商带来的信用声誉激励 R_c 及对失信直播服务商造成的信用声誉损失 L_d。下面将分别讨论守信激励和失信惩戒联合机制及失信惩戒单向机制对演化稳定策略的影响。

1. 守信激励和失信惩戒联合机制对演化稳定策略的影响

命题1：当正向激励和负向约束均处于较低水平，满足 $L_d+P_w+P_d+\theta I_h+R_c<R_d-C_d+I_w$ 且 $P_w<\min\left\{\dfrac{C_{wl}}{1-\alpha},\dfrac{C_{wh}}{1-\beta}\right\}$ 时，系统在不同条件下存在2个渐近稳定点：(0，0，0)，(1，0，0)。

证明：当 $L_d+P_w+P_d+\theta I_h+R_c<R_d-C_d+I_w$ 且 $P_w<\min\left\{\dfrac{C_{wl}}{1-\alpha},\dfrac{C_{wh}}{1-\beta}\right\}$ 时，均衡点 (0，0，1)，(1，0，1)，(1，1，1)，(0，1，1)，(1，1，0)，(0，1，0)至少有一个特征值 $\lambda>0$，因此均为系统的不稳定点；均衡点(0，0，0)，(1，0，0)的特征值 $\lambda_2<0$，$\lambda_3<0$，λ_1 不确定，当 $\alpha R_g-C_a+\alpha P_d<\beta R_t+\beta P_d$ 时，$\lambda_1(0，0，0)<0$，$\lambda_1(1，0，0)>0$，此时(0，0，0)为系统唯一的渐进稳定点；当 $\alpha R_g-C_a+\alpha P_d>\beta R_t+\beta P_d$ 时，$\lambda_1(0，0，0)>0$，$\lambda_1(1，0，0)<0$，此时(1，0，0)为系统唯一的渐进稳定点，如表4-4所示。

表4-4 正向激励与负向约束均处于较低水平时均衡点稳定性分析

均衡点	特征值			稳定性
	λ_1	λ_2	λ_3	
(0，0，0)	—	<0	<0	当 $\alpha R_g-C_a+\alpha P_d<\beta R_t+\beta P_d$ 时，为渐进稳定点
(1，0，0)	—	<0	<0	当 $\alpha R_g-C_a+\alpha P_d>\beta R_t+\beta P_d$ 时，为渐进稳定点
(0，1，0)	—	>0	—	不稳定点
(0，0，1)	—	<0	>0	不稳定点
(1，1，0)	—	>0	—	不稳定点
(1，0，1)	—	<0	>0	不稳定点
(0，1，1)	—	>0	—	不稳定点
(1，1，1)	—	>0	—	不稳定点

资料来源：笔者整理。

证毕。

由命题1可知，当正向激励与负向惩戒力度均处于较低水平时，系统可能存在（传统监管，失信，不参与共治），（共治监管，失信，不参与共治）两种演化稳定策略，数据仿真结果如图4-2所示。该条件下，无论直播服务商选择"诚信"策略的初始比例如何，经过长期演化最终都将选择"失信"策略；无论消费者选择"参与共治"策略的初始比例如何，经过长期演化最终都将选择"不参与共治"策略，即正向激励与负向惩戒力度均处于较低水平时，必定会导致系统恶化；此时政府监管机构的策略选择受到不同监管模式下监管效率 α、β 与监管效益 R_g、R_t、共治监管需投入成本 C_a 等因素的影响，政府监管机构选择"共治监管"的概率与 α、R_g 成正比，与 β、R_t、C_a 成反比，随着政府监管机构共治监管绩效的提升，系统演化路径为（0，0，0）→（1，0，0）。

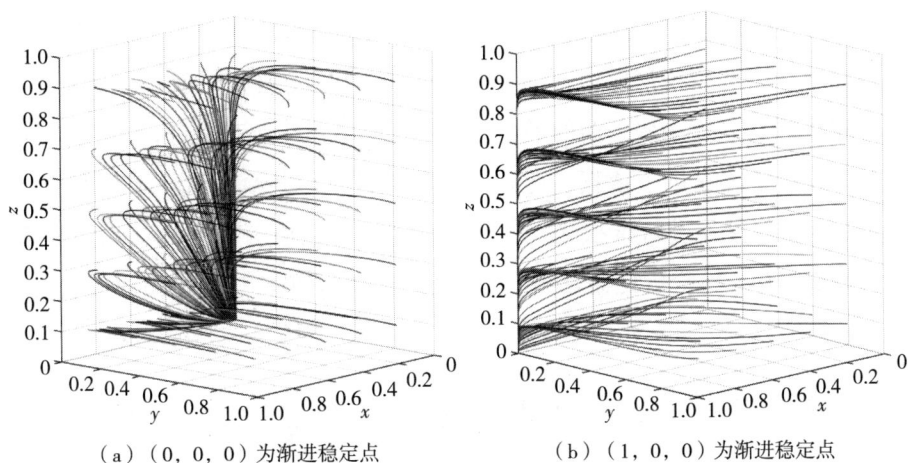

（a）（0，0，0）为渐进稳定点　　（b）（1，0，0）为渐进稳定点

图4-2　正向激励与负向约束均处于较低水平时直播服务商诚信治理系统演化

资料来源：笔者整理。

2. 失信惩戒单向机制对演化稳定策略的影响

实践中，多数政府监管机构在电子商务领域信用建设中以"失信惩戒"单向机制为主导，"守信激励"机制应用范围和效果有限，因此本部分单独讨论失信惩戒机制对演化稳定策略的影响。

失信惩戒主要包括行政性的监管惩戒及消费者参与共治为失信直播服务商带来的信用声誉损失。失信惩戒在多部法律法规中均有明确规定，例如，《中华人民共和国消费者权益保护法》规定，经营者提供商品或者服务有欺诈行为的，应当按照消费者的要求增加赔偿其受到的损失，增加赔偿的金额为消费者购买商品的价款或者接受服务的费用的三倍；对于经营者在商品中掺杂、掺假，以假充真，以次充好，或者以不合格商品冒充合格商品的，对商品或者服务作虚假或者引人误解的宣传的，伪造商品的产地，伪造或者冒用厂名、厂址，篡改生产日期，伪造或者冒用认证标志等质量标志的，政府监管机构可根据情节单处或者并处警告、没收违法所得、处以违法所得一倍以上十倍以下的罚款。此外，《中华人民共和国电子商务法》《中华人民共和国广告法》《中华人民共和国产品质量法》《中华人民共和国食品安全法》等法律法规均对不同情形下的违法行为处罚及赔偿有所规定。2021 年 3 月 15 日，国家市场监督管理总局《网络交易监督管理办法》的出台，明确了主播、MCN 机构等直播服务商的平台内经营者主体责任及其义务，并为违法行为的处罚和赔偿提供了依据。此外，当消费者参与共治时，除了采取投诉、举报、诉讼等措施进行维权之外，还会加大对直播服务商失信信息的传播，失信直播服务商将会因此而承担一定的信用声誉损失，这属于市场和社会性约束范畴。

命题 2：当失信惩戒力度很大，满足 $P_w+P_d>\dfrac{R_d-C_d}{\beta}$，且 $P_w+P_d+L_d>R_d-C_d-R_c+I_w$ 时，系统在不同条件下存在 4 个渐进稳定点：（1，1，1），（0，1，1），（1，1，0），（0，1，0）。

证明：当 $P_w+P_d>\dfrac{R_d-C_d}{\beta}$ 且 $P_w+P_d+L_d>R_d-C_d-R_c+I_w$ 时，均衡点（0，0，0），（1，0，0），（0，0，1），（1，0，1）至少有一个特征值 $\lambda>0$，因此均为不稳定点；均衡点（1，1，1），（0，1，1），（1，1，0），（0，1，0）的特征值 $\lambda_2<0$，λ_1 与 λ_3 不确定，当 $R_g-C_a<R_t$ 且 $I_w<C_{w1}$ 时，λ_1（0，1，0）<0，λ_3（0，1，0）<0，其余均衡点至少有一个特征值 $\lambda>0$，此时（0，1，0）为

系统唯一的渐进稳定点；当 $R_g - C_a < R_t$ 且 $I_w > C_{w1}$ 时，$\lambda_1(0, 1, 1) < 0$，$\lambda_3(0, 1, 1) < 0$，其余均衡点至少有一个特征值 $\lambda > 0$，此时 $(0, 1, 1)$ 为系统唯一的渐进稳定点；当 $R_g - C_a > R_t$ 且 $I_w < C_{w1}$ 时，$\lambda_1(1, 1, 0) < 0$，$\lambda_3(1, 1, 0) < 0$，其余均衡点至少有一个特征值 $\lambda > 0$，此时 $(1, 1, 0)$ 为系统唯一的渐进稳定点；当 $R_g - C_a > R_t$ 且 $I_w > C_{w1}$ 时，$\lambda_1(1, 1, 1) < 0$，$\lambda_3(1, 1, 1) < 0$，其余均衡点至少有一个特征值 $\lambda > 0$，此时 $(1, 1, 1)$ 为系统唯一的渐进稳定点，如表4-5所示。

表4-5　负向惩戒力度很大时均衡点稳定性分析

均衡点	特征值			稳定性
	λ_1	λ_2	λ_3	
(0, 0, 0)	—	>0	—	不稳定点
(1, 0, 0)	—	>0	—	不稳定点
(0, 1, 0)	—	—	—	当 $R_g - C_a < R_t$ 且 $I_w < C_{w1}$ 时，为渐进稳定点
(0, 0, 1)	—	>0	<0	不稳定点
(1, 1, 0)	—	<0	—	当 $R_g - C_a > R_t$ 且 $I_w < C_{w1}$ 时，为渐进稳定点
(1, 0, 1)	—	>0	<0	不稳定点
(0, 1, 1)	—	<0	—	当 $R_g - C_a < R_t$ 且 $I_w > C_{w1}$ 时，为渐进稳定点
(1, 1, 1)	—	<0	—	当 $R_g - C_a > R_t$ 且 $I_w > C_{w1}$ 时，为渐进稳定点

资料来源：笔者整理。

证毕。

由命题2可知，当负向惩戒力度很大时，系统可能存在（传统监管，诚信，不参与共治），（传统监管，诚信，参与共治），（共治监管，诚信，不参与共治），（共治监管，诚信，参与共治）四种演化稳定策略，如图4-3所示。由此可见，当负向惩戒力度很大时，无论直播服务商选择"失信"策略的初始比例如何，经过长期演化最终都会选择"诚信"策略，但此时政府监管机构和消费者的策略选择是不确定的。政府监管机构的策略选择将会受到共治监管的社会效益 R_g、传统监管的社会效益 R_t 及实施共治监管的额外成

本 C_a 等因素的影响，政府监管机构选择"共治监管"策略的概率与 R_g 成正比，与 R_t、C_a 成反比；消费者的策略选择将会受到参与共治的成本 C_{w1} 及直播服务商支付的激励收益 I_w 的影响，消费者选择"参与共治"策略的概率与 I_w 成正比，与 C_{w1} 成反比。

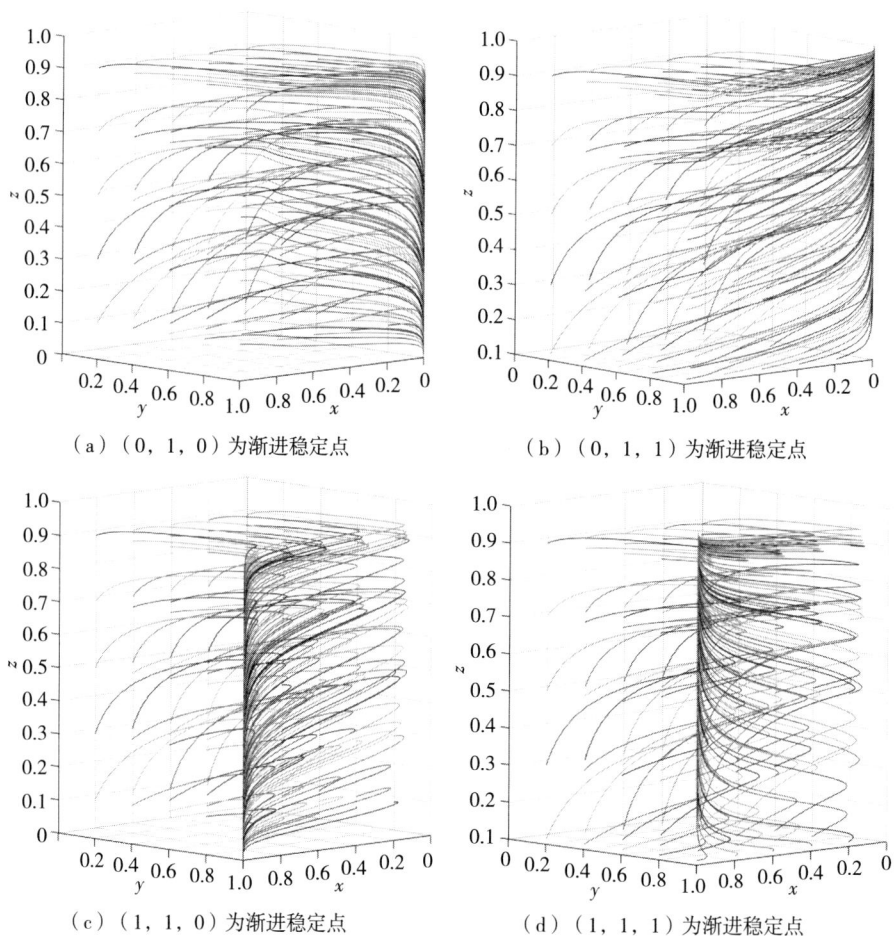

（a）（0, 1, 0）为渐进稳定点 （b）（0, 1, 1）为渐进稳定点

（c）（1, 1, 0）为渐进稳定点 （d）（1, 1, 1）为渐进稳定点

图 4-3　负向惩戒力度很大时直播服务商诚信治理系统演化

资料来源：笔者整理。

（三）消费者共治成本对演化稳定策略的影响

消费者共治成本共分为三种类型：一是直播服务商诚信经营时，消费者参与共治的成本 C_{w1}；二是传统监管模式下，直播服务商失信经营时消费者通过维权参与共治的成本 C_{wh}；三是共治监管模式下，直播服务商失信经营时消费者进行维权参与共治的成本 C_{wl}。

命题 3：当消费者参与共治成本 C_{wh}、C_{wl}、C_{w1} 均处于较高水平，满足 $C_{wh}>(1-\beta)P_w$，$C_{wl}>(1-\alpha)P_w$ 且 $C_{w1}>I_w$ 时，系统在不同条件下存在 4 个渐进稳定点，即 $(0, 0, 0)$，$(1, 0, 0)$，$(0, 1, 0)$，$(1, 1, 0)$；当 C_{wh} 处于较高水平而 C_{wl} 与 C_{w1} 处于较低水平，满足 $C_{wh}>(1-\beta)P_w$，$C_{wl}<(1-\alpha)P_w$ 且 $C_{w1}<I_w$ 时，系统在不同条件下存在 4 个渐进稳定点，即 $(0, 0, 0)$，$(1, 0, 1)$，$(0, 1, 1)$，$(1, 1, 1)$；当 C_{wh}、C_{wl}、C_{w1} 均处于较低水平，满足 $C_{wh}<(1-\beta)P_w$，$C_{wl}<(1-\alpha)P_w$ 且 $C_{w1}<I_w$ 时，系统在不同条件下存在 4 个渐进稳定点，即 $(0, 0, 1)$，$(1, 0, 1)$，$(0, 1, 1)$，$(1, 1, 1)$。

证明：当 $C_{wh}>(1-\beta)P_w$，$C_{wl}>(1-\alpha)P_w$ 且 $C_{w1}>I_w$ 时，均衡点 $(0, 0, 1)$，$(1, 0, 1)$，$(0, 1, 1)$，$(1, 1, 1)$ 的特征值 $\lambda_3>0$，因此均为不稳定点；均衡点 $(0, 0, 0)$，$(1, 0, 0)$，$(0, 1, 0)$，$(1, 1, 0)$ 的特征值 $\lambda_3<0$，λ_1 与 λ_2 不确定，当 $\alpha R_g-C_a+\alpha P_d<\beta R_t+\beta P_d$ 且 $\beta P_d+\beta P_w<R_d-C_d$ 时，$\lambda_1(0, 0, 0)<0$，$\lambda_2(0, 0, 0)<0$，其余均衡点至少有一个特征值 $\lambda>0$，此时 $(0, 0, 0)$ 为系统唯一的渐进稳定点；当 $\alpha R_g-C_a+\alpha P_d>\beta R_t+\beta P_d$ 且 $\alpha P_d+\alpha P_w+\theta I_h<R_d-C_d$ 时，$\lambda_1(1, 0, 0)<0$，$\lambda_2(1, 0, 0)<0$，其余均衡点至少有一个特征值 $\lambda>0$，此时 $(1, 0, 0)$ 为系统唯一的渐进稳定点；当 $R_g-C_a<R_t$ 且 $\beta P_d+\beta P_w>R_d-C_d$ 时，$\lambda_1(0, 1, 0)<0$，$\lambda_3(0, 1, 0)<0$，其余均衡点至少有一个特征值 $\lambda>0$，此时 $(0, 1, 0)$ 为渐进稳定点；当 $R_g-C_a>R_t$ 且 $\alpha P_d+\alpha P_w+\theta I_h>R_d-C_d$ 时，$\lambda_1(1, 1, 0)<0$，$\lambda_2(1, 1, 0)<0$，此时 $(1, 1, 0)$ 为渐进稳定点，如表 4-6 所示。

表 4-6 C_{wh}、C_{wl}、C_{w1} 均处于较高水平时均衡点稳定性分析

均衡点	特征值			稳定性
	λ_1	λ_2	λ_3	
(0, 0, 0)	—	—	<0	当 $\alpha R_g - C_a + \alpha P_d < \beta R_t + \beta P_d$ 且 $\beta P_d + \beta P_w < R_d - C_d$ 时,为渐进稳定点
(1, 0, 0)	—	—	<0	当 $\alpha R_g - C_a + \alpha P_d > \beta R_t + \beta P_d$ 且 $\theta I_h + \alpha P_d + \alpha P_w < R_d - C_d$ 时,为渐进稳定点
(0, 1, 0)	—	—	<0	当 $R_g - C_a < R_t$ 且 $\beta P_d + \beta P_w > R_d - C_d$ 时,为渐进稳定点
(0, 0, 1)	—	—	>0	不稳定点
(1, 1, 0)	—	—	<0	当 $R_g - C_a > R_t$ 且 $\theta I_h + \alpha P_d + \alpha P_w > R_d - C_d$ 时,为渐进稳定点
(1, 0, 1)	—	—	>0	不稳定点
(0, 1, 1)	—	—	>0	不稳定点
(1, 1, 1)	—	—	>0	不稳定点

资料来源:笔者整理。

当 $C_{wh} > (1-\beta) P_w$,$C_{wl} < (1-\alpha) P_w$ 且 $C_{w1} < I_w$ 时,均衡点(1, 0, 0),(0, 1, 0),(0, 0, 1),(1, 1, 0)的特征值 $\lambda_3 > 0$,因此均为不稳定点;均衡点(0, 0, 0),(1, 0, 1),(0, 1, 1),(1, 1, 1)的特征值 $\lambda_3 < 0$,λ_1 与 λ_2 不确定,当 $\alpha R_g - C_a + \alpha P_d < \beta R_t + \beta P_d$ 且 $\beta P_d + \beta P_w < R_d - C_d$ 时,$\lambda_1(0, 0, 0) < 0$,$\lambda_2(0, 0, 0) < 0$,此时(0, 0, 0)为渐进稳定点;当 $R_g - C_a < R_t$ 且 $L_d + P_w + P_d + R_c > R_d - C_d + I_w$ 时,$\lambda_1(0, 1, 1) < 0$,$\lambda_2(0, 1, 1) < 0$,此时(0, 1, 1)为渐进稳定点。需要注意的是,由于(0, 0, 0)和(0, 1, 1)两个均衡点为稳定点的取值区间存在重合,因此有可能存在两个均衡点同时为稳定点的情况。当 $R_g - C_a > R_t$ 且 $L_d + P_w + P_d + \theta I_h + R_c < R_d - C_d + I_w$ 时,$\lambda_1(1, 0, 1) < 0$,$\lambda_2(1, 0, 1) < 0$,其余均衡点至少有一个特征值 $\lambda > 0$,此时(1, 0, 1)为系统唯一的渐进稳定点;当 $R_g - C_a > R_t$ 且 $L_d + P_w + P_d + \theta I_h + R_c > R_d - C_d + I_w$ 时,$\lambda_1(1, 1, 1) < 0$,$\lambda_2(1, 1, 1) < 0$,其余均衡点至少有一个特征值 $\lambda > 0$,此时(1, 1, 1)为系统唯一的渐进稳定点,如表 4-7 所示。

表 4-7　C_{wh} 较高，C_{wl}、C_{w1} 较低时均衡点稳定性分析

均衡点	特征值			稳定性
	λ_1	λ_2	λ_3	
(0, 0, 0)	—	—	<0	当 $\alpha R_g-C_a+\alpha P_d<\beta R_t+\beta P_d$ 且 $\beta P_d+\beta P_w<R_d-C_d$ 时，为渐进稳定点
(1, 0, 0)	—	—	>0	不稳定点
(0, 1, 0)	—	—	>0	不稳定点
(0, 0, 1)	—	—	>0	不稳定点
(1, 1, 0)	—	—	>0	不稳定点
(1, 0, 1)	—	—	<0	当 $L_d+P_w+P_d+\theta I_h+R_c<R_d-C_d+I_w$ 且 $R_g-C_a>R_t$ 时，为渐进稳定点
(0, 1, 1)	—	—	<0	当 $L_d+P_w+P_d+R_c>R_d-C_d+I_w$ 且 $R_g-C_a<R_t$ 时，为渐进稳定点
(1, 1, 1)	—	—	<0	当 $L_d+P_w+P_d+\theta I_h+R_c>R_d-C_d+I_w$ 且 $R_g-C_a>R_t$ 时，为渐进稳定点

资料来源：笔者整理。

当 $C_{wh}<(1-\beta)P_w$，$C_{wl}<(1-\alpha)P_w$ 且 $C_{w1}<I_w$ 时，均衡点(0，0，0)，(1，0，0)，(0，1，0)，(1，1，0)的特征值 $\lambda_3>0$，因此均为不稳定点；均衡点 (0，0，1)，(1，0，1)，(0，1，1)，(1，1，1)的特征值 $\lambda_3<0$，λ_1 与 λ_2 不确定，当 $R_g-C_a<R_t$ 且 $L_d+P_w+P_d+R_c+\theta I_h<R_d-C_d+I_w$ 时，$\lambda_1(0，0，1)<0$，$\lambda_2(0，0，1)<0$，其余均衡点至少有一个特征值 $\lambda>0$，此时(0，0，1)为系统唯一的渐进稳定点；当 $R_g-C_a>R_t$ 且 $P_w+P_d+L_d+\theta I_h+R_c<R_d-C_d+I_w$ 时，$\lambda_1(1，0，1)<0$，$\lambda_2(1，0，1)<0$，其余均衡点至少有一个特征值 $\lambda>0$，此时(1，0，1)为系统唯一的渐进稳定点；当 $R_g-C_a<R_t$ 且 $P_w+P_d+L_d+R_c>R_d-C_d+I_w$ 时，$\lambda_1(0，1，1)<0$，$\lambda_2(0，1，1)<0$，其余均衡点至少有一个特征值 $\lambda>0$，此时(0，1，1)为系统唯一渐进稳定点；当 $R_g-C_a>R_t$ 且 $P_w+P_d+L_d+R_c>R_d-C_d+I_w$ 时，$\lambda_1(1，1，1)<0$，$\lambda_2(1，1，1)<0$，其余均衡点至少有一个特征值 $\lambda>0$，此时(1，1，1)为系统唯一的渐进稳定点，如表4-8所示。

表 4-8 C_{wh}、C_{wl}、C_{w1} 均处于较低水平时均衡点稳定性分析

均衡点	特征值			稳定性
	λ_1	λ_2	λ_3	
(0, 0, 0)	—	—	>0	不稳定点
(1, 0, 0)	—	—	>0	不稳定点
(0, 1, 0)	—	—	>0	不稳定点
(0, 0, 1)	—	—	<0	当 $P_w+P_d+L_d+\theta I_h+R_c<R_d-C_d+I_w$ 且 $R_g-C_a<R_t$，为渐进稳定点
(1, 1, 0)	—	—	>0	不稳定点
(1, 0, 1)	—	—	<0	当 $P_w+P_d+L_d+\theta I_h+R_c<R_d-C_d+I_w$ 且 $R_g-C_a>R_t$，为渐进稳定点
(0, 1, 1)	—	—	<0	当 $P_w+P_d+L_d+R_c>R_d-C_d+I_w$ 且 $R_g-C_a<R_t$，为渐进稳定点
(1, 1, 1)	—	—	<0	当 $P_w+P_d+L_d+R_c>R_d-C_d+I_w$ 且 $R_g-C_a>R_t$，为渐进稳定点

资料来源：笔者整理。

证毕。

由命题 3 可知，当消费者参与共治成本处于较高水平时，系统可能存在（传统监管，失信，不参与共治），（传统监管，诚信，不参与共治），（共治监管，失信，不参与共治），（共治监管，诚信，不参与共治）四种演化稳定策略，此时无论消费者选择"参与共治"的初始比例如何，经过长期演化最终都会选择"不参与共治"策略，数据仿真结果如图 4-4 所示。

当保持传统监管模式下消费者维权共治成本不变，仅降低共治监管模式下的维权共治成本及参与诚信直播服务商共治的成本时，系统可能存在（传统监管，失信，不参与共治），（共治监管，失信，参与共治），（传统监管，诚信，参与共治），（共治监管，诚信，参与共治）四种演化稳定策略。由此可见，在该情境下系统未必一定会向好的方向演化，受到不同监管模式下的社会收益、共治监管额外成本、直播服务商失信经营收益、信用激励与约束力度等多重因素的交叉影响，系统还有可能向（传统监管，失信，不参与共治）演化，如图 4-5 所示。

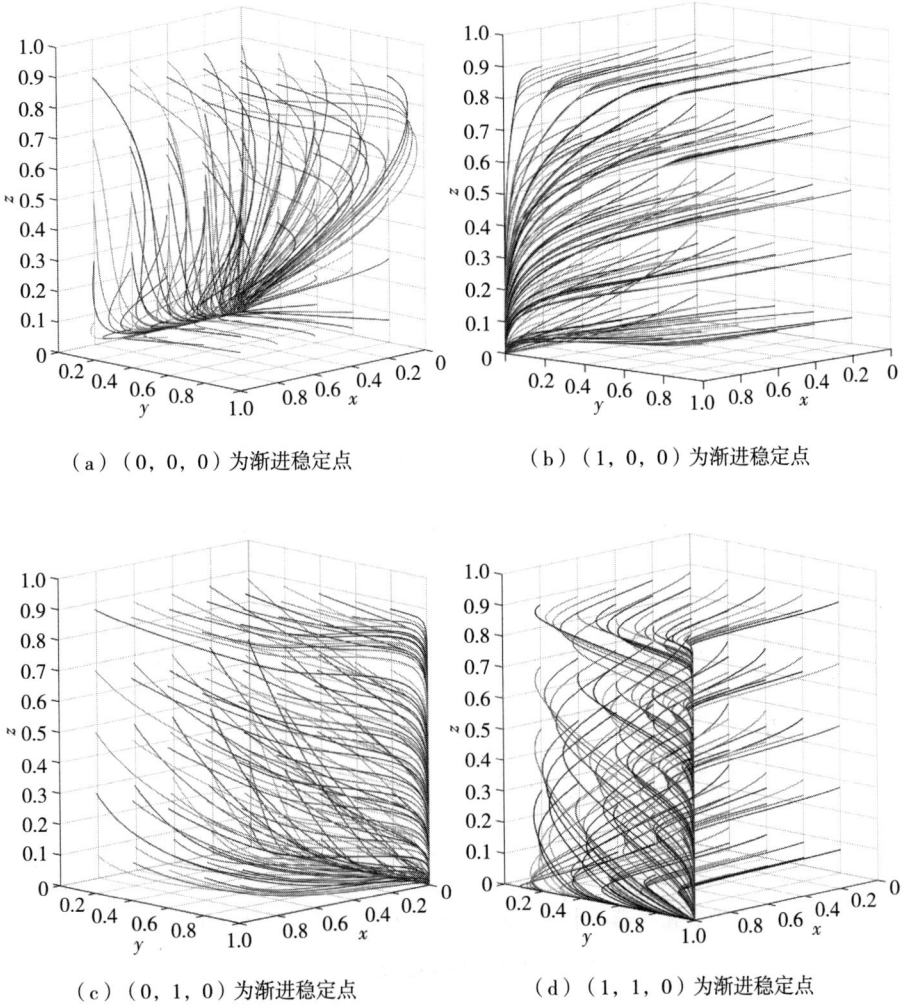

（a）（0，0，0）为渐进稳定点　　　　（b）（1，0，0）为渐进稳定点

（c）（0，1，0）为渐进稳定点　　　　（d）（1，1，0）为渐进稳定点

图4-4　消费者共治成本 C_{wh}、C_{wl}、C_{w1} 均处于较高水平时直播服务

商诚信治理系统演化

资料来源：笔者整理。

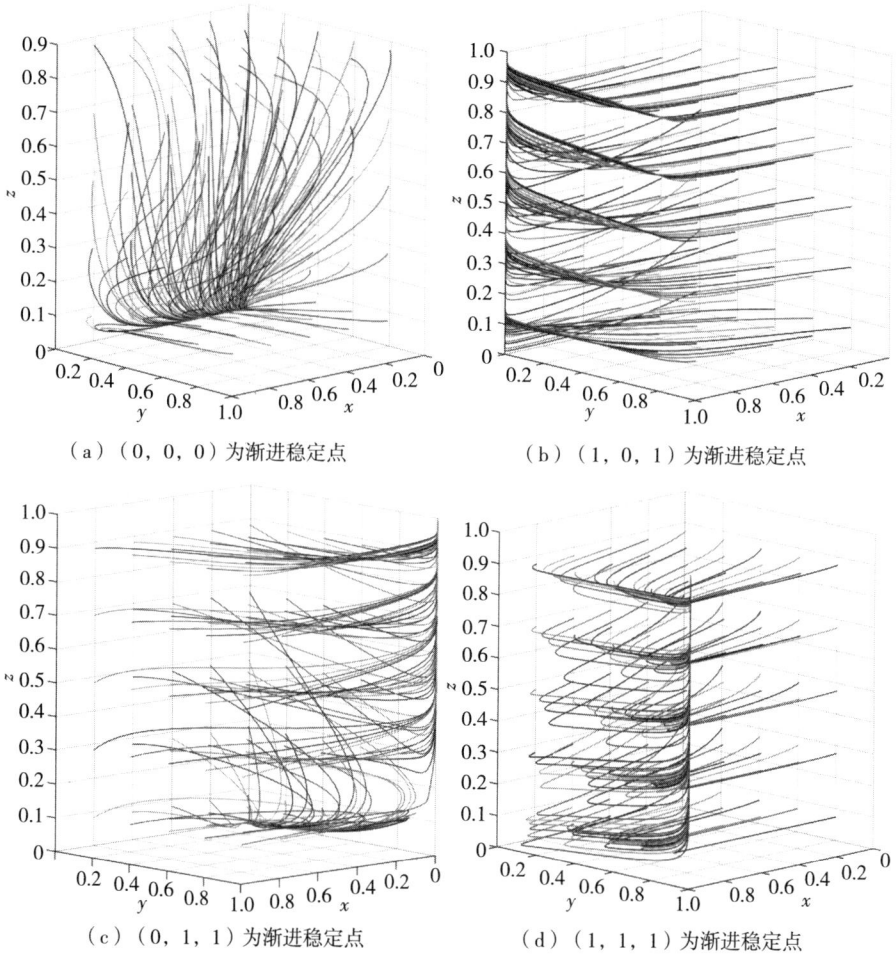

（a）（0，0，0）为渐进稳定点

（b）（1，0，1）为渐进稳定点

（c）（0，1，1）为渐进稳定点

（d）（1，1，1）为渐进稳定点

图 4-5　消费者共治成本 C_{wh} 较高，C_{wl}、C_{w1} 处于较低水平时直播服务
商诚信治理系统演化

资料来源：笔者整理。

当消费者参与共治的成本均处于较低水平时，系统可能存在（传统监管，诚信，参与共治），（传统监管，失信，参与共治），（共治监管，诚信，参与共治），（共治监管，失信，参与共治）四种演化稳定策略。此时，无论政府监管机构和直播服务商如何选择策略，以及消费者选择"不参与共治"的初始比例如何，经过长期演化最终都会选择"参与共治"策略，如图4-6所示。

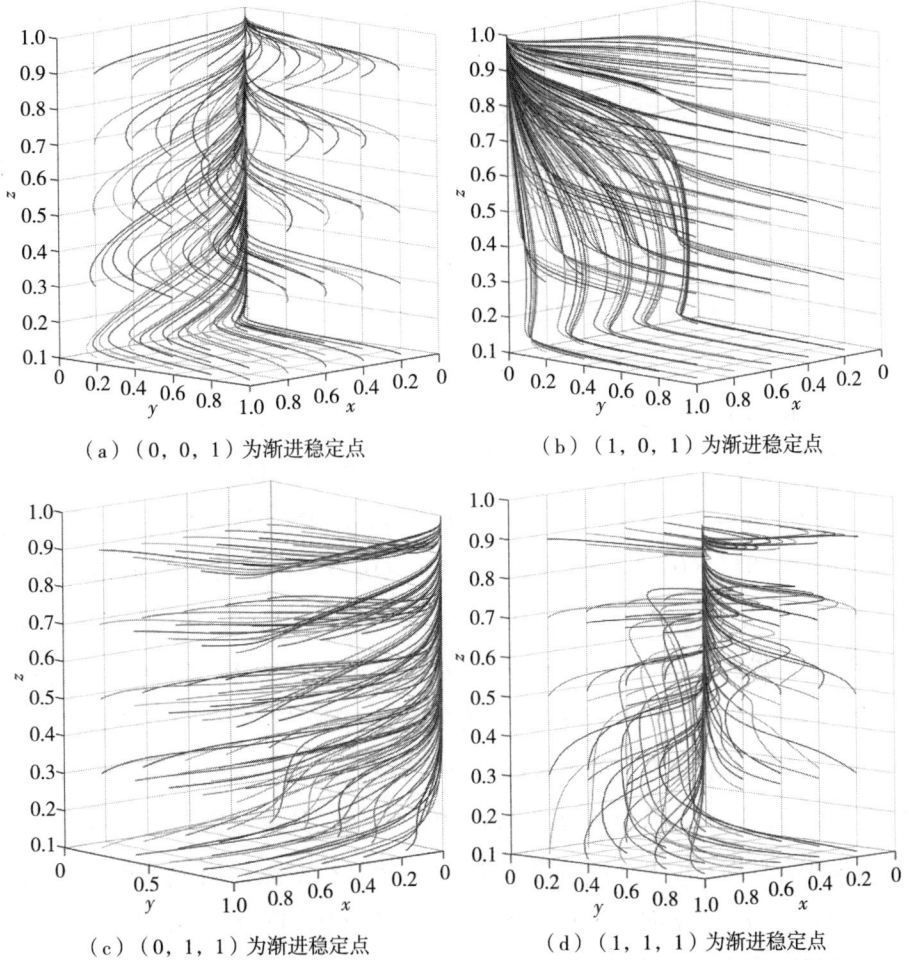

（a）（0，0，1）为渐进稳定点

（b）（1，0，1）为渐进稳定点

（c）（0，1，1）为渐进稳定点

（d）（1，1，1）为渐进稳定点

图4-6 消费者共治成本 C_{wh}、C_{wl}、C_{w1} 均处于较低水平时直播服务商诚信治理系统演化

资料来源：笔者整理。

（四）政府共治监管成本对演化稳定策略的影响

政府监管机构实施共治监管，需要投入一定的额外成本，如政府为执法所投入的一次性适应成本（建立监管大数据平台、购置监管所需设备等）、为有效监测合规性而收集数据和信息所产生的行政负担等，本章中政府监管机构实施共治监管所投入的额外成本为 C_a。

命题 4：当政府监管机构实施共治监管所投入的额外成本过高，满足 $C_a > \max\{\alpha(R_g+P_d)-\beta(R_t+P_d), R_g-R_t\}$ 时，系统在不同条件下存在 4 个渐进稳定点，即 $(0, 0, 0)$、$(0, 1, 0)$、$(0, 0, 1)$、$(0, 1, 1)$；当政府监管机构实施共治监管所投入的额外成本很低，满足 $C_a < \min\{\alpha(R_g+P_d)-\beta(R_t+P_d), R_g-R_t\}$ 时，系统在不同条件下存在 4 个渐进稳定点，即 $(1, 0, 0)$、$(1, 1, 0)$、$(1, 0, 1)$、$(1, 1, 1)$。

证明：当 $C_a > \max\{\alpha(R_g+P_d)-\beta(R_t+P_d), R_g-R_t\}$ 时，均衡点 $(1, 0, 0)$、$(1, 1, 0)$、$(1, 0, 1)$、$(1, 1, 1)$ 的特征值 $\lambda_1 > 0$，因此均为不稳定点；均衡点 $(0, 0, 0)$、$(0, 1, 0)$、$(0, 0, 1)$、$(0, 1, 1)$ 的特征值 $\lambda_1 < 0$，λ_2 与 λ_3 不确定，当 $\beta P_d + \beta P_w < R_d - C_d$ 且 $P_w - \beta P_w < C_{wh}$ 时，$\lambda_2(0, 0, 0) < 0$，$\lambda_3(0, 0, 0) < 0$，此时 $(0, 0, 0)$ 为渐进稳定点；当 $\beta P_d + \beta P_w > R_d - C_d$ 且 $I_w < C_{w1}$ 时，$\lambda_2(0, 1, 0) < 0$，$\lambda_3(0, 1, 0) < 0$，其余均衡点至少有一个特征值 $\lambda > 0$，此时 $(0, 1, 0)$ 为系统唯一的渐进稳定点；当 $L_d + P_w + P_d + R_c < R_d - C_d + I_w$ 且 $P_w - \beta P_w > C_{wh}$ 时，$\lambda_2(0, 0, 1) < 0$，$\lambda_3(0, 0, 1) < 0$，其余均衡点至少有一个特征值 $\lambda > 0$，此时 $(0, 0, 1)$ 为系统唯一的渐进稳定点；当 $P_w + P_d + L_d + R_c > R_d - C_d + I_w$ 且 $I_w > C_{w1}$ 时，$\lambda_2(0, 1, 1) < 0$，$\lambda_3(0, 1, 1) < 0$，此时 $(0, 1, 1)$ 为渐进稳定点，如表 4-9 所示。需要说明的是，在均衡点 $(0, 0, 0)$ 和 $(0, 1, 1)$ 是渐进稳定点的取值区间条件下，其他均衡点的特征值符号无法完全确定，因此 $(0, 0, 0)$ 和 $(0, 1, 1)$ 并非其取值区间条件下系统唯一的演化稳定点。

表 4-9　政府共治监管额外成本过高时均衡点稳定性分析

均衡点	特征值			稳定性
	λ_1	λ_2	λ_3	
(0, 0, 0)	<0	—	—	当 $\beta P_d + \beta P_w < R_d - C_d$ 且 $P_w - \beta P_w < C_{wh}$ 时，为渐进稳定点
(1, 0, 0)	>0	—	—	不稳定点
(0, 1, 0)	<0	—	—	当 $\beta P_d + \beta P_w > R_d - C_d$ 且 $I_w < C_{w1}$ 时，为渐进稳定点
(0, 0, 1)	<0	—	—	当 $L_d + P_w + P_d + R_c < R_d - C_d + I_w$ 且 $P_w - \beta P_w > C_{wh}$ 时，为渐进稳定点
(1, 1, 0)	>0	—	—	不稳定点
(1, 0, 1)	>0	—	—	不稳定点
(0, 1, 1)	<0	—	—	当 $P_w + P_d + L_d + R_c > R_d - C_d + I_w$ 且 $I_w > C_{w1}$ 时，为渐进稳定点
(1, 1, 1)	>0	—	—	不稳定点

资料来源：笔者整理。

当 $C_a < \min\{\alpha(R_g + P_d) - \beta(R_t + P_d),\ R_g - R_t\}$ 时，均衡点 (0, 0, 0)，(0, 1, 0)，(0, 0, 1)，(0, 1, 1) 的特征值 $\lambda_1 > 0$，因此均为不稳定点；均衡点 (1, 0, 0)，(1, 1, 0)，(1, 0, 1)，(1, 1, 1) 的特征值 $\lambda_1 > 0$，λ_2 与 λ_3 不确定，当 $\theta I_h + \alpha P_d + \alpha P_w < R_d - C_d$ 且 $P_w - \alpha P_w < C_{wl}$ 时，$\lambda_2(1, 0, 0) < 0$，$\lambda_3(1, 0, 0) < 0$，此时 (1, 0, 0) 为渐进稳定点；当 $\theta I_h + \alpha P_d + \alpha P_w > R_d - C_d$ 且 $I_w < C_{w1}$ 时，$\lambda_2(1, 1, 0) < 0$，$\lambda_3(1, 1, 0) < 0$，其余均衡点至少有一个特征值 $\lambda > 0$，此时 (1, 1, 0) 为系统唯一的渐进稳定点；当 $L_d + P_w + P_d + \theta I_h + R_c < R_d - C_d + I_w$ 且 $P_w - \alpha P_w > C_{wl}$ 时，$\lambda_2(1, 0, 1) < 0$，$\lambda_3(1, 0, 1) < 0$，其余均衡点至少有一个特征值 $\lambda > 0$，此时 (1, 0, 1) 为系统唯一的渐进稳定点；当 $L_d + P_w + P_d + \theta I_h + R_c > R_d - C_d + I_w$ 且 $I_w > C_{w1}$ 时，$\lambda_2(1, 1, 1) < 0$，$\lambda_3(1, 1, 1) < 0$，此时 (1, 1, 1) 为渐进稳定点，如表 4-10 所示。同上，(1, 0, 0) 和 (1, 1, 1) 并非其取值区间条件下系统的唯一演化稳定点。

表 4-10　政府共治监管额外成本很低时均衡点稳定性分析

均衡点	特征值			稳定性
	λ_1	λ_2	λ_3	
(0, 0, 0)	>0	—	—	不稳定点
(1, 0, 0)	<0	—	—	当 $\theta I_h+\alpha P_d+\alpha P_w<R_d-C_d$ 且 $P_w-\alpha P_w<C_{wl}$ 时，为渐进稳定点
(0, 1, 0)	>0	—	—	不稳定点
(0, 0, 1)	>0	—	—	不稳定点
(1, 1, 0)	<0	—	—	当 $\theta I_h+\alpha P_d+\alpha P_w>R_d-C_d$ 且 $I_w<C_{w1}$ 时，为渐进稳定点
(1, 0, 1)	<0	—	—	当 $L_d+P_w+P_d+\theta I_h+R_c<R_d-C_d+I_w$ 且 $P_w-\alpha P_w>C_{wl}$ 时，为渐进稳定点
(0, 1, 1)	>0	—	—	不稳定点
(1, 1, 1)	<0	—	—	当 $L_d+P_w+P_d+\theta I_h+R_c>R_d-C_d+I_w$ 且 $I_w>C_{w1}$ 时，为渐进稳定点

资料来源：笔者整理。

证毕。

由命题 4 可知，当政府监管机构实施共治监管所投入的额外成本过高时，系统可能存在（传统监管，失信，不参与共治），（传统监管，诚信，不参与共治），（传统监管，失信，参与共治），（传统监管，诚信，参与共治）四种演化稳定策略，如图 4-7 所示。在该情境下，无论直播服务商和消费者策略如何选择，政府监管机构选择"共治监管"的初始比例如何，经过长期演化最终都会选择"传统监管"策略。

当政府监管机构实施共治监管所投入的额外成本很低时，系统可能存在（共治监管，失信，不参与共治），（共治监管，诚信，不参与共治），（共治监管，失信，参与共治），（共治监管，诚信，参与共治）四种演化稳定策略，如图 4-8 所示。在该情境下，无论直播服务商和消费者策略如何选择，政府监管机构选择"传统监管"的初始比例如何，经过长期演化最终都会选择"共治监管"策略。

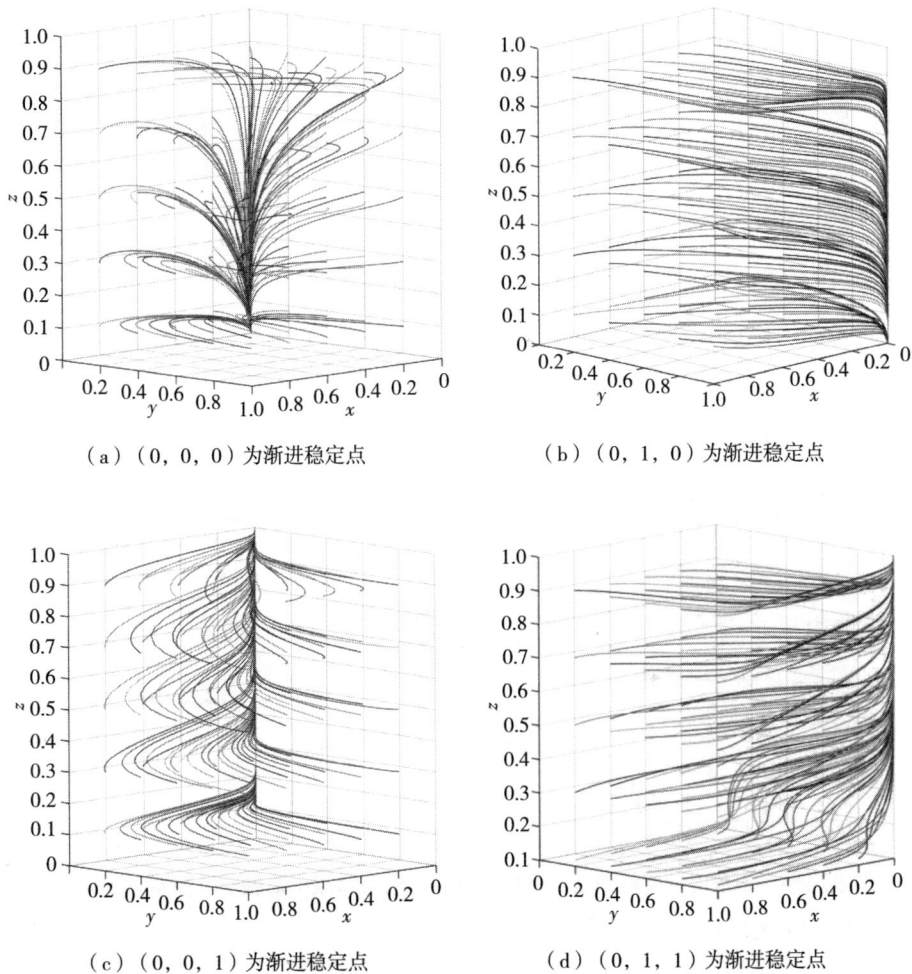

（a）（0，0，0）为渐进稳定点

（b）（0，1，0）为渐进稳定点

（c）（0，0，1）为渐进稳定点

（d）（0，1，1）为渐进稳定点

图4-7 当政府监管机构共治监管成本很高时直播服务商诚信治理系统演化

资料来源：笔者整理。

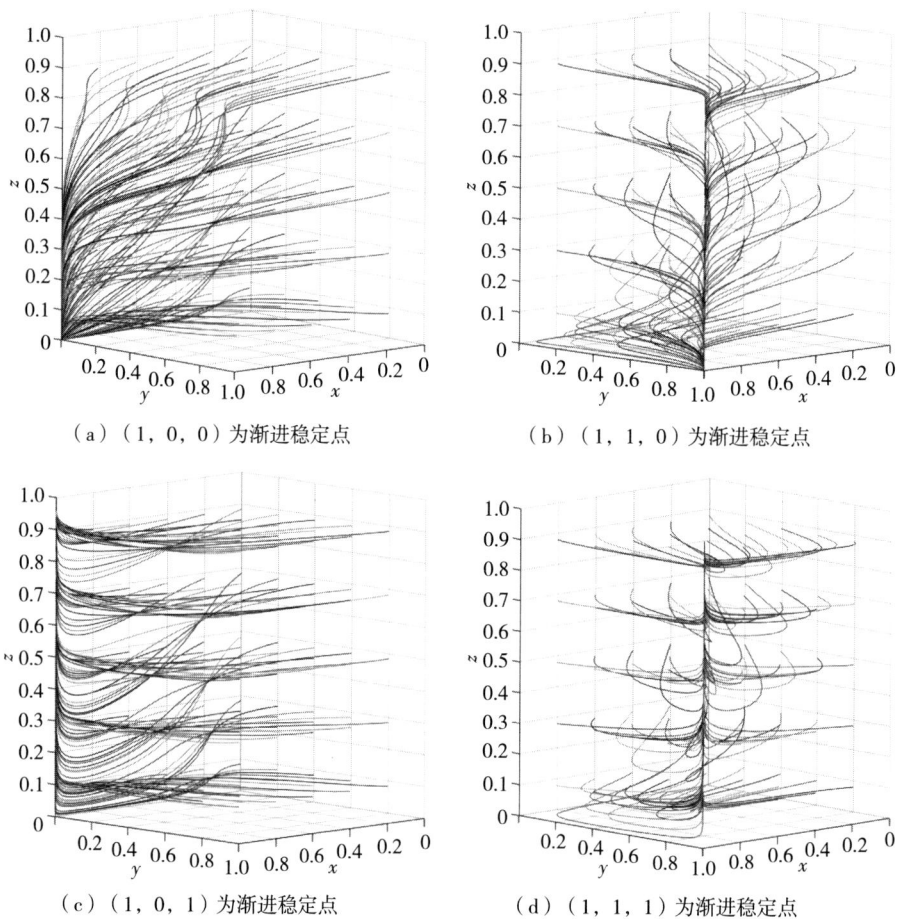

（a）（1，0，0）为渐进稳定点

（b）（1，1，0）为渐进稳定点

（c）（1，0，1）为渐进稳定点

（d）（1，1，1）为渐进稳定点

图4-8 当政府监管机构共治监管成本很低时直播服务商诚信治理系统演化

资料来源：笔者整理。

四、博弈启示

本章聚焦直播服务商失信这一治理议题，构建了政府监管机构、直播服务商和消费者的三方博弈模型，着重讨论了信用激励约束机制、消费者共治成本、政府共治监管成本等关键因素对演化稳定策略的影响，主要研究结论如下：

第一，信用激励约束机制在直播服务商失信治理中发挥着重要作用。当守信激励和失信惩戒力度均处于较低水平时，必将导致系统恶化；负向约束单向机制能够促进直播服务商由"失信"种群向"诚信"种群演化，但无法使系统得到整体性、协同性好转，因此应建立守信激励和失信惩戒联合作用机制，这与汪旭辉和任晓雪（2021）的观点相一致。社会信用体系建设之初，该概念仅与"失信惩戒"相关，并未涉及"守信激励"（朱春华，2021），直至2007年，国务院办公厅发布的《关于社会信用体系建设的若干意见》才首次提出"健全负面信息披露制度和守信激励制度"，但此时"守信激励"仍处于文件层面的构想阶段，并未在实践层面有效开展。《国务院关于印发社会信用体系建设规划纲要（2014—2020年）的通知》中指出，"守信激励和失信惩戒机制直接作用于各个社会主体信用行为，是社会信用体系运行的核心机制"。2016年，九部门联合发布的《关于全面加强电子商务领域诚信建设的指导意见》中指出，加大对守信主体的激励力度，建立和规范电子商务领域守信主体名单制度。此后，贵州省、四川省、山东省等地政府监管机构对于守信激励制度进行了初步探索，但多数政府监管机构仍以失信惩戒为主导推进电子商务领域信用建设，守信激励在电子商务监管实践中的应用范围和效果有限。直播电商产品质量多元共治模式下，应加速控制型监管向激励型治理转变，充分发挥"守信激励＋失信惩戒"联合作用机制在推进直播电商信用体系建设中的重要作用。一方面，建立直播服务商守信名单，明确名单主体的认定标准，深入研究行之有效的奖励类型和措施清单，并建立守信名单退出机制，完善相关的制度体系建设。另一方面，建立"联合守信激励"机制。首先，要做好信用平台与各部门、各层级政府监管机构执法系统的数据库对接，将信用风险分类信息自动嵌入市场监管、行政审批、公共服务、金融业务等系统中（朱春华，2021），以实现央地、部门、区域政府监管机构联合守信激励和联合失信惩戒；其次，充分发挥平台信息和技术优势，鼓励平台强化正向激励引导，对守信名单主体在搜索排序、信用积分、流量方面予以支持，营造良好的直播电商信用环境；最后，信用信息共建共享，积极引导市场主体和社会力量参与，目前我国信用平台硬件建设相对比较完备，但在信息收集、信息共享等方面仍存在短板，应建立数据库市场端和社会端接口，充分发挥市场主体和社会力量参与"守信激励+失信惩戒"联合作用机制，以发挥其最大效能。

第二，当消费者参与共治的成本较高时，无论消费者选择"参与共治"的初始比例如何，经过长期演化最终都会选择"不参与共治"策略；当保持传统监管模式下的维权共治成本不变，仅降低共治模式下的维权共治成本及参与诚信直播服务商共治成本时，未必一定会使系统好转；当消费者参与共治的成本均处于较低水平时，无论消费者选择"不参与共治"的初始比例如何，经过长期演化最终都会选择"参与共治"策略。直播电商业态下，多元化责任主体、重叠的法律角色导致法律责任主体模糊，普惠性和即时性导致不可控因素增加，指数级增长的直播数据导致取证困难等不利因素使得消费者维权共治成本比传统网络购物模式进一步增加，而过高的维权共治成本必将导致消费者"参与共治"种群向"不参与共治"种群演化。在此情境下，如果仅降低共治模式下的维权共治成本及参与诚信直播服务商共治的成本，而传统监管模式下维权共治成本不变时，消费者种群有两种演化方向：其一，随着共治模式维权共治成本的降低，越来越多的消费者在共治监管环境下向"参与共治"种群演化；其二，由于传统监管模式下维权共治成本仍处于较高水平，因此越来越多的消费者在传统监管环境下向"不参与共治"种群演化，因此仅降低共治模式下的维权共治成本及参与诚信直播服务商共治成本，未必会使整个系统好转。当消费者参与共治的成本均处于较低水平时，无论政府监管机构和直播服务商策略如何选择，消费者都将选择"参与共治"策略。降低消费者共治成本一直是我国产品质量监管改革的目标之一。实践中，个别政府监管机构就此开展了初步探索，如浙江省上线了直播电商取证APP"市监保"，开通了个人用户注册功能，引入民众监督，以实现"全民参与、社会共治"，但类似实践尚属个例，未在直播电商产品质量治理领域普及。

政府监管机构应广泛采用智慧监管、信用监管等新型方式，探索与之相适应的消费者参与共治渠道和方法，由于直播电商受众面广，若能够积极推动消费者参与共治，将大大提升直播电商产品质量治理的效率和效果。

第三，当政府监管机构实施共治监管所投入的额外成本过高时，无论政府监管机构选择"共治监管"的初始比例如何，经过长期演化最终都将选择"传统监管"策略；当政府监管机构实施共治监管所投入的额外成本很低时，政府监管机构在长期演化中最终将会选择"共治监管"策略。我国对于直播电商等新业态，创新性地提出实施"包容审慎监管"，然而由于目前尚未建立起完善的包容审慎监管制度体系，因此对于直播电商业态的监管仍处于探索阶段，尽管个别地区也在监管手段和方式上进行了有效创新，但不同地域、不同层级政府监管机构对于直播电商的监管质量和绩效参差不齐。在"全民皆主播、万物皆可播"的发展场景下，相对有限的监管资源与相对无限的监管对象之间的矛盾将成为直播电商政府监管的主要矛盾，共治监管成本及监管经费的高低也成为影响不同政府监管机构策略选择的重要因素。为促进政府监管机构由"传统监管"种群向"共治监管"种群演化，应尽量降低各级政府监管机构，尤其是基层监管机构，实施共治监管的成本负担，因此，应强化国家层面直播电商产品质量共治监管的顶层设计。首先，持续完善直播电商法律法规、标准、制度体系，推动电子商务法律法规的制定修订工作，加速推进直播电商国家、行业标准的制定，完善直播电商包容审慎监管制度体系，建立良好的直播电商发展与治理环境；其次，进一步挖掘直播电商产品质量治理典型案例，并在全国范围内推广，国家层面加大统筹和资源配置力度，如统一开发直播电商监管 APP，既能有效降低各级政府监管机构的成本，又可避免各地域、各层级政府监管机构重复开发造成的成本浪费，而且有利于实现全国直播电商产品质量治理的有效协同；最后，加大对有效探索监管创新的政府监管机构的激励力度，在监管经费、监管资源方面有所倾斜，积极推动各级、各地政府监管机构由传统监管向共治监管转变。

五、本章小结

直播电商是建立在信任基础上的新型电子商务业态，作为连接供需双方交易链和信任链的核心，直播服务商的失信问题，同商品和服务质量问题一样，构成了直播电商产品质量问题治理的关键议题之一。本章从政府监管视角出发，基于直播服务商"责任主体"角色定位，构建了政府监管机构、直播服务商和消费者的三方博弈模型，探讨了信用激励约束机制、消费者共治成本、政府共治监管成本等关键影响因素对系统演化稳定策略的影响，研究结论为构建政府有效监管、直播服务商自律自治、消费者参与共治的直播服务商诚信协同共治体系提供了重要启示。本章构成了"政府监管—行业自治—社会共治"研究逻辑中"政府监管"的重要内容。

第五章　行业自治视角下直播电商产品质量治理博弈研究

第四章从政府监管视角，将主播、MCN 机构等直播服务商作为"责任主体"，探讨了导致直播电商产品质量问题的关键议题——直播服务商失信的治理问题。实质上，作为连接供需双方交易链和信任链的核心，直播服务商不仅要履行平台内经营者主体责任，还处于对带货产品质量治理的关键一环，在直播电商产品质量治理中承担着重要的"治理主体"角色。本章从"政府监管—行业自治—社会共治"研究逻辑中的"行业自治"视角出发，建立平台、直播服务商和商家三方市场主体的博弈模型，通过分析关键因素对演化稳定策略的影响，探讨平台、直播服务商等市场主体在直播电商产品质量治理中的责任及其内在机制，以期能够为直播电商产品质量行业自治提供一定的理论基础和实践启示。

一、问题描述

平台在网络购物产品质量治理体系中的核心主体地位早已成为共识（Li et al.，2015）。2019 年 1 月 1 日，《中华人民共和国电子商务法》正式实施，进一步明确了平台在保障商品质量、保护消费者权益等方面的连带责任。近年来，平台持续完善经营者准入机制、产品信息展示、声誉评价系统、"神秘买家"质量抽检、产品试用、卖方违规惩罚、第三方担保支付、技术治理等措施（李波，2014），在规范电子商务市场发展、保障网络购物产品质量方面起到了一定的促进作用。然而，平台作为双边市场的营利性主体（Rochet and Tirole，2003），经济性质决定其不可能仅考虑消费者一方利益（李乃文等，2017）。直播电商业态发展初期，各大平台纷纷布局这一新型盈利模式，部分平台为争夺流量带来的巨大红利，对主播及其带货产品质量采取不管控或宽松管控策略，然而随着直播带货"翻车"事件频发、投诉退货率居高不下、业态信任危机凸显、政府监管进一步趋严，行业发展理性逐渐浮现，部分平台开始着手探索科学有效的直播电商自治模式。例如，淘宝自 2016 年起先后制定并持续完善直播电商制度规则体系，并应用人工智能、大数据等技术对主播滥用极限词、流量造假、虚假评论、直播售假等焦点问题进行了治理。根据《2023 年淘宝直播安全合规治理报告》显示，2023 年，淘宝直播推出主播合规安全码机制、"主播纠错卡"功能、主播处罚透传清晰化及预检工具等四大重点举措，全年共治理假货直播间超 10000 场，抽检覆盖 6000 余个商品，治理虚假宣传直播间 24 万个，涉及主播 5.5 万位，大大优化了直播生态机制。2021 年 5 月，抖音电商发布了《电商创作者管理总则》，并于 6 月发布了阶段性治理成果，数据显示，规则生效仅 30 日内便有 78176 名主播因违规被处罚。2024 年 1 月 3 日，抖音出台新版"健康分"制度，被业内称为"最严新规"，上线首日就有近 5000 名主播被限流……相较于政府监管，平台治理具有技术优势、信息优势、执行优势、规则优势、成本优势和管理优势（刘双舟，2020；王坤和周鲁耀，2021），因此充分发挥平台在直播电商产品质量治理中的主体责任，对于保障直播带货产品质量、促进直播电商业态健康发展至关重要。

直播服务商作为连接供需双方交易链和信任链的核心，不仅要履行平台内经营者的主体责任，还是直播电商产品质量问题的重要治理主体。2021 年 4 月 23 日，七部门联合发布的《网络直播营销管理办法（试行）》

进一步明确了主播、MCN 机构等直播服务商在商家信息核验、商品质量审核、消费者权益保护等方面的责任；各大平台在直播管理规范中也对直播服务商在产品质量治理中的责任进行了界定。例如，抖音电商在其《电商创作者管理总则》中对于直播服务商创新性地提出了"应知明知责任"概念，规定直播服务商必须为其宣传内容的真实性负责，应知明知商品真实情况，仍虚假宣传或未尽义务，必须承担相应的责任（抖音电商，2020），"应知明知责任"这一概念进一步强化了直播服务商在产品质量治理中的责任和义务，能够在一定程度上避免直播服务商在产品质量问题中的责任推诿现象。事实上，随着直播电商行业发展理性逐渐回归，部分头部主播及其 MCN 机构已经认识到带货产品质量对企业长期发展的重要性，开始加速自身进化积极开展直播选品质量治理。例如，头部主播李佳琦所属 MCN 机构美 ONE 于 2021 年 5 月率先推出了业内首个企业标准《直播电商商品质量和合规管理规范》，明确了直播前商品预选、选品、终选、合规质检，直播中宣传合规、展示合规、直播场控，直播后用户反馈、随机抽检、售后服务等全过程质量要求，并建立了百人规模的质检和服务团队，构建了直播带货全周期的产品质量治理体系。美 ONE 于 2021 年 7 月入选了"国家级服务业标准化试点（商贸流通专项）"，为规范直播电商业态发展探索切实可行、可复制、可推广的标准体系和经验做法。2024 年，"美 ONE 优选"品牌正式上线，这标志着美 ONE 开始向供应链深处延伸，探索直播电商与实体经济深度融合的新路径。然而，同平台一样，直播服务商也是双边市场的营利性主体，经济性质决定其不可能仅考虑消费者一方利益。此外，在"人人皆可播"的背景下，主播素质参差不齐，且行业马太效应明显，占比 90% 以上的腰尾部主播仍处于争流量求生存阶段，与头部主播对商家的强势不同，腰尾部主播在产业链中处于相对弱势地位，在与商家谈判中并没有太多话语权。基于以上原因，部分主播、MCN 机构对商家及其提供产品采取消极管控甚至不管控策略，这在很大程度上助长了直播电商业态中产品质量问题的滋生。因此，充分发挥直播服务商在直播电商产品质量治理中的"治理主体"责任，对于解决目前我国直播电商产品质量痛点意义重大。

商家是消费者所购买的直播产品的提供者，处于产业链的供给侧，毫无疑问是产品质量的责任主体。商家入局直播电商主要有两种形式：一种是商家与主播、MCN 机构等直播服务商合作直播带货模式；另一种是商家自播模式。需要指出的是，本章研究的是商家与直播服务商合作直播带货模式，由于商家自播模式下，主播多为商家店员或导购，这类主播并不承担对产品质量治理的核心管控责任，因此商家自播模式不在本章的研究范围。

基于以上分析，本章建立了平台、直播服务商和商家的三方博弈逻辑关系，如图 5-1 所示。

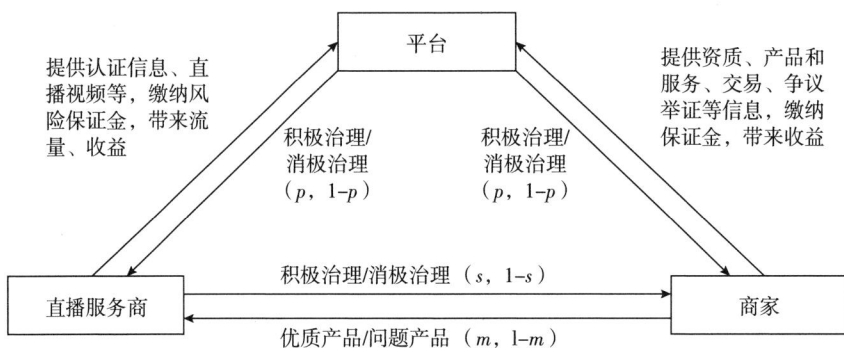

图 5-1 平台、直播服务商、商家三方博弈逻辑关系

资料来源：笔者整理。

二、模型构建与均衡点求解

（一）基本假设与参数设定

假设 5：本模型中有三个博弈主体，分别是平台、直播服务商和平台内商家，参与博弈的三方均是有限理性的，为追求自身利益的最大化而不断调整策略选择。商家有两种策略选择，提供优质产品或是假冒伪劣的问题产品，因此商家的策略选择空间 S_1 =（优质产品，问题产品）；平台对产品质量问题可以选择积极履行治理责任，对商家产品质量和直播服务商进行严格管控，也可以选择被动、消极治理或是不管控，因此平台的策略选择空间 S_2 =（积极治理，消极治理）；同样，直播服务商的策略选择空间 S_3 =（积极治理，消极治理）。假设商家选择提供优质产品的概率是 m，选择提供问题产品的概率是 $1-m$；平台选择积极治理策略的概率是 p，选择消极治理策略的概率是 $1-p$；直播服务商选择积极治理策略的概率是 s，选择消极治理策略的概率是 $1-s$，m，p，$s \in [0, 1]$。

假设6：商家提供优质产品的成本为 C_{mh}，提供问题产品的成本为 C_{ml}，商家出售产品的收益为 R_m（$R_m > C_{mh} > C_{ml}$）。商家提供优质产品时，选择积极治理的平台会在积分、搜索排序等方面给予其一定激励 I_{hp}，选择积极治理的直播服务商会利用自身流量优势宣传优质产品、积极参与产品质量提升从而为商家带来一定的激励性收益 I_{hs}，长期来看，提供优质产品的商家将获得一定的声誉收益 R_{mh}。商家提供问题产品时，积极治理的平台会有 φ（$0 \leqslant \varphi \leqslant 1$）的概率发现其产品质量问题，消极治理的平台会有 γ（$0 \leqslant \gamma \leqslant 1$）的概率发现其产品质量问题（$\varphi > \gamma$），平台将对提供问题产品的商家予以一定的处罚 P_m（如保证金、违约金、消费者赔付金等）。与平台抽检不同，选择积极治理的直播服务商对所有直播商品全数执行选品程序，对问题产品承担"应知明知责任"，因此假设选择积极治理的直播服务商能全数发现商家产品质量问题，终止合作，并将产品质量问题向平台反馈，商家将因此而受到平台处罚。长期来看，提供问题产品的商家需承担一定的声誉损失 L_m。

假设7：平台选择积极治理策略，需投入额外的人力资源、检测设备、软硬件资源，此时成本为 C_{ph}，平台积极治理将在一定程度上缓解直播电商的产品质量问题，建立平台声誉进而增加平台流量，使平台获得长期声誉收益 R_{pp}。平台选择消极治理策略的成本为 C_{pl}（$C_{ph} > C_{pl}$），消极治理短期内会增加平台内商家的数量及交易额，使平台获得一定的短期收益 R_{np}，但长期来看，当商家提供问题产品且直播服务商消极治理时，将会对消极治理的平台造成一定的声誉损失 L_p。当商家提供优质产品时，即使此时平台采取消极治理策略，仍然会由于"搭便车"行为而获得一定的声誉收益，但该收益比平台积极治理时的声誉收益有所折扣，假设此时的声誉收益系数为 δ（$0<\delta<1$）。

假设 8：直播服务商选择积极治理策略，需投入额外成本 C_s（如人力资源、检测设备、软硬件资源等额外成本），选择积极治理的平台会在积分、搜索排序、流量分配等方面给予其一定激励 I_s。长期来看，直播服务商积极治理将为其树立良好口碑，增加直播间流量从而获得长期声誉收益 R_{ps}。直播服务商选择消极治理策略，对提供问题产品的商家实施宽松管控或不管控，将会获得因此而带来的合作商家数量增加、流量增加等短期收益 R_{ns}。如果问题产品被平台发现，直播服务商将因承担"应知明知责任"而被平台予以处罚 P_s。长期来看，若商家提供问题产品，会有损直播间声誉，减少流量，从而承担长期声誉损失 L_s。当商家提供优质产品时，即使此时直播服务商采取消极治理策略，仍然会由于"搭便车"行为而获得一定的声誉收益，但该收益比直播服务商积极治理时的声誉收益有所折扣，假设此时的声誉收益系数为 ε（$0<\varepsilon<1$）。

基于以上假设，本书对商家、平台及直播服务商的成本、收益等相关参数进行了汇总，如表 5-1 所示。

表 5-1　参数设定及其含义

参数	描述
C_{mh}	商家提供优质产品的成本
C_{ml}	商家提供问题产品的成本
R_m	商家出售产品的收益
I_{hp}	积极治理平台给予提供优质产品商家的激励

续表

参数	描述
I_{hs}	积极治理直播服务商为提供优质产品商家带来的激励性收益
R_{mh}	商家出售优质产品获得的声誉收益
L_m	商家出售问题产品承担的声誉损失
P_m	平台对提供问题产品商家的处罚
C_{ph}	平台积极治理的成本
C_{pl}	平台消极治理的成本
R_{pp}	平台积极治理获得的长期声誉收益
R_{np}	平台消极治理获得的短期额外收益
L_p	商家提供问题产品时，平台消极治理的声誉损失
C_s	直播服务商积极治理需投入的额外成本
I_s	积极治理平台给予积极治理直播服务商的激励
R_{ps}	直播服务商积极治理获得的长期声誉收益
R_{ns}	直播服务商消极治理获得的短期收益
P_s	平台对消极治理直播服务商的处罚
L_s	商家提供问题产品时，直播服务商消极治理的声誉损失
φ	平台积极治理发现问题产品的概率
γ	平台消极治理发现问题产品的概率
δ	商家提供优质产品时，平台"搭便车"收益系数
ε	商家提供优质产品时，直播服务商"搭便车"收益系数
m	商家选择提供优质产品的概率
p	平台选择积极治理策略的概率
s	直播服务商选择积极治理策略的概率

资料来源：笔者整理。

（二）模型构建及均衡点求解

根据以上假设与参数设定，建立商家、平台与直播服务商的三方博弈支付矩阵，如表 5-2 所示。

表 5-2 商家、平台与直播服务商的三方博弈支付矩阵

平台		直播服务商	商家	
			优质产品 m	问题产品 $1-m$
积极治理 p		积极治理 s	$R_m - C_{mh} + I_{hp} + I_{hs} + R_{mh}$, $R_{pp} - C_{ph}$, $I_s + R_{ps} - C_s$	$-C_{ml} - P_m$, $R_{pp} - C_{ph} + P_m$, $I_s + R_{ps} - C_s$
		消极治理 $1-s$	$R_m - C_{mh} + I_{hp} + R_{mh}$, $R_{pp} - C_{ph}$, εR_{ps}	$R_m - C_{ml} - \varphi P_m - L_m$, $R_{pp} - C_{ph} + \varphi P_m + \varphi P_s$, $R_{ns} - L_s - \varphi P_s$
消极治理 $1-p$		积极治理 s	$R_m - C_{mh} + I_{hs} + R_{mh}$, $\delta R_{pp} - C_{pl}$, $R_{ps} - C_s$	$-C_{ml} - P_m$, $R_{np} - C_{pl} + P_m$, $R_{ps} - C_s$
		消极治理 $1-s$	$R_m - C_{mh} + R_{mh}$, $\delta R_{pp} - C_{pl}$, εR_{ps}	$R_m - C_{ml} - \gamma P_m - L_m$, $R_{np} - C_{pl} - L_p + \gamma P_m + \gamma P_s$, $R_{ns} - L_s - \gamma P_s$

资料来源：笔者整理。

商家选择提供优质产品和问题产品的期望收益 E_m^1、E_m^2 及其平均期望收益 $\overline{E}_m$ 分别如下：

$$
\begin{cases}
E_m^1 = ps\,(R_m - C_{mh} + I_{hp} + I_{hs} + R_{mh}) + p\,(1-s)\,(R_m - C_{mh} + I_{hp} + R_{mh}) + \\
\qquad s\,(1-p)\,(R_m - C_{mh} + I_{hs} + R_{mh}) + (1-p)\,(1-s)\,(R_m - C_{mh} + R_{mh}) \\[4pt]
E_m^2 = s\,(-C_{ml} - P_m) + p\,(1-s)\,(R_m - C_{ml} - \varphi P_m - L_m) + \\
\qquad (1-p)\,(1-s)\,(R_m - C_{ml} - \gamma P_m - L_m) \\[4pt]
\overline{E}_m = m E_m^1 + (1-m) E_m^2
\end{cases}
\tag{5-1}
$$

由此，商家选择"优质产品"策略的复制动态方程如下：

$$
\begin{aligned}
F(m) = \frac{dm}{dt} &= m\,(E_m^1 - \overline{E}_m) \\
&= m\,(1-m)\,\big[\,ps\,(R_m - C_{mh} + I_{hp} + I_{hs} + R_{mh}) + s\,(C_{ml} + P_m) + \\
&\quad p\,(1-s)\,(I_{hp} + R_{mh} - C_{mh} + C_{ml} + \varphi P_m + L_m) + \\
&\quad s\,(1-p)\,(R_m - C_{mh} + I_{hs} + R_{mh}) + \\
&\quad (1-p)\,(1-s)\,(R_{mh} - C_{mh} + C_{ml} + \gamma P_m + L_m)\,\big]
\end{aligned}
\tag{5-2}
$$

同理，平台选择"积极治理"策略及直播服务商选择"积极治理"策略的复制动态方程如公式（5-3）和公式（5-4）所示：

$$
\begin{aligned}
F(p) = \frac{dp}{dt} &= p\,(E_p^1 - \overline{E}_p) \\
&= p\,(1-p)\,\big\{ m\,[\,(R_{pp} - C_{ph}) - (\delta R_{pp} - C_{pl})\,] + \\
&\quad s\,(1-m)\,[\,(R_{pp} - C_{ph}) - (R_{np} - C_{pl})\,] + \\
&\quad (1-s)\,(1-m)\,[\,(R_{pp} - C_{ph} + \varphi P_m + \varphi P_s) - (R_{np} - C_{pl} - L_p + \gamma P_m + \gamma P_s)\,]\,\big\}
\end{aligned}
\tag{5-3}
$$

$$
\begin{aligned}
F(s) = \frac{ds}{dt} &= s\,(E_s^1 - \overline{E}_s) \\
&= s\,(1-s)\,\big\{ mp\,(I_s + R_{ps} - C_s - \varepsilon R_{ps}) + m\,(1-p)\,(R_{ps} - C_s - \varepsilon R_{ps}) + \\
&\quad p\,(1-m)\,[\,(I_s + R_{ps} - C_s) - (R_{ns} - L_s - \varphi P_s)\,] + \\
&\quad (1-p)\,(1-m)\,[\,(R_{ps} - C_s) - (R_{ns} - L_s - \gamma P_s)\,]\,\big\}
\end{aligned}
\tag{5-4}
$$

其中，E_p^1 为平台选择"积极治理"策略的期望收益，$\overline{E}_p$ 为平台的平均期望收益；E_s^1 为直播服务商选择"积极治理"策略的期望收益，$\overline{E}_s$ 为直播服务商的平均期望收益。

由上述复制动态方程(5-2)至方程(5-4)可组成直播电商产品质量治理的三维动力系统,令 $F(m)=0$,$F(p)=0$,$F(s)=0$ 可求得系统存在 8 个均衡点,即 $E_1(0,0,0)$,$E_2(1,0,0)$,$E_3(0,1,0)$,$E_4(0,0,1)$,$E_5(1,1,0)$,$E_6(1,0,1)$,$E_7(0,1,1)$,$E_8(1,1,1)$。需要说明的是,由于在多种群演化博弈中非端点平衡态最终会向端点平衡态演化(金迪斯,2015),因此本书对非端点平衡态不做讨论。

三、演化稳定策略分析

(一)构建雅可比矩阵及特征值求解

复制动态系统方程解出的均衡点并非一定是系统的演化稳定策略(ESS)。演化稳定策略可以根据均衡点的稳定性分析进行判断,而均衡点的稳定性可通过雅可比矩阵(Jacobian Matrix,记为 J)的局部稳定性进行分析:当 Jacobian Matrix 的所有特征值 $\lambda<0$ 时,该均衡点为渐进演化稳定策略;当 Jacobian Matrix 至少有一个特征值 $\lambda>0$ 时,该均衡点为不稳定点;当 Jacobian Matrix 除为零的特征值外,其余特征值 $\lambda<0$,则均衡点处于临界状态,其稳定性无法确定(Friedman,1998)。

构建 Jacobian Matrix 如下:

$$J=\begin{bmatrix} \dfrac{\partial F(m)}{\partial m} & \dfrac{\partial F(m)}{\partial p} & \dfrac{\partial F(m)}{\partial s} \\[3mm] \dfrac{\partial F(p)}{\partial m} & \dfrac{\partial F(p)}{\partial p} & \dfrac{\partial F(p)}{\partial s} \\[3mm] \dfrac{\partial F(s)}{\partial m} & \dfrac{\partial F(s)}{\partial p} & \dfrac{\partial F(s)}{\partial s} \end{bmatrix} \tag{5-5}$$

$$\begin{aligned}
= \Big\{ & (1-2m)\big[s(C_{ml}+P_m)+ \\
& ps(R_m-C_{mh}+I_{hp}+I_{hs}+R_{mh})+ \\
& p(1-s)(I_{hp}+R_m-C_{mh}+C_{ml}+\varphi P_m+L_m)+ \\
& s(1-p)(R_m-C_{mh}+I_{hs}+R_{mh})+ \\
& (1-p)(1-s)(R_{mh}-C_{mh}+C_{ml}+\gamma P_m+L_m)\big] \\[4pt]
& m(1-m)\big[sI_{hp}+ \\
& (1-s)(I_{hp}+\varphi P_m-\gamma P_m)\big] \\[4pt]
& m(1-m)\big\{C_{ml}+P_m+ \\
& p\big[(R_m+I_{hs})-(C_{ml}+\varphi P_m+L_m)\big]+ \\
& (1-p)\big[(R_m+I_{hs})- \\
& (C_{ml}+\gamma P_m+L_m)\big]\big\}
\end{aligned}$$

$$\begin{aligned}
& p(1-p)\big\{\big[(R_{pp}-C_{ph})-(\delta R_{pp}-C_{pl})\big]- \\
& s\big[(R_{pp}-C_{ph})-(R_{np}-C_{pl})\big]- \\
& (1-s)\big[(R_{pp}-C_{ph}+\varphi P_m+\varphi P_s)- \\
& (R_{np}-C_{pl}-L_p+\gamma P_m+\gamma P_s)\big]\big\} \\[4pt]
& (1-2p)\big\{m\big[(R_{pp}-C_{ph})-(\delta R_{pp}-C_{pl})\big]+ \\
& s(1-m)\big[(R_{pp}-C_{ph})-(R_{np}-C_{pl})\big]+ \\
& (1-s)(1-m)\big[(R_{pp}-C_{ph}+\varphi P_m+\varphi P_s)- \\
& (R_{np}-C_{pl}-L_p+\gamma P_m+\gamma P_s)\big]\big\} \\[4pt]
& p(1-p)\big\{(1-m) \\
& \big[(\varphi P_m+\varphi P_s)-(\gamma P_m+\gamma P_s-L_p)\big]\big\}
\end{aligned}$$

$$\begin{aligned}
& s(1-s)\big[p(R_{ns}-L_s-\varphi P_s-\varepsilon R_{ps})+ \\
& (1-p)(R_{ns}-L_s-\gamma P_s-\varepsilon R_{ps})\big] \\[4pt]
& s(1-s)\big[mI_s+(1-m)(I_s+\varphi P_s-\gamma P_s)\big] \\[4pt]
& (1-2s)\big\{mp(I_s+R_{ps}-C_s-\varepsilon R_{ps})+ \\
& m(1-p)(R_{ps}-C_s-\varepsilon R_{ps})+ \\
& p(1-m)\big[(I_s+R_{ps}-C_s)- \\
& (R_{ns}-L_s-\varphi P_s)\big]+ \\
& (1-p)(1-m) \\
& \big[(R_{ps}-C_s)-(R_{ns}-L_s-\gamma P_s)\big]\big\} \Big\}
\end{aligned}$$

根据 Jacobian Matrix 求解各均衡点的特征值如表 5-3 所示。

表 5-3　均衡点及其特征值

均衡点	特征值		
	λ_1	λ_2	λ_3
(0, 0, 0)	$R_{mh}-C_{mh}+C_{ml}+\gamma P_m+L_m$	$(R_{pp}-C_{ph}+\varphi P_m+\varphi P_s)$ $-(R_{np}-C_{pl}-L_p+\gamma P_m+\gamma P_s)$	$(R_{ps}-C_s)-(R_{ns}-L_s-\gamma P_s)$
(1, 0, 0)	$C_{mh}-R_{mh}-C_{ml}-\gamma P_m-L_m$	$(R_{pp}-C_{ph})-(\delta R_{pp}-C_{pl})$	$R_{ps}-C_s-\varepsilon R_{ps}$
(0, 1, 0)	$I_{hp}+R_{mh}-C_{mh}+C_{ml}+\varphi P_m+L_m$	$(R_{np}-C_{pl}-L_p+\gamma P_m+\gamma P_s)$ $-(R_{pp}-C_{ph}+\varphi P_m+\varphi P_s)$	$(I_s+R_{ps}-C_s)$ $-(R_{ns}-L_s-\varphi P_s)$
(0, 0, 1)	$C_{ml}+P_m+R_m-C_{mh}+I_{hs}+R_{mh}$	$(R_{pp}-C_{ph})-(R_{np}-C_{pl})$	$(R_{ns}-L_s-\gamma P_s)-(R_{ps}-C_s)$
(1, 1, 0)	$C_{mh}-I_{hp}-R_{mh}-C_{ml}-\varphi P_m-L_m$	$(\delta R_{pp}-C_{pl})-(R_{pp}-C_{ph})$	$I_s+R_{ps}-C_s-\varepsilon R_{ps}$
(1, 0, 1)	$-(C_{ml}+P_m+R_m-C_{mh}+I_{hs}+R_{mh})$	$(R_{pp}-C_{ph})-(\delta R_{pp}-C_{pl})$	$-(R_{ps}-C_s-\varepsilon R_{ps})$
(0, 1, 1)	$R_m-C_{mh}+I_{hp}+I_{hs}$ $+R_{mh}+C_{ml}+P_m$	$(R_{np}-C_{pl})-(R_{pp}-C_{ph})$	$(R_{ns}-L_s-\varphi P_s)$ $-(I_s+R_{ps}-C_s)$
(1, 1, 1)	$-(R_m-C_{mh}+I_{hp}+I_{hs}$ $+R_{mh}+C_{ml}+P_m)$	$(\delta R_{pp}-C_{pl})-(R_{pp}-C_{ph})$	$-(I_s+R_{ps}-C_s-\varepsilon R_{ps})$

资料来源：笔者整理。

由于 $R_m>C_{mh}>C_{ml}$，因此 $\lambda_1(0,0,1)=C_{ml}+P_m+R_m-C_{mh}+I_{hs}+R_{mh}>0$，$\lambda_1(0,1,1)=R_m-C_{mh}+I_{hp}+I_{hs}+R_{mh}+C_{ml}+P_m>0$，由于这两个均衡点至少有一个特征值 $\lambda>0$，因此 (0, 0, 1) 与 (0, 1, 1) 是系统的不稳定点，即（问题商品，消极治理，积极治理）、（问题商品，积极治理，积极治理）一定不是系统的演化稳定策略。由此可见，当直播服务商选择积极治理时，无论平台策略选择如何，商家必定不会提供问题产品。后面的内容中，将重点讨论关键要素对其余 6 个均衡点稳定性的影响。

（二）声誉机制对演化稳定策略的影响

良好的声誉对网络交易平台构建竞争优势及保持动态竞争能力至关重要（付倩雯，2018），多数平台在发展过程中建立并持续完善声誉管理体系。在本模型中，对于商家而言，出售优质产品将会获得声誉收益 R_{mh}，出售问题产品需承担声誉损失 L_m；对于平台而言，对商家提供的产品质量采取积极治理策略将会获得声誉收益 R_{pp}，当商家提供问题产品而平台消极治理时，需承担声誉损失 L_p；对于直播服务商而言，积极治理将会获得声誉收益 R_{ps}，当商家提供问题产品而直播服务商消极治理时，需承担声誉损失 L_s，本部分聚焦声誉机制对平台、直播服务商和商家稳定策略的影响，提出命题5。

命题5：当声誉机制充分发挥作用，满足 $R_{mh}+L_m>C_{mh}-C_{ml}-\gamma P_m$，$R_{pp}+L_p>R_{np}+C_{ph}-C_{pl}+\gamma P_m+\gamma P_s-\varphi P_m-\varphi P_s$，$R_{pp}>\dfrac{C_{ph}-C_{pl}}{1-\delta}$，$R_{ps}>\dfrac{C_s}{1-\varepsilon}$ 且 $R_{ps}+L_s>(R_{ns}+C_s-\gamma P_s)$ 时，系统仅存在唯一渐进稳定点（1，1，1）。

证明：当 $R_{mh}+L_m>C_{mh}-C_{ml}-\gamma P_m$ 时，$\lambda_1(0，0，0)=R_{mh}-C_{mh}+C_{ml}+\gamma P_m+L_m>0$，同理可得 $\lambda_1(1，0，0)<0$，$\lambda_1(0，1，0)>0$，$\lambda_1(1，1，0)<0$，并由参数设置可知 $\lambda_1(1，0，1)<0$，$\lambda_1(1，1，1)<0$；当 $R_{pp}+L_p>R_{np}+C_{ph}-C_{pl}+\gamma P_m+\gamma P_s-\varphi P_m-\varphi P_s$，$R_{pp}>\dfrac{C_{ph}-C_{pl}}{1-\delta}$ 时，$\lambda_2(0，0，0)=(R_{pp}-C_{ph}+\varphi P_m+\varphi P_s)-(R_{np}-C_{pl}+\gamma P_m+\gamma P_s)>0$，同理可得 $\lambda_2(1，0，0)>0$，$\lambda_2(0，1，0)<0$，$\lambda_2(1，1，0)<0$，$\lambda_2(1，0，1)>0$，$\lambda_2(1，1，1)<0$；当 $R_{ps}+L_s>(R_{ns}+C_s-\gamma P_s)$，$R_{ps}>\dfrac{C_s}{1-\varepsilon}$ 时，$\lambda_3(0，0，0)=(R_{ps}-C_s)-(R_{ns}-L_s-\gamma P_s)>0$，同理可得 $\lambda_3(1，0，0)>0$，$\lambda_3(0，1，0)>0$，$\lambda_3(1，1，0)>0$，$\lambda_3(1，0，1)<0$，$\lambda_3(1，1，1)<0$。由此可知，均衡点(1，1，1)所有特征值 $\lambda<0$，而其他均衡点至少有一个特征值 $\lambda>0$，因此均衡点（1，1，1）是系统唯一的渐进稳定点，如表5-4所示。

表5-4　声誉机制充分发挥作用时均衡点稳定性分析

均衡点	特征值			稳定性
	λ_1	λ_2	λ_3	
（0，0，0）	>0	>0	>0	不稳定点
（1，0，0）	<0	>0	>0	不稳定点
（0，1，0）	>0	<0	>0	不稳定点

续表

均衡点	特征值			稳定性
	λ_1	λ_2	λ_3	
(1, 1, 0)	<0	<0	>0	不稳定点
(1, 0, 1)	<0	>0	<0	不稳定点
(1, 1, 1)	<0	<0	<0	稳定点

资料来源：笔者整理。

证毕。

由命题5可知，当声誉机制对商家、平台和直播服务商影响很大时，无论商家选择"问题产品"的初始比例如何，经过长期演化最终一定会选择"优质产品"策略；无论平台和直播服务商选择"消极治理"的初始比例如何，经过长期演化最终一定会选择"积极治理"策略，此时，（优质产品，积极治理，积极治理）是系统的唯一演化稳定策略，如图5-2所示。

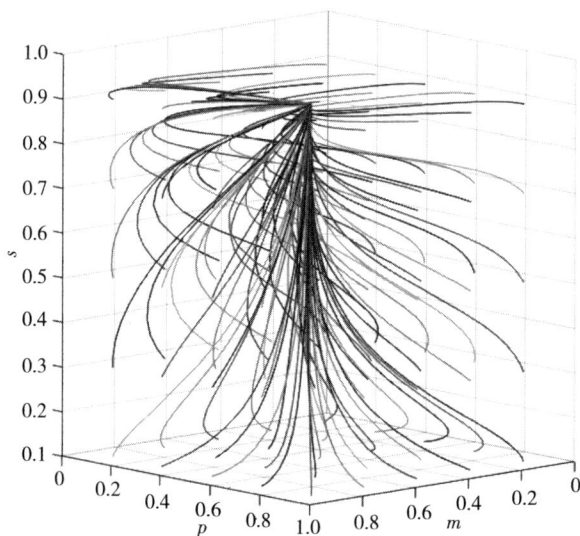

图5-2 声誉机制充分发挥作用时直播电商产品质量治理系统演化
资料来源：笔者整理。

（三） 平台处罚力度对演化稳定策略的影响

平台处罚主要包括平台对提供问题产品商家的处罚 P_m 及其对承担连带责任的直播服务商的处罚 P_s，如扣除风险保证金、消保保证金、支付违约金、消费者赔偿金等。事实上，处罚是目前平台治理产品质量问题的主要手段之一。以淘宝为例，平台规则体系建立了不同类别产品抽检项目及对应的处罚标准，对出售假冒商品的商家和主播实行"三振出局"制，视情节严重程度采取限制解冻保证金、扣除风险保证金、支付违约金、下架商品、拉停直播等措施；对于一般违规、严重违规达到一定次数的主播要求缴纳风险保证金，一般违规缴存的风险保证金额度为主播前一月日均成交额×3%×3，最低200元人民币，最高50万人民币；严重违规缴存额度为前一月日均成交额×3%×7，最低500元人民币，最高50万人民币；若90天内再次出现一般违规/严重违规，将扣除上次缴存的一般违规/严重违规风险保证金，若出现特别严重违规，将视情形扣除主播缴存的全部风险保证金。多项研究表明，平台处罚能够在一定程度上抑制商家的投机行为，对减少产品质量问题等违规行为具有积极的作用（李雅萍，2019；傅田，2016；付倩雯，2018；王仙雅，2020），但在直播电商业态下，平台处罚力度的变化对演化稳定策略的影响尚未有相关研究。本部分通过计算不同情形下雅可比矩阵的特征值，主要提出命题6。

命题6：当平台处罚力度很大，满足 $P_m > \dfrac{C_{mh}-C_{ml}-R_{mh}-L_m}{\gamma}$，$P_s > \dfrac{R_{ns}-L_s-R_{ps}+C_s}{\gamma}$，且 $P_m+P_s > \dfrac{R_{np}-C_{pl}-L_p-R_{pp}+C_{ph}}{\varphi-\gamma}$ 时，系统在不同条件下存在四个渐进稳定点，即 (1, 0, 0)，(1, 0, 1)，(1, 1, 0)，(1, 1, 1)。

证明：当 $P_m > \dfrac{C_{mh}-C_{ml}-R_{mh}-L_m}{\gamma}$，$P_s > \dfrac{R_{ns}-L_s-R_{ps}+C_s}{\gamma}$，且 $P_m+P_s > \dfrac{R_{np}-C_{pl}-L_p-R_{pp}+C_{ph}}{\varphi-\gamma}$ 时，均衡点(0, 0, 0)，(0, 1, 0)所有特征值 $\lambda>0$，因此均为不稳定点；均衡点(1, 1, 1)，(1, 0, 1)，(1, 1, 0)，(1, 0, 0)的

特征值 $\lambda_1<0$，λ_2 与 λ_3 不确定，当 $R_{pp}-C_{ph}<\delta R_{pp}-C_{pl}$ 且 $(1-\varepsilon)R_{ps}-C_s<0$ 时，$\lambda_2(1,0,0)<0$，$\lambda_3(1,0,0)<0$，其余均衡点至少有一个特征值 $\lambda>0$，此时 $(1,0,0)$ 为系统唯一的渐进稳定点；当 $R_{pp}-C_{ph}>\delta R_{pp}-C_{pl}$ 且 $(1-\varepsilon)R_{ps}-C_s+I_s<0$ 时，$\lambda_2(1,1,0)<0$，$\lambda_3(1,1,0)<0$，其余均衡点至少有一个特征值 $\lambda>0$，此时 $(1,1,0)$ 为系统唯一的渐进稳定点；当 $R_{pp}-C_{ph}<\delta R_{pp}-C_{pl}$ 且 $(1-\varepsilon)R_{ps}-C_s>0$ 时，$\lambda_2(1,0,1)<0$，$\lambda_3(1,0,1)<0$，其余均衡点至少有一个特征值 $\lambda>0$，此时 $(1,0,1)$ 为系统唯一的渐进稳定点；当 $R_{pp}-C_{ph}>\delta R_{pp}-C_{pl}$ 且 $(1-\varepsilon)R_{ps}-C_s+I_s>0$ 时，$\lambda_2(1,1,1)<0$，$\lambda_3(1,1,1)<0$，其余均衡点至少有一个特征值 $\lambda>0$，此时 $(1,1,1)$ 为系统唯一的渐进稳定点，如表5-5所示。

表5-5 平台处罚力度很大时均衡点稳定性分析

均衡点	特征值			稳定性
	λ_1	λ_2	λ_3	
(0, 0, 0)	>0	>0	>0	不稳定点
(1, 0, 0)	<0	—	—	当 $R_{pp}-C_{ph}<\delta R_{pp}-C_{pl}$ 且 $(1-\varepsilon)R_{ps}-C_s<0$ 时，为渐进稳定点
(0, 1, 0)	>0	<0	>0	不稳定点
(1, 1, 0)	<0	—	—	当 $R_{pp}-C_{ph}>\delta R_{pp}-C_{pl}$ 且 $(1-\varepsilon)R_{ps}-C_s+I_s<0$ 时，为渐进稳定点
(1, 0, 1)	<0	—	—	当 $R_{pp}-C_{ph}<\delta R_{pp}-C_{pl}$ 且 $(1-\varepsilon)R_{ps}-C_s>0$ 时，为渐进稳定点
(1, 1, 1)	<0	—	—	当 $R_{pp}-C_{ph}>\delta R_{pp}-C_{pl}$ 且 $(1-\varepsilon)R_{ps}-C_s+I_s>0$ 时，为渐进稳定点

资料来源：笔者整理。

证毕。

由命题6可知，当平台处罚力度很高时，系统可能存在（优质产品，消极治理，消极治理），（优质产品，消极治理，积极治理），（优质产品，积极治理，消极治理），（优质产品，积极治理，积极治理）四种演化稳定策略，如图5-3所示。由此可见，当平台处罚力度很高时，无论商家选择"问题产品"策略的初始比例如何，经过长期演化最终都会选择"优质产品"策略；但此时平台和直播服务商的策略选择是不确定的，因此仅加大平台处罚力度，未必会使得整个系统好转。此时平台的策略选择会受到平台选择不同策略的成本 C_{ph}、C_{pl}，以及平台积极治理获得的长期声誉收益 R_{pp} 等因素的影响，平台选择"积极治理"的概率与 R_{pp}、C_{pl} 成正比，与 C_{ph} 成反比；直播服务商的策略选择会受到积极治理需投入的额外成本 C_s、平台对积极治理直播服务商的激励 I_s、积极治理获得的长期声誉收益 R_{ps} 等因素的影响，直播服务商选择"积极治理"的概率与 R_{ps}、I_s 成正比，与 C_s 成反比。

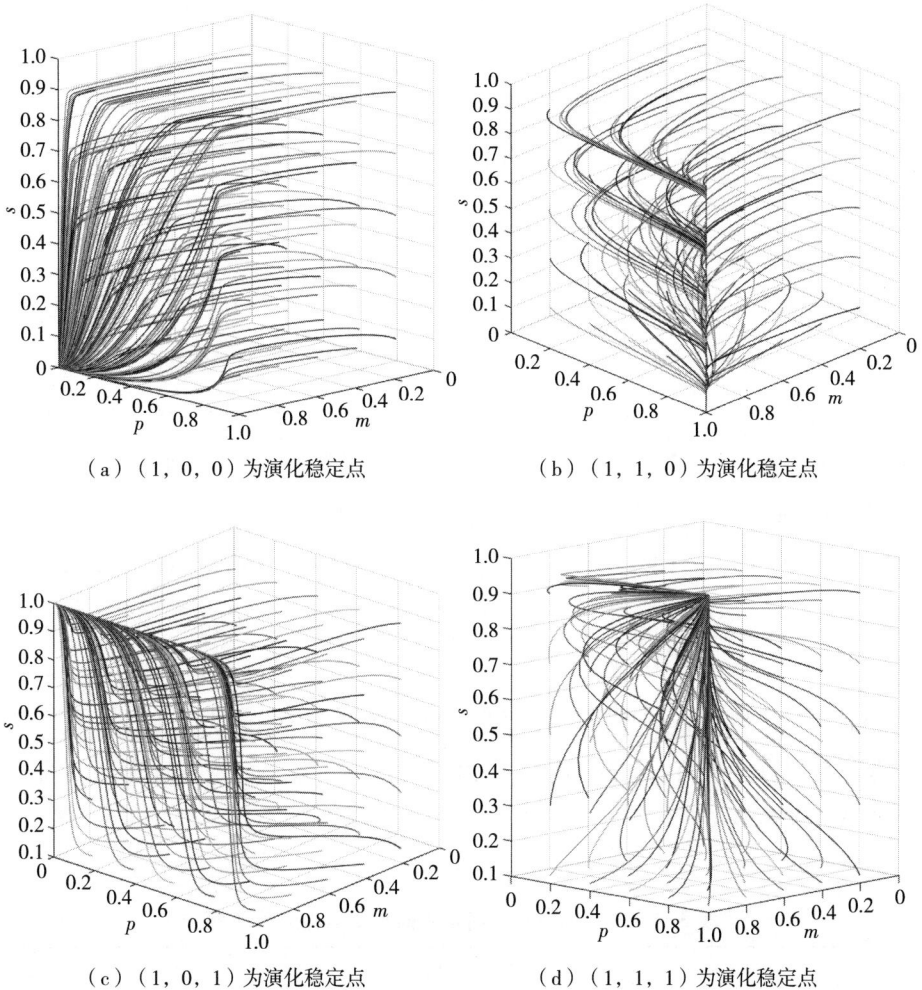

（a）（1，0，0）为演化稳定点　　　　（b）（1，1，0）为演化稳定点

（c）（1，0，1）为演化稳定点　　　　（d）（1，1，1）为演化稳定点

图5-3　平台处罚力度很高时直播电商产品质量治理系统演化

资料来源：笔者整理。

（四）成本因素对演化稳定策略的影响

本模型中，成本主要包括三部分：一是商家提供优质产品相对于问题产品需投入的额外成本 $C_{mh}-C_{ml}$；二是平台选择积极治理相对于消极治理需投入的额外成本 $C_{ph}-C_{pl}$；三是直播服务商选择积极治理需投入的额外成本 C_s。

命题 7：当商家提供优质产品的额外成本、平台和直播服务商选择积极治理的额外成本均处于较高水平，满足 $C_{mh}-C_{ml}>R_{mh}+\gamma P_m+L_m+I_{hp}$，$C_{ph}-C_{pl}>\max\{(1-\delta)R_{pp}, R_{pp}-R_{np}+L_p+\varphi P_m+\varphi P_s-\gamma P_m-\gamma P_s\}$，且 $C_s>\max\{I_s+(1-\varepsilon)R_{ps}, I_s+R_{ps}+L_s+\varphi P_s-R_{ns}\}$ 时，系统仅存在一个渐进稳定点 $(0, 0, 0)$；当商家提供优质产品的额外成本、平台和直播服务商选择积极治理的额外成本均处于较低水平，满足 $C_{mh}-C_{ml}<R_{mh}+\gamma P_m+L_m$，$C_{ph}-C_{pl}<(1-\delta)R_{pp}$，且 $C_s<(1-\varepsilon)R_{ps}$ 时，系统仅存在一个渐进稳定点 $(1, 1, 1)$。

证明：当 $C_{mh}-C_{ml}>R_{mh}+\gamma P_m+L_m+I_{hp}$ 时，$\lambda_1(0, 0, 0)=R_{mh}-C_{mh}+C_{ml}+\gamma P_m+L_m<0$，同理可得 $\lambda_1(1, 0, 0)>0$，$\lambda_1(0, 1, 0)<0$，$\lambda_1(1, 1, 0)>0$，并由参数设置可知，$\lambda_1(1, 0, 1)<0$，$\lambda_1(1, 1, 1)<0$；当 $C_{ph}-C_{pl}>\max\{(1-\delta)R_{pp}, R_{pp}-R_{np}+L_p+\varphi P_m+\varphi P_s-\gamma P_m-\gamma P_s\}$ 时，$\lambda_2(0, 0, 0)=(R_{pp}-C_{ph}+\varphi P_m+\varphi P_s)-(R_{np}-C_{pl}+\gamma P_m+\gamma P_s)<0$，同理可得 $\lambda_2(1, 0, 0)<0$，$\lambda_2(0, 1, 0)>0$，$\lambda_2(1, 1, 0)>0$，$\lambda_2(1, 0, 1)<0$，$\lambda_2(1, 1, 1)>0$；当 $C_s>\max\{I_s+(1-\varepsilon)R_{ps}, I_s+R_{ps}+L_s+\varphi P_s-R_{ns}\}$ 时，$\lambda_3(0, 0, 0)=(R_{ps}-C_s)-(R_{ns}-L_s-\gamma P_s)<0$，同理可得 $\lambda_3(1, 0, 0)<0$，$\lambda_3(0, 1, 0)<0$，$\lambda_3(1, 1, 0)<0$，$\lambda_3(1, 0, 1)>0$，$\lambda_3(1, 1, 1)>0$。由此可知，均衡点 $(0, 0, 0)$ 所有特征值 $\lambda<0$，而其他均衡点至少有一个特征值 $\lambda>0$，因此均衡点 $(0, 0, 0)$ 是系统唯一的渐进稳定点，如表 5-6 所示。

表 5-6　成本均处于较高水平时均衡点稳定性分析

均衡点	特征值			稳定性
	λ_1	λ_2	λ_3	
$(0, 0, 0)$	<0	<0	<0	稳定点

均衡点	特征值			稳定性
	λ_1	λ_2	λ_3	
(1, 0, 0)	>0	<0	<0	不稳定点
(0, 1, 0)	<0	>0	<0	不稳定点
(1, 1, 0)	>0	>0	<0	不稳定点
(1, 0, 1)	<0	<0	>0	不稳定点
(1, 1, 1)	<0	>0	>0	不稳定点

资料来源：笔者整理。

当 $C_{mh}-C_{ml}<R_{mh}+\gamma P_m+L_m$ 时，$\lambda_1(0,0,0)=R_{mh}-C_{mh}+C_{ml}+\gamma P_m+L_m>0$，同理可得 $\lambda_1(1,0,0)<0$，$\lambda_1(0,1,0)>0$，$\lambda_1(1,1,0)<0$，并由参数设置可知，$\lambda_1(1,0,1)<0$，$\lambda_1(1,1,1)<0$；当 $C_{ph}-C_{pl}<(1-\delta)R_{pp}$ 时，$\lambda_2(0,0,0)$ 与 $\lambda_2(0,1,0)$ 不确定，$\lambda_2(1,0,0)>0$，$\lambda_2(1,1,0)<0$，$\lambda_2(1,0,1)>0$，$\lambda_2(1,1,1)<0$；当 $C_s<(1-\varepsilon)R_{ps}$ 时，$\lambda_3(0,0,0)$ 与 $\lambda_3(0,1,0)$ 不确定，$\lambda_3(1,0,0)>0$，$\lambda_3(1,1,0)>0$，$\lambda_3(1,0,1)<0$，$\lambda_3(1,1,1)<0$。由此可知，均衡点(1,1,1)所有特征值 $\lambda<0$，而其他均衡点至少有一个特征值 $\lambda>0$，因此均衡点(1,1,1)是系统唯一的渐进稳定点，如表5-7所示。

表5-7　成本均处于较低水平时均衡点稳定性分析

均衡点	特征值			稳定性
	λ_1	λ_2	λ_3	
(0, 0, 0)	>0	—	—	不稳定点
(1, 0, 0)	<0	>0	>0	不稳定点
(0, 1, 0)	>0	—	—	不稳定点
(1, 1, 0)	<0	<0	>0	不稳定点
(1, 0, 1)	<0	>0	<0	不稳定点

均衡点	特征值			稳定性
	λ_1	λ_2	λ_3	
(1, 1, 1)	<0	<0	<0	稳定点

资料来源：笔者整理。

证毕。

由命题 7 可知，当商家提供优质产品的额外成本、平台和直播服务商选择积极治理的额外成本均处于较高水平时，（问题产品，消极治理，消极治理）是系统唯一的稳定策略组合，此时必将导致系统恶化，如图 5-4 所示。当商家提供优质产品的额外成本、平台和直播服务商选择积极治理的额外成本均处于较低水平时，（优质产品，积极治理，积极治理）是系统唯一的稳定策略组合，系统得到整体性、协同性好转，如图 5-5 所示。

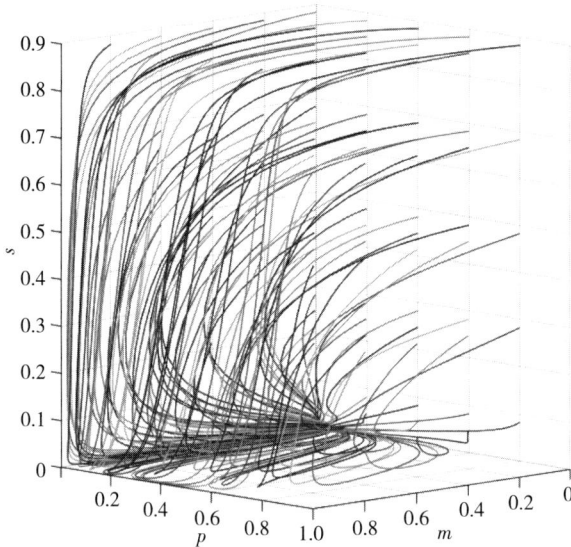

图 5-4　成本参数处于较高水平时直播电商产品质量治理系统演化

资料来源：笔者整理。

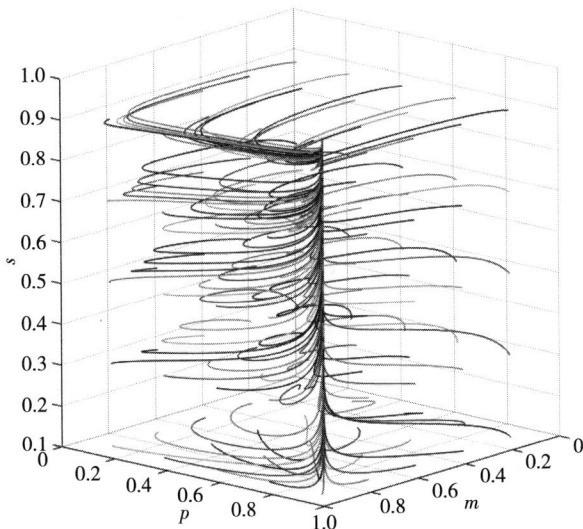

图 5-5　成本参数处于较低水平时直播电商产品质量治理系统演化

资料来源：笔者整理。

四、博弈启示

本章从"行业自治"视角出发，聚焦直播电商产品质量治理问题，建立了平台、直播服务商、商家三方市场主体的博弈模型，通过分析声誉机制、平台处罚力度、成本等关键因素对演化稳定策略的影响，探索了平台、直播服务商等市场主体在产品质量治理中的责任和内在机制，主要研究结论如下：

第一，与平台一样，直播服务商在直播电商产品质量治理中处于核心主体地位。平台在网络购物产品质量治理体系中的核心主体地位早已成为共识（Li et al.，2015），相较于政府监管，平台治理具有技术优势、信息优势、执行优势、规则优势、成本优势和管理优势（刘双舟，2020；王坤和周鲁耀，2021），在直播电商即时性、普惠性、跨界融合性、主体多元化等发展特征下，平台作为"治理主体"，在产品质量治理系统中的重要性进一步凸显。直播服务商将传统网络购物交易中商家与消费者［1-1］的关系转化为商家、主播、消费者［m-1-n］的关系，与平台、政府面对海量商家和产品的抽检机制不同，直播服务商对所有上播产品采取"全检"模式，即所有产品在上播前均应通过直播服务商的选品程序（商家及产品资质审核，抽样检验、存样留底、试用试吃、现场核查、驻厂监督等产品质量审核等）。例如，2021年3月中国广告协会发布的《网络直播营销选品规范》规定，主播和机构应核对商家和产品资质、保证直播销售产品质量、如实描述产品信息，鼓励主播和机构对拟选产品采取试用体验、实地调研、原产地审核、抽样送检等形式，确保直播选品质量。直播服务商特有的交易地位优势使之不仅成为商家与消费者之间的交易连接点，而且成为商家产品质量治理的关键节点。为充分发挥直播服务商在产品质量治理中的核心作用，首先，应进一步完善直播产品质量控制标准体系。事实上，部分头部主播及其所在MCN机构已围绕选品质量标准体系建设开展了有效探索。然而，由于主播素质参差不齐，机构规模和资源差异较大，直播涉及流程众多，目前对于直播产品质量控制尚未形成行业统一的标准体系。平台应充分发挥其资源优势，履行市场主体质量治理责任，组织头部主播及MCN机构代表，综合考虑行业发展特点，建立并持续完善涵盖直播交易全流程的产品质量控制标准体系，充分发挥标准化在直播电商产品质量治理中的基础性和引领性作用。其次，加大对直播服务商积极治理的支持和激励。直播服务商作为双边市场的营利性主体，其经济性质决定其不可能仅为消费者考虑，部分主播、MCN机构为了追求利益，对商家及其提供产品采取消极管控甚至不管控策略，这在很大程度上助长了直播电商业态产品质量问题的滋生，而仅靠提升平台对直播服务商违规处罚的力度，未必一定会促使直播服务商选择积极治理策略。因此，政府、平台应加大对积极治理直播服务商的支持和激励，如政府可以在金融服务、行政审批、市场交易等方面提供便利，降低监管频次；平台可以在搜索排序、信用积分、流量方面加大支持，正向引导直播服务商由消极治理向积极治理转变。

　　第二，完善的声誉机制能够促进直播电商产品质量治理系统向好的方向转变。传统网络购物模式下，良好的声誉对网络交易平台构建竞争优势及保持动态竞争能力至关重要，产品质量则是影响商家和平台声誉的关键因素之一。多数电商平台在发展过程中构建了由商品声誉和店铺声誉组成的声誉管理体系，如商品评论、商品评分、成交记录、店铺评分、信用评分等，实现了信号显示机制和声誉机制的功能耦合、长短期声誉的有效补充（汪旭晖和张其林，2017）。直播电商业态下，声誉机制实现了由"商家声誉+平台声誉"向"直播服务商声誉+商家声誉+平台声誉"的升级，声誉机制对业态发展的重要性更加突出，因此应进一步探索适应直播电商业态的声誉管理体系，充分发挥声誉机制对提升直播电商产品质量、规范和促进业态发展中的作用。首先，平台应建立并持续完善直播服务商，尤其是主播的声誉管理体系。直播电商业态下，主播这一新型市场主体的加入及直播电商独特的运作形式，使得声誉机制在原有作用基础上进一步扩散，主播声誉成为构建平台声誉、影响消费者购买决策的重要驱动因素。建立有效的声誉评价体系是声誉机制发挥作用的基础，而目前多数直播电商平台尚未建立起完善的主播声誉评价体系，以点淘 APP 为例，其主播页面仅展示获赞、关注、粉丝、最爱粉、实时关注量、点赞量等数据，直播产品购买后的评价系统中也未设置对于主播的评价，因此尚未建立消费者广泛参与的声誉评价体系，难以充分发挥声誉机制在直播电商业态下的扩散效应。其次，应关注声誉的"溢出效应"，一方面，良好的平台声誉和主播声誉能够为商家提供声誉担保（Muzellec et al.，2015），从而赢得消费者信任（贺明华和梁晓蓓，2018），对商家绩效有显著的正向影响（汪旭晖和郭一凡，2018）；另一方面，良好的商家声誉也能为主播和平台带来更多流量，增加主播和平台的收益。事实上，主播声誉、商家声誉与平台声誉之间存在互动耦合作用，应探索"主播声誉+商家声誉+平台声誉"三元结构的声誉管理体系，关注不同市场主体间声誉的"溢出效应"，声誉分享机制与责任追索机制协同匹配，促进声誉机制作用最大化。

　　第三，当平台处罚力度很高时，无论商家选择"问题产品"策略的初始比例如何，经过长期演化最终都会选择"优质产品"策略，但过高的处罚力度未必会使整个系统好转。平台处罚能够在一定程度上抑制商家的投机行为（王仙雅等，2020），降低商家的舞弊概率（易开刚和张琦，2019），对减少产品质量问题等违规行为具有积极的作用（李雅萍，2019；付倩雯，2018）。但需要注意的是，仅靠加大平台处罚力度，未必会使整个系统好转，处罚过高也有可能会导致平台、直播服务商等市场主体自我治理意愿的下降。王勇等（2020）的研究表明，平台抽检力度会随着处罚力度的提高呈现先上升后下降的趋势，而政府的抽检力度会随着平台处罚力度的提高而呈现下降趋势。当平台处罚力度过高时，会促进商家由"问题产品"种群向"优质产品"种群演化，由于声誉存在"溢出效应"，直播电商产品质量的改善能够同时为商家和平台带来一定收益（傅田，2016），如果此时"搭便车"所获得的收益高于其积极治理的收益，那么平台选择"积极治理"策略的概率会逐渐降低。对于直播服务商而言，尽管平台处罚力度提高会增加其因消极治理而承担的连带责任成本，但是随着平台内商家产品质量的改善，其被处罚的概率会逐渐降低，而"搭便车"所获得的收益会逐渐增加，当"搭便车"所获得的收益在弥补平台对其消极治理的处罚之后仍高于其积极治理的收益，此时直播服务商自我治理意愿会下降，即选择"积极治理"策略的概率会逐渐降低。因此，平台处罚力度并非越高越好，在其他因素协同的条件下，平台处罚力度在适当的水平上也有可能实现系统的整体最优。

第四，当商家提供优质产品的额外成本、平台和直播服务商选择积极治理的额外成本均处于较高水平时，必然导致系统恶化；当商家提供优质产品的额外成本、平台和直播服务商选择积极治理的额外成本均处于较低水平时，则会促使直播电商产品质量治理系统协同性好转。商家提供优质产品的额外成本、平台和直播服务商选择积极治理的额外成本均处于较高水平时，商家提供问题产品的收益高于提供优质产品的收益，因此在长期演化过程中会向"问题产品"种群演变；平台和直播服务商积极治理需投入的额外成本较高，其积极治理的收益小于消极治理的收益，因此会倾向于选择"消极治理"策略，（问题产品，消极治理，消极治理）是系统唯一的稳定策略组合。在该情境下，直播电商市场中问题产品数量越来越多，劣币驱逐良币，长此以往将导致市场失灵。当商家提供优质产品的额外成本、平台和直播服务商选择积极治理的额外成本均处于较低水平时，商家提供优质产品的收益高于提供问题产品的收益，因此在长期演化过程中必将选择"优质产品"策略；平台和直播服务商积极治理需投入的额外成本较低，此时积极治理收益高于消极治理收益，因此在演化过程中必将选择"积极治理"策略，（优质产品，积极治理，积极治理）是系统唯一的稳定策略组合，系统得到整体性、协同性好转。因此，降低平台和直播服务商的治理成本对于提升直播电商产品质量治理绩效有着积极意义。一方面，平台和直播服务商可以通过新技术手段的应用降低治理成本，如广泛应用大数据、云计算、物联网、人工智能等新技术，以缓解有限的监管资源与无限的监管对象之间的矛盾；另一方面，平台和直播服务商应强化双方协同共治，加大信息共享、资源共享、技术共享，以实现直播电商产品质量治理"1+1>2"的治理效果。

五、本章小结

本章从"政府监管—行业自治—社会共治"研究逻辑中的"行业自治"视角出发，聚焦直播电商产品质量治理问题，构建了平台、直播服务商和商家三方市场主体的博弈模型，分析了声誉机制、平台处罚力度、成本等关键因素对各方博弈主体演化稳定策略的影响。研究发现：①平台和直播服务商在直播电商产品质量治理中处于"双核心"主体地位。②完善的声誉机制能够促进直播电商产品质量治理系统向好的方向转变。③当平台处罚力度很高时，商家在长期演化过程中必定会选择"优质产品"策略，但过高的处罚力度未必会使整个系统好转。④当商家提供优质产品的额外成本、平台和直播服务商选择积极治理的额外成本均处于较高水平时，必然导致系统恶化；当商家提供优质产品的额外成本、平台和直播服务商选择积极治理的额外成本均处于较低水平时，则会促使直播电商产品质量治理系统协同性好转，降低平台和直播服务商的治理成本对于提升直播电商产品质量治理绩效意义重大。本章的研究结果从"行业自治"视角为完善直播电商产品质量治理理论提供了有益补充，并为探索平台、直播服务商等市场主体在直播电商产品质量治理中的责任及其治理路径提供了重要启示。

第六章 考虑消费者反馈机制的直播电商产品质量治理博弈研究

第五章的研究表明，声誉机制能够促进直播电商产品质量治理系统向好的方向转变。构建完善的声誉机制，不仅需要平台建立完善的声誉评价体系，而且需要消费者的反馈机制与之互动，只有消费者积极参与才能使声誉机制形成闭环。在以信任为基础的直播电商业态下，社会临场感的打造、更广泛的受众面及消费者的深度参与使得消费者反馈机制在产品质量治理系统中变得更为重要。本章从"政府监管—行业自治—社会共治"研究逻辑中的"社会共治"视角出发，综合考虑"治理主体+责任主体"双重角色叠加下消费者反馈机制的正面和负面影响，建立了政府监管机构、商家、消费者和平台的四方博弈模型，讨论政府监管机构、商家、消费者和平台策略选择之间的相互作用，探索关键因素变化对演化稳定策略的影响，以期能够为直播电商产品质量社会共治提供一定的理论基础和实践启示。

一、问题描述

直播电商业态下，消费者反馈机制直接影响着商家、直播服务商和平台的声誉。作为顾客反馈最有价值的信息来源，在线评论（如商品和店铺在线评价、直播互动反馈、社交媒体发布等）被认为是商家建立声誉的支柱（Rastogi and Mehrotra，2017）。诸多研究指出，在线评论对消费者购买意愿和行为存在信号效应（杜惠英等，2017），真实的在线评论能够在一定程度上缓解由于信息不对称导致的质量不确定性，对建立商家或平台信任、优化平台内产品质量、推进产品和服务创新、提高消费者购买意愿、提升商家和平台绩效等都有着积极的促进作用（Zhang et al.，2021；Dellarocas，2003；Du et al.，2019；孙瑾和陈静，2020；孟园等，2017）。然而，随着在线评论对消费者购买决策的影响逐渐加大，越来越多的商家或不法机构开始尝试操纵在线评论以从中谋利，好评返现、虚假种草笔记等不仅破坏了市场正常的竞争秩序和诚信环境，而且也进一步加剧了直播电商市场中的产品质量问题（郭海玲，2015；苏强等，2014；李明琨和葛艺博，2021；陈昌凤，2019）。除此之外，消费者维权（如投诉、举报等）能够对不法经营的商家起到一定的震慑作用，从而在一定程度上减少直播电商市场中的产品质量问题。然而由于消费者维权意识淡薄、维权取证困难、法律法规不完善、维权成本高等原因，多数消费者在遭遇直播带货产品质量问题侵害时不知道或不愿意依靠法律的力量积极维护自身权利，从而导致不良商家无所顾忌，间接地加剧了直播电商市场中的产品质量问题。因此，在直播电商业态下，产品质量治理策略与消费者在线评论的真实性、消费者维权的概率等因素密切相关，考虑消费者反馈机制对于完善多元共治格局下直播电商产品质量治理具有重要意义。

综合考虑"治理主体+责任主体"双重角色叠加下消费者反馈机制的正面和负面影响，本章建立了政府监管机构、平台、商家和消费者的四方博弈理论模型（见图6-1）。需要说明的是，由于直播服务商作为责任主体和治理主体的策略选择已分别在第四章和第五章中进行了讨论，而本章的主要目的在于讨论消费者作为社会共治力量在直播电商产品质量治理中的责任，因此在本章中，假设商家采取自营式直播带货，即商家自播模式，不再将直播服务商作为独立博弈主体予以讨论。

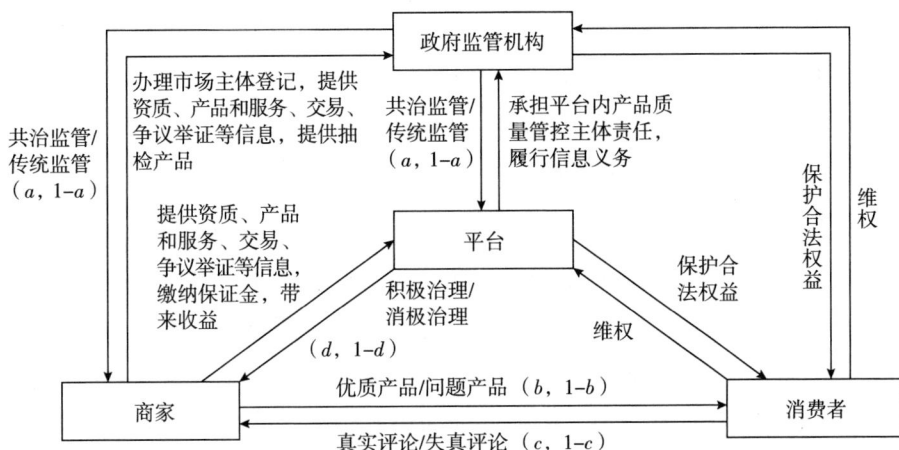

图 6-1　政府监管机构、商家、消费者和平台的四方博弈逻辑关系

资料来源：笔者整理。

二、基本假设与模型构建

假设 9：本模型中有四个博弈主体，分别是政府监管机构、商家、消费者和平台，参与博弈的四方均是有限理性的，为追求自身利益的最大化而不断调整策略选择。政府监管机构的策略选择空间 $S_1 =$（共治监管，传统监管）；商家的策略选择空间 $S_2 =$（优质产品，问题产品）；消费者的策略选择选择空间 $S_3 =$（真实评论，失真评论）；平台的策略选择空间 $S_4 =$（积极治理，消极治理）。假设政府监管机构选择共治监管的概率是 a，选择传统监管的概率是 $1-a$；商家选择提供优质产品的概率是 b，选择提供问题产品的概率是 $1-b$；消费者选择真实评论的概率是 c，选择失真评论的概率是 $1-c$；平台选择积极治理策略的概率是 d，选择消极治理策略的概率是 $1-d$，a，b，c，$d \in [0, 1]$。

假设 10：商家提供优质产品的成本为 C_{mh}，提供问题产品的成本为 C_{ml}，商家出售产品的收益为 R_m（$R_m > C_{mh} > C_{ml}$）。商家提供优质产品时，选择积极治理的平台会在积分、搜索排序等方面给予其一定激励 I_{hp}；如果此时政府监管机构实施共治监管，提供优质产品的商家有 θ 的概率进入守信名单从而获得一定的激励 I_{hg}（如降低监管频次，在金融服务、行政审批、市场交易等方面提供便利等）。商家提供问题产品时，实施共治监管的政府监管机构有 α（$0 \leqslant \alpha \leqslant 1$）的概率发现其产品质量问题，实施传统监管的政府监管机构有 β（$0 \leqslant \beta \leqslant 1$）的概率发现其产品质量问题（$\alpha > \beta$）；积极治理的平台有 φ（$0 \leqslant \varphi \leqslant 1$）的概率发现其产品质量问题，消极治理的平台有 γ（$0 \leqslant \gamma \leqslant 1$）的概率发现其产品质量问题（$\varphi > \gamma$）。问题产品被发现时，政府对提供问题产品商家的处罚为 P_{mg}，平台对商家的处罚为 P_{mp}（如保证金、违约金等），商家需向消费者支付赔偿 P_c。商家设置诱导评价概率为 ξ（$0 \leqslant \xi \leqslant 1$），为此付出的成本为 M（如好评返现、赠送优惠券等）。当商家提供优质产品而消费者恶意失真评论时，商家有 ω 的概率向消费者给予支付费用 N 以消除恶意评价对商家声誉的影响。消费者正面评论将会为商家带来声誉收益 R_{mc}，消费者负面评论将会为商家带来声誉损失 L_{mc}。

假设11：平台选择积极治理策略的成本为 C_{ph}，选择消极治理策略的成本为 C_{pl}（$C_{ph} > C_{pl}$）。当平台选择积极治理时，实施共治监管的政府监管机构将会给予其一定的激励 I_{pg}，平台积极治理将在一定程度上缓解直播电商的产品质量问题，从而使平台获得收益 R_{pp}；平台选择消极治理短期内会增加平台内商家的数量及其成交额，使平台获得一定的短期额外收益 R_{np}。当商家提供优质产品时，即使此时平台采取消极治理策略，仍然会由于"搭便车"行为而获得一定的声誉收益，但该收益较之平台积极治理时的声誉收益有所折扣，假设此时的声誉收益系数为 δ（$0 < \delta < 1$）。当商家提供问题产品被政府查处或消费者维权时，消极治理的平台将因连带责任而被政府予以惩罚 P_{pg}。消费者在线评论也会对平台声誉产生影响，消费者正面评论将会为平台带来声誉收益 R_{pc}，消费者负面评论将会为平台带来声誉损失 L_{pc}。

假设12：政府监管机构的监管成本为 C_g，实施共治监管时，需要投入额外的监管成本 C_a（如一次性适应成本、收集数据和信息而产生的信息负担等），优质产品有利于提升消费者满意度，促进直播电商业态健康发展，带来社会福利增加 R_h，问题产品流入市场将扰乱市场秩序，造成社会损失 L_g。政府监管机构共治监管的最大社会效益为 R_g（如政府公信力的提升、社会福利增加等），传统监管的最大社会效益为 R_t，共治监管提升了社会效益，即 $R_g > R_t$。

假设 13：当购买到优质产品时，消费者效用为 H_c；购买到问题产品时，消费者效用为 L_c；消费者受商家诱导进行正面评论将获得评价奖励 ξM（其中，ξ 为商家诱导评价系数，M 为商家诱导评价成本，如好评返现、赠送优惠券等）。当商家提供优质产品而消费者恶意评价时，消费者将收到商家额外支付收益 ωN（ω 为商家向恶意评价妥协概率，N 为商家向恶意评价消费者支付的费用），如果此时平台选择积极治理，消费者将因恶意评价而承担一定的损失 ρL_f（ρ 为消费者恶意评价被积极治理平台发现的概率，L_f 为消费者恶意评价损失，如限制购买、限制评价、查封账号等）。当商家提供问题产品时，作出真实评论的消费者有 η 的概率向政府监管机构或平台维权，政府监管机构实施共治监管且平台积极治理情况下，消费者维权成本 C_1（如鉴定、起诉费用，时间，精力等），政府监管机构实施共治监管或平台积极治理情况下，消费者维权成本为 C_2，政府监管机构实施传统监管且平台消极治理情况下，消费者维权成本为 C_3（$C_3 > C_2 > C_1$），维权获得的赔偿为 P_c。

基于以上假设，本书对政府监管机构、平台、商家与消费者的相关参数进行了汇总，如表 6-1 所示。

表 6-1　参数设定及其含义

参数	描述
C_{mh}	商家提供优质产品的成本
C_{ml}	商家提供问题产品的成本
R_m	商家出售产品的收益
I_{hp}	积极治理平台给予提供优质产品商家的激励

参数	描述
I_{hg}	实施共治监管的政府监管机构给予提供优质产品商家的激励
P_{mg}	政府监管机构对提供问题产品商家的处罚
P_{mp}	平台对提供问题产品商家的处罚
M	商家诱导评价的服务成本
N	商家向恶意评价消费者支付的成本
R_{mc}	消费者正面评论为商家带来的声誉收益
L_{mc}	消费者负面评论为商家带来的声誉损失
C_{ph}	平台积极治理的成本
C_{pl}	平台消极治理的成本
R_{pp}	平台积极治理获得的收益
I_{pg}	政府监管机构给予积极监管平台的激励
R_{np}	平台消极治理获得的额外收益
P_{pg}	政府对消极治理平台的惩罚
R_{pc}	消费者正面评论为平台带来的声誉收益
L_{pc}	消费者负面评论为平台带来的声誉损失
C_g	政府监管机构的监管成本
C_a	政府监管机构实施共治监管的额外成本
R_h	优质产品流向市场所增加的社会福利
L_g	问题产品流向市场所造成的社会损失
R_g	政府监管机构实施共治监管的社会效益
R_t	政府监管机构实施传统监管的社会效益
H_c	购买到优质产品时消费者效用
L_c	购买到问题产品时消费者效用

参数	描述
C_1	政府监管机构实施共治监管且平台积极治理时消费者的维权成本
C_2	政府监管机构实施共治监管或平台积极治理时消费者的维权成本
C_3	政府监管机构实施传统监管且平台消极治理时消费者的维权成本
P_c	提供问题产品商家向消费者支付的赔偿
L_f	消费者恶意评价的损失
ξ	商家诱导评价系数
ρ	消费者恶意评价而被平台治理的概率
η	真实评论的消费者维权概率
ω	提供优质产品商家向恶意评价妥协的概率
δ	商家提供优质产品时，平台"搭便车"收益系数
θ	提供优质产品商家进入"守信名单"的概率
α	实施共治监管的政府监管机构发现问题产品的概率
β	实施传统监管的政府监管机构发现问题产品的概率
φ	平台积极治理发现问题产品的概率
γ	平台消极治理发现问题产品的概率
a	政府监管机构选择共治监管策略的概率
b	商家选择提供优质产品策略的概率
c	消费者选择真实评论策略的概率
d	平台选择积极治理策略的概率

资料来源：笔者整理。

根据以上假设与参数设定，建立政府监管机构、平台、商家与消费者的四方博弈支付矩阵，如表6-2所示。

表6-2 政府监管机构、商家、消费者与平台的四方博弈支付矩阵

平台	商家 消费者	政府监管机构			
		共治监管 a		传统监管 1-a	
		真实评论 c	失真评论 1-c	真实评论 c	失真评论 1-c
积极治理 d	优质产品 b	$R_g - C_g - C_a + R_h$, $R_m - C_{mh} + \theta I_{hg} + R_{mc}$, H_c, $R_{pp} - C_{ph} + I_{pg} + R_{pc}$	$R_g - C_g - C_a + \theta I_{hp} + R_h$, $R_m - C_{mh} + I_{hp} + \theta I_{hg} + R_{mc} - (1-\omega\rho)L_{mc} - \omega N$, $H_c + \omega N - \rho L_f$, $R_{pp} - C_{ph} + I_{pg} + R_{pc} - (1-\omega\rho)L_{pc}$	$R_t - C_g + R_h$, $R_m - C_{mh} + I_{hp} + R_{mc}$, H_c, $R_{pp} - C_{ph} + R_{pc}$	$R_t - C_g + R_h$, $R_m - C_{mh} + I_{hp} - (1-\omega\rho)L_{mc} + (\omega\rho)R_{mc} - \omega N$, $H_c + \omega N - \rho L_f$, $R_{pp} - C_{ph} + (\omega\rho)R_{pc} - (1-\omega\rho)L_{pc}$
	问题产品 1-b	$R_g - C_g - C_a - L_g + (\alpha+\eta)P_{mg}$, $R_m - C_{ml} - L_{mc} - (\alpha+\eta)(P_{mg}+P_{mp}+P_c)$, $L_c - \eta\rho C_1 + (\alpha+\eta)P_c$, $R_{pp} - C_{ph} + I_{pg} - L_{pc} + (\alpha+\eta)P_{mp}$	$R_g - C_g - C_a - L_g + (\alpha+\varphi)P_{mg}$, $R_m - C_{ml} + R_{mc} - \xi M - (\alpha+\varphi)(P_{mg}+P_{mp}+P_c)$, $L_c + (\alpha+\varphi)P_c + \xi M$, $R_{pp} - C_{ph} + I_{pg} - L_{pc} + (\alpha+\varphi)P_{mp}$	$R_t - C_g - L_g + (\beta+\varphi\eta)P_{mg}$, $R_m - C_{ml} - L_{mc} - (\beta+\varphi\eta)(P_{mg}+P_{mp}+P_c)$, $L_c - \eta\rho C_2 + (\beta+\varphi\eta)P_c$, $R_{pp} - C_{ph} - L_{pc} + (\beta+\varphi\eta)P_{mp}$	$R_t - C_g - L_g + (\beta+\varphi)P_{mg} - \xi M$, $R_m - C_{ml} + R_{mc} - (\beta+\varphi)(P_{mg}+P_{mp}+P_c)$, $L_c + (\beta+\varphi)P_c + \xi M$, $R_{pp} - C_{ph} + R_{pc} + (\beta+\varphi)P_{mp}$
消极治理 1-d	优质产品 b	$R_g - C_g - C_a + R_h$, $R_m - C_{mh} + \theta I_{hg} + R_{mc}$, H_c, $\delta R_{pp} - C_{pl} + R_{pc}$	$R_g - C_g - C_a + R_h$, $R_m - C_{mh} + \theta I_{hg} + \omega R_{mc} - (1-\omega)L_{mc} - \omega N$, $H_c + \omega N$, $\delta R_{pp} - C_{pl} + \omega R_{pc} - (1-\omega)L_{pc}$	$R_t - C_g + R_h$, $R_m - C_{mh} + R_{mc}$, H_c, $\delta R_{pp} - C_{pl} + R_{pc}$	$R_t - C_g + R_h$, $R_m - C_{mh} + \omega R_{mc} - \omega N - (1-\omega)L_{mc}$, $H_c + \omega N$, $\delta R_{pp} - C_{pl} + \omega R_{pc} - (1-\omega)L_{pc}$
	问题产品 1-b	$R_g - C_g - C_a - L_g + (\alpha+\gamma+\eta)P_{mg} + (\alpha+\eta)P_{pg}$, $R_m - C_{ml} - L_{mc} - (\alpha+\gamma)(P_{mg}+P_{mp}+P_c)$, $L_c - \eta\rho C_2 + (\alpha+\gamma+\eta)P_c$, $R_{np} - C_{pl} - L_{pc} + (\alpha+\gamma+\eta)P_{mp}$	$R_g - C_g - C_a - L_g + (\alpha+\gamma)P_{mg} + \alpha P_{pg}$, $R_m - C_{ml} + R_{mc} - \xi M - (\alpha+\gamma)(P_{mg}+P_{mp}+P_c)$, $L_c + (\alpha+\gamma)P_c + \xi M$, $R_{np} - C_{pl} + R_{pc} - \alpha P_{pg} + (\alpha+\gamma)P_{mp}$	$R_t - C_g - L_g + (\beta+\gamma+\eta)P_{mg} + (\beta+\eta)P_{pg}$, $R_m - C_{ml} - L_{mc} - (\beta+\gamma+\eta)(P_{mg}+P_{mp}+P_c)$, $L_c - \eta\rho C_3 + (\beta+\gamma+\eta)P_c$, $R_{np} - C_{pl} - L_{pc} - (\beta+\gamma+\eta)P_{pg} + (\beta+\gamma+\eta)P_{mp}$	$R_t - C_g - L_g + (\beta+\gamma)P_{mg} + \beta P$, $R_m - C_{ml} + R_{mc} - \xi M$, $L_c + (\beta+\gamma)P_c + \xi M$, $R_{np} - C_{pl} + R_{pc} - \beta P_{pg} + (\beta+\gamma)P_{mp}$

资料来源：笔者整理。

三、各博弈主体策略稳定性分析

（一）政府监管机构监管策略稳定性分析

政府监管机构选择提供共治监管和传统监管的期望收益 E_a^1、E_a^2 及其平均期望收益 $\overline{E}_a$ 分别如下：

$$\begin{cases} E_a^1 = R_g - C_g - C_a + bR_h - (1-b)L_g + (1-b)\left[\alpha + (1-d)\gamma + d\varphi + c\eta\right]P_{mg} + \\ \qquad (1-b)\left[(1-d)\alpha + c(1-d)\eta\right]P_{pg} \\ E_a^2 = R_t - C_g + bR_h - (1-b)L_g + (1-b)\left[\beta + d\varphi + (1-d)\gamma + c\eta\right]P_{mg} + \\ \qquad (1-b)\left[(1-d)\beta + c(1-d)\eta\right]P_{pg} \\ \overline{E}_a = aE_a^1 + (1-a)E_a^2 \end{cases} \quad (6-1)$$

根据 Malthusian 动态方程，政府监管机构选择"共治监管"策略的复制动态方程及其一阶导数分别如下：

$$\begin{aligned} F(a) &= \frac{da}{dt} = a(E_a^1 - \overline{E}_a) \\ &= a(1-a)\left[R_g - R_t - C_a + (1-b)(\alpha-\beta)P_{mg} + (1-b)(1-d)(\alpha-\beta)P_{pg}\right] \end{aligned}$$
$$(6-2)$$

$$F'(a) = (1-2a)\left[R_g - R_t - C_a + (1-b)(\alpha-\beta)P_{mg} + (1-b)(1-d)(\alpha-\beta)P_{pg}\right]$$
$$(6-3)$$

根据微分方程稳定性定理，政府监管机构"共治监管"策略处于稳定状态必须满足：$F(a) = 0$ 且 $F'(a) < 0$。

命题8：当 $b < b_0$、$d < d_0$ 时，政府监管机构的稳定策略为"共治监管"；当 $b > b_0$、$d > d_0$ 时，政府监管机构的稳定策略为"传统监管"，当 $b = b_0$、$d = d_0$ 时，不能确定稳定策略；其中阈值 $b_0 = 1 - \dfrac{R_t + C_a - R_g}{(\alpha-\beta)P_{mg} + (1-d)(\alpha-\beta)P_{pg}}$，$d_0 =$

$$1-\frac{R_t+C_a-R_g}{(1-b)(\alpha-\beta)P_{pg}}+\frac{P_{mg}}{P_{pg}}。$$

证明：令 $E(b,\ d)=R_g-R_t-C_a+(1-b)(\alpha-\beta)P_{mg}+(1-b)(1-d)(\alpha-\beta)P_{pg}$，由于 $\dfrac{\partial E(b,\ d)}{\partial b}<0$，$\dfrac{\partial E(b,\ d)}{\partial d}<0$，则 $E(b,\ d)$ 为关于 b、d 的减函数；当 $b<b_0$、$d<d_0$ 时，$E(b,\ d)>0$，$F(a)\mid_{a=1}=0$，$F'(a)\mid_{a=1}<0$，因此 $a=1$ 具有稳定性；同理，当 $b>b_0$、$d>d_0$ 时，$E(b,\ d)<0$，$F(a)\mid_{a=0}=0$，$F'(a)\mid_{a=0}<0$，因此 $a=0$ 具有稳定性；当 $b=b_0$、$d=d_0$ 时，$E(b,\ d)=0$，$F(a)=0$，$F'(a)=0$，不能确定稳定策略。证毕。

命题 8 表明，随着商家提供优质产品概率、平台选择积极治理概率的提高，政府监管机构的稳定策略将由"共治监管"逐渐演化为"传统监管"；随着商家提供优质产品概率、平台选择积极治理监管概率的降低，政府监管机构的稳定策略将由"传统监管"演化为"共治监管"。

（二）商家产品质量策略稳定性分析

商家选择提供优质产品和问题产品的期望收益 E_b^1、E_b^2 及其平均期望收益 $\overline{E}_b$ 分别如下：

$$\begin{cases} E_b^1=R_m-C_{mh}+dI_{hp}+a\theta I_{hg}+cR_{mc}+ \\ \quad (1-c)[(\omega+d\rho)R_{mc}-(1-\omega-d\rho)L_{mc}-\omega N] \\ E_b^2=R_m-C_{ml}-cL_{mc}+(1-c)(R_{mc}-\xi M)- \\ \quad [\beta+\gamma+a(\alpha-\beta)+d(\varphi-\gamma)+c\eta](P_{mg}+P_{mp}+P_c) \\ \overline{E}_b=bE_b^1+(1-b)E_b^2 \end{cases} \quad (6-4)$$

根据 Malthusian 动态方程，商家选择"优质产品"策略的复制动态方程及其一阶导数分别如下：

$$F(b)=\frac{db}{dt}=b(E_b^1-\overline{E}_b)$$

$$=b(1-b)\{dI_{hp}+a\theta I_{hg}+(2c-1)R_{mc}+(1-c)\xi M+C_{ml}+$$

$$cL_{mc}-C_{mh}+(1-c)[(\omega+d\rho)R_{mc}-(1-\omega-d\rho)L_{mc}-\omega N]+$$

$$\left[\beta+\gamma+a(\alpha-\beta)+d(\varphi-\gamma)+c\eta\right](P_{mg}+P_{mp}+P_c)\} \tag{6-5}$$

$$F'(b)=(1-2b)\{dI_{hp}+a\theta I_{hg}+(2c-1)R_{mc}+(1-c)\xi M+C_{ml}+$$
$$cL_{mc}-C_{mh}+(1-c)\left[(\omega+d\rho)R_{mc}-(1-\omega-d\rho)L_{mc}-\omega N\right]+$$
$$\left[\beta+\gamma+a(\alpha-\beta)+d(\varphi-\gamma)+c\eta\right](P_{mg}+P_{mp}+P_c)\} \tag{6-6}$$

同理，商家"优质产品"策略处于稳定状态必须满足：$F(b)=0$ 且 $F'(b)<0$。

命题9：当 $a>a_0$、$d>d_1$ 时，商家的稳定策略为提供优质产品；当 $a<a_0$、$d<d_1$ 时，商家的稳定策略为提供问题产品；当 $a=a_0$、$d=d_1$ 时，不能确定稳定策略；其中阈值 $a_0=\dfrac{C_{mh}-dI_{hp}-(2c-1)R_{mc}-(1-c)\xi M-C_{ml}-(1-c)\left[(\omega+d\rho)R_{mc}-(1-\omega-d\rho)L_{mc}-\omega N\right]}{\theta I_{hg}+(\alpha-\beta)(P_{mg}+P_{mp}+P_c)}-$

$\dfrac{cL_{mc}+\left[\beta+\gamma+d(\varphi-\gamma)+c\eta\right](P_{mg}+P_{mp}+P_c)}{\theta I_{hg}+(\alpha-\beta)(P_{mg}+P_{mp}+P_c)}$，$d_1=\dfrac{C_{mh}-a\theta I_{hg}-(2c-1)R_{mc}-(1-c)\xi M-C_{ml}}{I_{hp}+(\varphi-\gamma)(P_{mg}+P_{mp}+P_c)}-$

$\dfrac{cL_{mc}+(1-c)\left[(\omega+d\rho)R_{mc}-(1-\omega-d\rho)L_{mc}-\omega N\right]+\left[\beta+\gamma+a(\alpha-\beta)+c\eta\right](P_{mg}+P_{mp}+P_c)}{I_{hp}+(\varphi-\gamma)(P_{mg}+P_{mp}+P_c)}$。

证明：令 $E(a,d)=dI_{hp}+a\theta I_{hg}-C_{mh}+(1-c)\left[(\omega+d\rho)R_{mc}-(1-\omega-d\rho)L_{mc}-\omega N\right]+(2c-1)R_{mc}+(1-c)\xi M+C_{ml}+cL_{mc}+\left[\beta+\gamma+a(\alpha-\beta)+d(\varphi-\gamma)+c\eta\right](P_{mg}+P_{mp}+P_c)$，由于 $\dfrac{\partial E(a,d)}{\partial a}>0$，$\dfrac{\partial E(a,d)}{\partial d}>0$，因此 $E(a,d)$ 为关于 a、d 的增函数；当 $a>a_0$、$d>d_1$ 时，$E(a,d)>0$，$F(b)|_{b=1}=0$，$F'(b)|_{b=1}<0$，因此 $b=1$ 具有稳定性；当 $a<a_0$、$d<d_1$ 时，$E(a,d)<0$，$F(b)|_{b=0}=0$，$F'(b)|_{b=0}<0$，因此 $b=0$ 具有稳定性；当 $a=a_0$、$d=d_1$ 时，$E(a,d)=0$，$F(b)=0$，$F'(b)=0$，不能确定稳定策略。证毕。

命题9表明，随着政府监管机构实施共治监管、平台积极治理概率的提高，商家的稳定策略将由"问题产品"演化为"优质产品"；相反，随着政府监管机构实施共治监管、平台积极治理概率的降低，商家的稳定策略将由"优质产品"演化为"问题产品"。

（三）消费者在线评论策略稳定性分析

消费者选择真实评论和失真评论的期望收益 E_c^1、E_c^2 及其平均期望收益

$\overline{E}_c$ 分别如下：

$$\begin{cases} E_c^1 = bH_c - (1-b)\eta\big[adC_1 + (1-a)(1-d)C_3 + (a+d-2ad)C_2\big] + \\ \qquad (1-b)L_c + (1-b)\big[\eta + a\alpha + (1-a)\beta + d\varphi + (1-d)\gamma\big]P_c \\ E_c^2 = bH_c + b(\omega N - d\rho L_f) + (1-b)(L_c + \xi M) + \\ \qquad (1-b)\big[a\alpha + (1-a)\beta + d\varphi + (1-d)\gamma\big]P_c \\ \overline{E}_c = cE_c^1 + (1-c)E_c^2 \end{cases} \quad (6\text{-}7)$$

根据 Malthusian 动态方程，消费者选择"真实评论"策略的复制动态方程及其一阶导数分别如下：

$$F(c) = \frac{dc}{dt} = c\big(E_c^1 - \overline{E}_c\big)$$

$$= c(1-c)\{bd\rho L_f - b\omega N - (1-b)\xi M + (1-b)\eta$$
$$\big[P_c - adC_1 - (1-a)(1-d)C_3 - (a+d-2ad)C_2\big]\} \quad (6\text{-}8)$$

$$F'(c) = (1-2c)\{bd\rho L_f - b\omega N - (1-b)\xi M + (1-b)\eta$$
$$\big[P_c - adC_1 - (1-a)(1-d)C_3 - (a+d-2ad)C_2\big]\} \quad (6\text{-}9)$$

同理，消费者"真实评论"策略处于稳定状态必须满足：$F(c) = 0$ 且 $F'(c) < 0$。

命题 10：当 $a > a_1$、$d > d_2$ 时，消费者的稳定策略为真实评论；当 $a < a_1$、$d < d_2$ 时，消费者的稳定策略为失真评论；当 $a = a_1$、$d = d_2$ 时，不能确定稳定策略；其中阈值 $a_1 = \dfrac{bd\rho L_f - b\omega N - (1-b)\xi M + (1-b)\eta\big[P_c - dC_2 - (1-d)C_3\big]}{(1-b)\eta\big[dC_1 + (1-2d)C_2 - (1-d)C_3\big]}$，

$d_2 = \dfrac{(1-b)\eta\big[(1-a)C_3 + aC_2 - P_c\big] + b\omega N + (1-b)\xi M}{b\rho L_f + (1-b)\eta\big[(1-a)C_3 - aC_1 - (1-2a)C_2\big]}$。

证明：令 $E(a, d) = bd\rho L_f - b\omega N - (1-b)\xi M + (1-b)\eta\big[P_c - (1-a)(1-d)C_3 - adC_1 - (a+d-2ad)C_2\big]$，由于 $\dfrac{\partial E(a, d)}{\partial a} > 0$，$\dfrac{\partial E(a, d)}{\partial d} > 0$，因此 $E(a, d)$ 为关于 a、d 的增函数；当 $a > a_1$、$d > d_2$ 时，$E(a, d) > 0$，$F(c)\big|_{c=1} = 0$，$F'(c)\big|_{c=1} < 0$，因此 $c=1$ 具有稳定性；当 $a < a_1$、$d < d_2$ 时，$E(a, d) < 0$，$F(c)\big|_{c=0} = 0$，$F'(c)\big|_{c=0} < 0$，因此 $c=0$ 具有稳定性；当 $a = a_1$、$d = d_2$ 时，$E(a, d) = 0$，

$F(c)=0$，$F'(c)=0$，不能确定稳定策略。证毕。

命题 10 表明，随着政府监管机构实施共治监管、平台积极治理概率的提高，消费者的稳定策略将由"失真评论"演化为"真实评论"；相反，随着政府监管机构实施共治监管、平台积极治理概率的降低，消费者的稳定策略将由"真实评论"演化为"失真评论"。

（四）平台治理策略稳定性分析

平台选择积极治理和消极治理的期望收益 E_d^1、E_d^2 及其平均期望收益 $\overline{E}_d$ 分别如下：

$$
\begin{cases}
E_d^1 = R_{pp} - C_{ph} + aI_{pg} + \left[bc + (1-b)(1-c) + b(1-c)(\omega+\rho) \right] R_{pc} - \\
\qquad \left[b(1-c)(1-\omega-\rho) + (1-b)c \right] L_{pc} + (1-b) \left[a\alpha + (1-a)\beta + \varphi + c\eta \right] P_{mp} \\
E_d^2 = b\delta R_{pp} + (1-b) R_{np} - C_{pl} + \left[bc + b(1-c)\omega + (1-b)(1-c) \right] R_{pc} - \\
\qquad \left[b(1-c)(1-\omega) + (1-b)c \right] L_{pc} - (1-b) \left[a\alpha + (1-a)\beta + c\eta \right] P_{pg} + \\
\qquad (1-b) \left[\gamma + a\alpha + (1-a)\beta + c\eta \right] P_{mp} \\
\overline{E}_d = dE_d^1 + (1-d) E_d^2
\end{cases}
$$

$$(6\text{-}10)$$

根据 Malthusian 动态方程，平台选择"积极治理"策略的复制动态方程及其一阶导数分别如下：

$$
\begin{aligned}
F(d) = \frac{dd}{dt} &= d(E_d^1 - \overline{E}_d) \\
&= d(1-d) \{ (1-b\delta) R_{pp} - C_{ph} + aI_{pg} - (1-b) R_{np} + C_{pl} + \\
&\quad b(1-c)\rho(R_{pc} + L_{pc}) + (1-b)(\varphi-\gamma) P_{mp} + \\
&\quad (1-b) \left[a\alpha + (1-a)\beta + c\eta \right] P_{pg} \}
\end{aligned}
$$

$$(6\text{-}11)$$

$$
\begin{aligned}
F'(d) = (1-2d) \{ & (1-b\delta) R_{pp} - C_{ph} + aI_{pg} - (1-b) R_{np} + C_{pl} + \\
& b(1-c)\rho(R_{pc} + L_{pc}) + (1-b)(\varphi-\gamma) P_{mp} + \\
& (1-b) \left[a\alpha + (1-a)\beta + c\eta \right] P_{pg} \}
\end{aligned}
$$

$$(6\text{-}12)$$

同理，平台"积极治理"策略处于稳定状态必须满足：$F(d)=0$ 且 F'

$(d)<0$。

命题11：当$a>a_2$时，平台的稳定策略为积极治理；当$a<a_2$时，平台的稳定策略为消极治理；当$a=a_2$时，不能确定稳定策略；其中阈值$a_2=$

$$\frac{C_{ph}+(1-b)R_{np}-(1-b\delta)R_{pp}-C_{pl}-(1-b)[(\varphi-\gamma)P_{mp}+(\beta+c\eta)P_{pg}]-b(1-c)\rho(R_{pc}+L_{pc})}{I_{pg}+(1-b)(\alpha-\beta)P_{pg}}$$。

证明：令$E(a)=(1-b\delta)R_{pp}-C_{ph}+aI_{pg}-(1-b)R_{np}+C_{pl}+b(1-c)\rho(R_{pc}+L_{pc})+(1-b)(\varphi-\gamma)P_{mp}+(1-b)[a\alpha+(1-a)\beta+c\eta]P_{pg}$，由于$\frac{\partial E(a)}{\partial a}>0$，因此$E(a)$为关于$a$的增函数；当$a>a_2$时，$E(a)>0$，$F(d)|_{d=1}=0$，$F'(d)|_{d=1}<0$，因此$d=1$具有稳定性；当$a<a_2$时，$E(a)<0$，$F(d)|_{d=0}=0$，$F'(d)|_{d=0}<0$，因此$d=0$具有稳定性；当$a=a_2$时$E(a)=0$，$F(d)=0$，$F'(d)<0$，不能确定稳定策略。证毕。

命题11表明，随着政府监管机构实施共治监管概率的提高，平台的稳定策略将由"消极治理"演化为"积极治理"；相反，随着政府监管机构实施共治监管概率的降低，平台的稳定策略将由"积极治理"演化为"消极治理"。

四、策略组合稳定性分析

（一）构建雅可比矩阵及特征值求解

由复制动态方程（6-2）、方程（6-5）、方程（6-8）、方程（6-11）组成直播电商产品质量治理的四维动力系统，令$F(a)=0$，$F(b)=0$，$F(c)=0$，$F(d)=0$可求得系统存在16个均衡点，即$E_1(0,0,0,0)$，$E_2(1,0,0,0)$，$E_3(0,1,0,0)$，$E_4(0,0,1,0)$，$E_5(0,0,0,1)$，$E_6(1,1,0,0)$，$E_7(0,1,1,0)$，$E_8(0,0,1,1)$，$E_9(1,0,0,1)$，$E_{10}(1,0,1,0)$，

$E_{11}(0,1,0,1)$，$E_{12}(1,1,1,0)$，$E_{13}(1,1,0,1)$，$E_{14}(1,0,1,1)$，$E_{15}(0,1,1,1)$，$E_{16}(1,1,1,1)$。需要说明的是，多种群演化博弈的非端点平衡态无法持续抵御微小累计的"入侵"，最终会向端点平衡态演化（金迪斯，2015），因此本书对非端点平衡态不做讨论。

复制动态系统方程解出的均衡点并非一定是系统的演化稳定策略（ESS）。演化稳定策略可以根据均衡点的稳定性分析进行判断，而均衡点的稳定性可通过雅可比矩阵（Jacobian Matrix，记为 J）的局部稳定性进行分析：当 Jacobian Matrix 的所有特征值 $\lambda<0$ 时，该均衡点为渐进演化稳定策略；当 Jacobian Matrix 至少有一个特征值 $\lambda>0$ 时，该均衡点为不稳定点；当 Jacobian Matrix 除为零的特征值外，其余特征值 $\lambda<0$，则均衡点处于临界状态，其稳定性无法确定（Friedman，1998）。

$$J=\begin{bmatrix} \dfrac{\partial F(a)}{\partial a} & \dfrac{\partial F(a)}{\partial b} & \dfrac{\partial F(a)}{\partial c} & \dfrac{\partial F(a)}{\partial d} \\[2mm] \dfrac{\partial F(b)}{\partial a} & \dfrac{\partial F(b)}{\partial b} & \dfrac{\partial F(b)}{\partial c} & \dfrac{\partial F(b)}{\partial d} \\[2mm] \dfrac{\partial F(c)}{\partial a} & \dfrac{\partial F(c)}{\partial b} & \dfrac{\partial F(c)}{\partial c} & \dfrac{\partial F(c)}{\partial d} \\[2mm] \dfrac{\partial F(d)}{\partial a} & \dfrac{\partial F(d)}{\partial b} & \dfrac{\partial F(d)}{\partial c} & \dfrac{\partial F(d)}{\partial d} \end{bmatrix} \tag{6-13}$$

根据 Jacobian Matrix 求解各均衡点的特征值如表 6-3 所示。

表 6-3 均衡点及其特征值

均衡点	特征值			
	λ_1	λ_2	λ_3	λ_4
(0, 0, 0, 0)	$R_g-R_t-C_a+$ $(\alpha-\beta)(P_{mg}+P_{pg})$	$C_{ml}+\xi M-C_{mh}-$ $(1-\omega)(R_{mc}+L_{mc})-\omega N+$ $(\beta+\gamma)(P_{mg}+P_{mp}+P_c)$	$\eta(P_c-C_3)-\xi M$	$R_{pp}-C_{ph}-R_{np}+C_{pl}+$ $(\varphi-\gamma)P_{mp}+\beta P_{pg}$
(1, 0, 0, 0)	$-[R_g-R_t-C_a+$ $(\alpha-\beta)(P_{mg}+P_{pg})]$	$\theta I_{hg}+\xi M+C_{ml}-C_{mh}-$ $(1-\omega)(L_{mc}+R_{mc})-\omega N+$ $(\alpha+\gamma)(P_{mg}+P_{mp}+P_c)$	$\eta(P_c-C_2)-\xi M$	$R_{pp}-C_{ph}+I_{pg}-R_{np}+$ $C_{pl}+\alpha P_{pg}+(\varphi-\gamma)P_{mp}$

均衡点	特征值			
	λ_1	λ_2	λ_3	λ_4
(0, 1, 0, 0)	$R_g-R_t-C_a$	$-[C_{ml}+\xi M-C_{mh}-(1-\omega)(L_{mc}+R_{mc})-\omega N+(\beta+\gamma)(P_{mg}+P_{mp}+P_c)]$	$-\omega N$	$(1-\delta)R_{pp}-C_{ph}+C_{pl}+\rho(R_{pc}+L_{pc})$
(0, 0, 1, 0)	$R_g-R_t-C_a+(\alpha-\beta)(P_{mg}+P_{pg})$	$R_{mc}+L_{mc}+C_{ml}-C_{mh}+(\beta+\gamma+\eta)(P_{mg}+P_{mp}+P_c)$	$\xi M-\eta(P_c-C_3)$	$R_{pp}-C_{ph}-R_{np}+C_{pl}+(\varphi-\gamma)P_{mp}+(\beta+\eta)P_{pg}$
(0, 0, 0, 1)	$R_g-R_t-C_a+(\alpha-\beta)P_{mg}$	$I_{hp}+\xi M+C_{ml}-C_{mh}-(1-\omega-\rho)(R_{mc}+L_{mc})-\omega N+(\beta+\varphi)(P_{mg}+P_{mp}+P_c)$	$\eta(P_c-C_2)-\xi M$	$-[R_{pp}-C_{ph}-R_{np}+C_{pl}+\beta P_{pg}+(\varphi-\gamma)P_{mp}]$
(1, 1, 0, 0)	$-(R_g-R_t-C_a)$	$-[\theta I_{hg}+\xi M+C_{ml}-C_{mh}-(1-\omega)(R_{mc}+L_{mc})-\omega N+(\alpha+\gamma)(P_{mg}+P_{mp}+P_c)]$	$-\omega N$	$(1-\delta)R_{pp}-C_{ph}+I_{pg}+C_{pl}+\rho(R_{pc}+L_{pc})$
(0, 1, 1, 0)	$R_g-R_t-C_a$	$-[R_{mc}+L_{mc}+C_{ml}-C_{mh}+(\beta+\gamma+\eta)(P_{mg}+P_{mp}+P_c)]$	ωN	$(1-\delta)R_{pp}-C_{ph}+C_{pl}$
(0, 0, 1, 1)	$R_g-R_t-C_a+(\alpha-\beta)P_{mg}$	$I_{hp}+R_{mc}+L_{mc}+C_{ml}-C_{mh}+(\beta+\varphi+\eta)(P_{mg}+P_{mp}+P_c)$	$\xi M-\eta(P_c-C_2)$	$-[R_{pp}-C_{ph}-R_{np}+C_{pl}+(\varphi-\gamma)P_{mp}+(\beta+\eta)P_{pg}]$
(1, 0, 0, 1)	$-[R_g-R_t-C_a+(\alpha-\beta)P_{mg}]$	$I_{hp}+\theta I_{hg}+\xi M+C_{ml}-C_{mh}-(1-\omega-\rho)(R_{mc}+L_{mc})-\omega N+(\alpha+\varphi)(P_{mg}+P_{mp}+P_c)$	$\eta(P_c-C_1)-\xi M$	$-[R_{pp}-C_{ph}+I_{pg}-R_{np}+C_{pl}+\alpha P_{pg}+(\varphi-\gamma)P_{mp}]$
(1, 0, 1, 0)	$-[R_g-R_t-C_a+(\alpha-\beta)(P_{mg}+P_{pg})]$	$\theta I_{hg}+R_{mc}+L_{mc}+C_{ml}-C_{mh}+(\alpha+\gamma+\eta)(P_{mg}+P_{mp}+P_c)$	$\xi M-\eta(P_c-C_2)$	$R_{pp}-C_{ph}+I_{pg}-R_{np}+C_{pl}+(\varphi-\gamma)P_{mp}+(\alpha+\eta)P_{pg}$
(0, 1, 0, 1)	$R_g-R_t-C_a$	$-[I_{hp}+\xi M+C_{ml}-C_{mh}-(1-\omega-\rho)(R_{mc}+L_{mc})-\omega N+(\beta+\varphi)(P_{mg}+P_{mp}+P_c)]$	$\rho L_f-\omega N$	$C_{ph}-C_{pl}-(1-\delta)R_{pp}-\rho(R_{pc}+L_{pc})$
(1, 1, 1, 0)	$-(R_g-R_t-C_a)$	$-[\theta I_{hg}+R_{mc}+L_{mc}+C_{ml}-C_{mh}+(\alpha+\gamma+\eta)(P_{mg}+P_{mp}+P_c)]$	ωN	$(1-\delta)R_{pp}-C_{ph}+I_{pg}+C_{pl}$
(1, 1, 0, 1)	$-(R_g-R_t-C_a)$	$-[I_{hp}+\theta I_{hg}+\xi M+C_{ml}-C_{mh}-(1-\omega-\rho)(R_{mc}+L_{mc})-\omega N+(\alpha+\varphi)(P_{mg}+P_{mp}+P_c)]$	$\rho L_f-\omega N$	$C_{ph}-C_{pl}-I_{pg}-(1-\delta)R_{pp}-\rho(R_{pc}+L_{pc})$

续表

均衡点	特征值			
	λ_1	λ_2	λ_3	λ_4
(1, 0, 1, 1)	$-[R_g-R_t-C_a+(\alpha-\beta)P_{mg}]$	$I_{hp}+\theta I_{hg}+R_{mc}+L_{mc}+C_{ml}-C_{mh}+(\alpha+\varphi+\eta)(P_{mg}+P_{mp}+P_c)$	$\xi M-\eta(P_c-C_1)$	$-[R_{pp}-C_{ph}+I_{pg}-R_{np}+C_{pl}+(\varphi-\gamma)P_{mp}+(\alpha+\eta)P_{pg}]$
(0, 1, 1, 1)	$R_g-R_t-C_a$	$-[I_{hp}+R_{mc}+L_{mc}+C_{ml}-C_{mh}+(\beta+\varphi+\eta)(P_{mg}+P_{mp}+P_c)]$	$\omega N-\rho L_f$	$C_{ph}-C_{pl}-(1-\delta)R_{pp}$
(1, 1, 1, 1)	$-(R_g-R_t-C_a)$	$-[I_{hp}+\theta I_{hg}+R_{mc}+L_{mc}+C_{ml}-C_{mh}+(\alpha+\varphi+\eta)(P_{mg}+P_{mp}+P_c)]$	$\omega N-\rho L_f$	$C_{ph}-C_{pl}-I_{pg}-(1-\delta)R_{pp}$

资料来源：笔者整理。

由于 λ_3（0，1，1，0）>0，λ_3（1，1，1，0）>0，因此（0，1，1，0）与（1，1，1，0）是系统的不稳定点，后面的内容中，将重点讨论关键要素对其余 14 个均衡点稳定性的影响。

（二）消费者在线评论声誉对演化稳定策略的影响

在线评论，又称网络口碑或电子口碑（孟园等，2017），是商家和平台建立声誉的重要影响因素。在线评论对消费者的购买意愿和行为存在信号效应（杜惠英，2017），正面在线评论的数量、质量、均值等都能显著提高消费者的购买意愿（周敏等，2018；Park et al.，2007；Lin et al.，2011），进而为商家和平台带来一定的声誉收益；由于消费者对负面信息更为敏感，因此相对于正面评论，负面评论对消费者购买决策的影响更大（吴正祥和郭婷婷，2019）。研究表明，在线负面评论会降低消费者的购买意愿（Park and Lee，2009；宁连举和孙韩，2014），进而为商家和平台造成一定的声誉损失。本模型中，消费者在线评论声誉参数包括消费者正面评论为平台和商家分别带来的声誉收益 R_{pc}、R_{mc}，消费者负面评论为平台和商家分别带来的声誉损失 L_{pc}、L_{mc}，综合考虑正负面评论声誉的影响，提出命题 12。

命题 12：当消费者在线评论对商家和平台声誉影响很大，满足 $R_{mc}+L_{mc}>$ max

$$\left\{\frac{I_{hp}+\theta I_{hg}+\xi M+C_{ml}-C_{mh}-\omega N+(\alpha+\varphi)(P_{mg}+P_{mp}+P_c)}{1-\omega-\rho}, \quad C_{mh}-C_{ml}-(\beta+\gamma+\eta)(P_{mg}+P_{mp}+P_c)\right\}$$

且 $R_{pc}+L_{pc}>\dfrac{C_{ph}-(1-\delta)R_{pp}-C_{pl}}{\rho}$ 时，系统在不同条件下存在 6 个渐进稳定点，即

$(0，0，0，0)$，$(1，0，0，0)$，$(0，0，0，1)$，$(1，0，0，1)$，$(0，1，1，1)$，$(1，1，1，1)$。

证明：当 $R_{mc}+L_{mc}>$ max $\left\{\dfrac{I_{hp}+\theta I_{hg}+\xi M+C_{ml}-C_{mh}-\omega N+(\alpha+\varphi)(P_{mg}+P_{mp}+P_c)}{1-\omega-\rho}\right.$,

$\left. C_{mh}-C_{ml}-(\beta+\gamma+\eta)(P_{mg}+P_{mp}+P_c)\right\}$ 且 $R_{pc}+L_{pc}>\dfrac{C_{ph}-(1-\delta)R_{pp}-C_{pl}}{\rho}$ 时，均衡点

$(0，1，0，0)$，$(0，0，1，0)$，$(1，1，0，0)$，$(0，0，1，1)$，$(1，0，1，0)$，$(0，1，0，1)$，$(1，1，0，1)$，$(1，0，1，1)$ 的特征值 $\lambda_2>0$，因此均为不稳定点；均衡点 $(0，0，0，0)$，$(1，0，0，0)$，$(0，0，0，1)$，$(1，0，0，1)$，$(0，1，1，1)$，$(1，1，1，1)$ 的特征值 $\lambda_2<0$，λ_1、λ_3 与 λ_4 不确定，当 $R_g-C_a<R_t-(\alpha-\beta)(P_{mg}+P_{pg})$，$R_{pp}-C_{ph}<R_{np}-C_{pl}-(\varphi-\gamma)P_{mp}-\beta P_{pg}$ 且 $\eta(P_c-C_3)<\xi M$ 时，$\lambda_1(0，0，0，0)<0$，$\lambda_3(0，0，0，0)<0$，$\lambda_4(0，0，0，0)<0$，此时 $(0，0，0，0)$ 为系统的渐进稳定点；当 $R_g-C_a>R_t-(\alpha-\beta)(P_{mg}+P_{pg})$，$\eta(P_c-C_2)<\xi M$ 且 $R_{pp}-C_{ph}+I_{pg}<R_{np}-C_{pl}-\alpha P_{pg}-(\varphi-\gamma)P_{mp}$ 时，$\lambda_1(1，0，0，0)<0$，$\lambda_3(1，0，0，0)<0$，$\lambda_4(1，0，0，0)<0$，此时 $(1，0，0，0)$ 为系统的渐进稳定点；当 $R_g-C_a<R_t-(\alpha-\beta)(P_{mg}+P_{pg})$，$\eta(P_c-C_2)<\xi M$ 且 $R_{pp}-C_{ph}>R_{np}-C_{pl}-\beta P_{pg}-(\varphi-\gamma)P_{mp}$ 时，$\lambda_1(0，0，0，1)<0$，$\lambda_3(0，0，0，1)<0$，$\lambda_4(0，0，0，1)<0$，此时 $(0，0，0，1)$ 为系统的渐进稳定点；当 $R_g-C_a>R_t-(\alpha-\beta)(P_{mg}+P_{pg})$，$\eta(P_c-C_1)<\xi M$ 且 $R_{pp}-C_{ph}+I_{pg}>R_{np}-C_{pl}-\alpha P_{pg}-(\varphi-\gamma)P_{mp}$ 时，$\lambda_1(1，0，0，1)<0$，$\lambda_3(1，0，0，1)<0$，$\lambda_4(1，0，0，1)<0$，此时 $(1，0，0，1)$ 为系统的渐进稳定点；当 $R_g-C_a<R_t$，$\omega N<\rho L_f$ 且 $(1-\delta)R_{pp}>C_{ph}-C_{pl}$ 时，$\lambda_1(0，1，1，1)<0$，$\lambda_3(0，1，1，1)<0$，$\lambda_4(0，1，1，1)<0$，此时 $(0，1，1，1)$ 为系统的渐进稳定点；当 $R_g-C_a>R_t$，$\omega N<\rho L_f$ 且 $(1-\delta)R_{pp}+I_{pg}>C_{ph}-C_{pl}$

时，$\lambda_1(1,1,1,1)<0$，$\lambda_3(1,1,1,1)<0$，$\lambda_4(1,1,1,1)<0$，此时$(1,1,1,1)$为系统的渐进稳定点，如表6-4所示。

表6-4 消费者在线评论对商家和平台声誉影响很大时均衡点稳定性分析

均衡点	特征值				稳定性
	λ_1	λ_2	λ_3	λ_4	
$(0,0,0,0)$	—	<0	—	—	当$R_g-C_a<R_t-(\alpha-\beta)(P_{mg}+P_{pg})$，$R_{pp}-C_{ph}<R_{np}-C_{pl}-(\varphi-\gamma)P_{mp}-\beta P_{pg}$且$\eta(P_c-C_3)<\xi M$时，为渐进稳定点
$(1,0,0,0)$	—	<0	—	—	当$R_g-C_a>R_t-(\alpha-\beta)(P_{mg}+P_{pg})$，$R_{pp}-C_{ph}+I_{pg}<R_{np}-C_{pl}-(\varphi-\gamma)P_{mp}-\alpha P_{pg}$且$\eta(P_c-C_2)<\xi M$时，为渐进稳定点
$(0,1,0,0)$	—	>0	<0	>0	不稳定点
$(0,0,1,0)$	—	>0	—	—	不稳定点
$(0,0,0,1)$	—	<0	—	—	当$R_g-C_a<R_t-(\alpha-\beta)P_{mg}$，$R_{pp}-C_{ph}>R_{np}-C_{pl}-(\varphi-\gamma)P_{mp}-\beta P_{pg}$且$\eta(P_c-C_2)<\xi M$时，为渐进稳定点
$(1,1,0,0)$	—	>0	<0	>0	不稳定点
$(0,0,1,1)$	—	>0	—	—	不稳定点
$(1,0,0,1)$	—	<0	—	—	当$R_g-C_a>R_t-(\alpha-\beta)P_{mg}$，$R_{pp}-C_{ph}+I_{pg}>R_{np}-C_{pl}-(\varphi-\gamma)P_{mp}-\alpha P_{pg}$且$\eta(P_c-C_1)<\xi M$时，为渐进稳定点
$(1,0,1,0)$	—	>0	—	—	不稳定点
$(0,1,0,1)$	—	>0	—	<0	不稳定点
$(1,1,0,1)$	—	>0	—	<0	不稳定点
$(1,0,1,1)$	—	>0	—	—	不稳定点
$(0,1,1,1)$	—	<0	—	—	当$R_g-C_a<R_t$，$\omega N<\rho L_f$且$(1-\delta)R_{pp}>C_{ph}-C_{pl}$时，为渐进稳定点
$(1,1,1,1)$	—	<0	—	—	当$R_g-C_a>R_t$，$\omega N<\rho L_f$且$(1-\delta)R_{pp}+I_{pg}>C_{ph}-C_{pl}$时，为渐进稳定点

资料来源：笔者整理。

证毕。

由命题12可知，消费者在线评论声誉机制未必一定会使系统好转。当消费者在线评论对商家和平台声誉影响很大时，系统可能存在六种演化稳定策略：（传统监管，问题产品，失真评论，消极治理），（共治监管，问题产品，失真评论，消极治理），（传统监管，问题产品，失真评论，积极治理），（共治监管，问题产品，失真评论，积极治理），（传统监管，优质产品，真实评论，积极治理），（共治监管，优质产品，真实评论，积极治理）。由此可见，消费者在线评论有可能会使系统好转，向（共治监管，优质产品，真实评论，积极治理）稳定策略演化，但由于好评返现、恶意评论等失真评论的存在，消费者在线评论对商家和平台声誉影响越大，也可能会加速系统恶化，使得系统向（传统监管，问题产品，失真评论，消极治理）稳定策略演化。

需要说明的是，由于这 6 个均衡点为渐进稳定点的部分取值区间可能存在交叉重叠，因此可能存在某一数值仿真条件下多个演化稳定点的情况，如图 6-2 所示，该图是同一组参数数值的仿真结果，由于博弈主体策略选择初始值设置不同，得到了两种不同的演化结果，这也从侧面说明了不同博弈主体策略选择之间的相互作用。由前文可知，随着政府监管机构实施共治监管概率的提高，商家的稳定策略将由"问题产品"演化为"优质产品"，消费者的稳定策略将由"失真评论"演化为"真实评论"，平台的稳定策略将由"消极治理"演化为"积极治理"，该结论在图 6-2 中得到了证实。当初始值设置为（0.3，0.3，0.3，0.3）时，此时（0，0，0，0）为系统的演化稳定点，如图 6-2（a）所示，即（传统监管，问题产品，失真评论，消极治理），若此时提高政府"共治监管"概率，将初始值设置为（0.8，0.3，0.3，0.3），演化稳定策略发生了变化，系统演化路径为（0，0，0，0）→（0，1，1，1），如图 6-2（b）所示。

（三）消费者失真评论因素对演化稳定策略的影响

失真评论主要有两种类型，一种是商家诱导正向评价，另一种是恶意负面评价。"好评返现"是商家诱导评价的常见形式，即商家通过返现、红包、优惠券、抽奖等方式诱导消费者对产品和店铺作出非客观评价，目前"好评返现"已成为电商平台中商家热衷的一种营销形式，从表面上看，"好评返现"似乎是买卖双方的自愿行为，商家与消费者通过"返现"和"好评"行

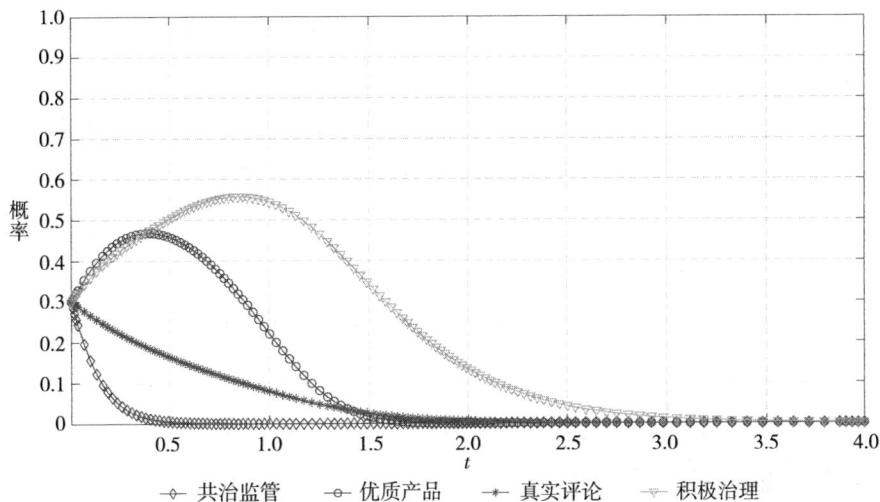

（a）初始值为（0.3，0.3，0.3，0.3），演化稳定策略为（0，0，0，0）

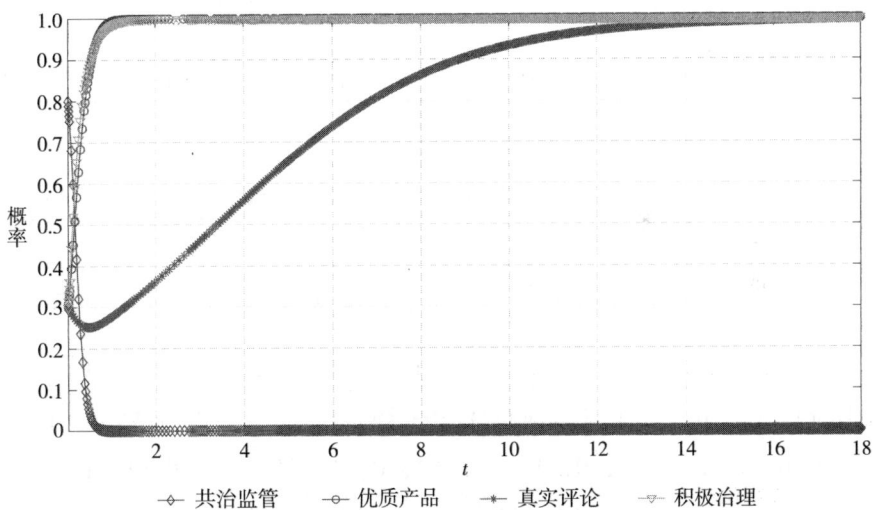

（b）初始值为（0.8，0.3，0.3，0.3），演化稳定策略为（0，1，1，1）

图 6-2　不同初始值设置对同一组仿真数据演化稳定策略的影响

资料来源：笔者整理。

为实现了互利共赢；但从本质上讲，"好评返现"构成了不正当竞争（郭海玲，2015）。2021 年"双 11"期间，广东省消费者委员会指出，"好评返现"

违反了国家相关法律法规要求，违背了诚实信用的市场原则，侵害了消费者的知情权、公平交易权等重要法定权利。商家对好评率的极度依赖，不仅助长了"好评返现"等商家诱导评价行为的发生，而且也滋生了以恶意差评为手段对商家敲诈勒索的灰色产业链（袁源和张永汀，2014），恶意评价不仅损害了商家权益，而且严重扭曲了网络诚信，对直播电商生态系统造成了巨大的负面影响。本模型中，消费者接受商家诱导评价的收益为 ξM，消费者恶意评价的收益为 ωN，商家诱导评价、向恶意评价妥协的收益为正向评价带来的声誉收益为 R_{mc}。

命题 13：当商家诱导评价、恶意评价等失真评论因素给消费者和商家带来的收益很高，满足 $\xi M > \eta (P_c - C_1)$，$\omega N > \rho L_f$，且 $R_{mc} >$

$$\max \left\{ \frac{I_{hp} + \theta I_{hg} + \xi M + C_{ml} - C_{mh} - \omega N}{1 - \omega - \rho} + \frac{(\alpha + \varphi)(P_{mg} + P_{mp} + P_c)}{1 - \omega - \rho} - L_{mc}, \ C_{mh} - C_{ml} - L_{mc} - (\beta + \gamma + \eta)(P_{mg} + P_{mp} + P_c) \right\}$$

时，系统在不同条件下存在 4 个渐进稳定点，即 $(0, 0, 0, 0)$、$(1, 0, 0, 0)$、$(0, 0, 0, 1)$、$(1, 0, 0, 1)$。

证明：当 $R_{mc} > \max \left\{ \frac{I_{hp} + \theta I_{hg} + \xi M + C_{ml} - C_{mh} - \omega N + (\alpha + \varphi)(P_{mg} + P_{mp} + P_c)}{1 - \omega - \rho} - L_{mc}, \right.$

$\left. C_{mh} - C_{ml} - L_{mc} - (\beta + \gamma + \eta)(P_{mg} + P_{mp} + P_c) \right\}$ 时，均衡点 $(0, 1, 0, 0)$、$(0, 0, 1, 0)$、$(1, 1, 0, 0)$、$(0, 0, 1, 1)$、$(1, 0, 1, 0)$、$(0, 1, 0, 1)$、$(1, 1, 0, 1)$ 的特征值 $\lambda_2 > 0$；当 $\xi M > \eta (P_c - C_1)$，$\omega N > \rho L_f$ 时，均衡点 $(0, 0, 1, 0)$、$(0, 0, 1, 1)$、$(1, 0, 1, 0)$、$(1, 0, 1, 1)$、$(0, 1, 1, 1)$、$(1, 1, 1, 1)$ 的特征值 $\lambda_3 > 0$，因此均衡点 $(0, 1, 0, 0)$、$(0, 0, 1, 0)$、$(1, 1, 0, 0)$、$(0, 0, 1, 1)$、$(1, 0, 1, 0)$、$(0, 1, 0, 1)$、$(1, 0, 1, 1)$、$(1, 1, 0, 1)$、$(0, 1, 1, 1)$、$(1, 1, 1, 1)$ 均为系统的不稳定点；均衡点 $(0, 0, 0, 0)$、$(1, 0, 0, 0)$、$(0, 0, 0, 1)$、$(1, 0, 0, 1)$ 的 $\lambda_2 < 0$、$\lambda_3 < 0$，λ_1、λ_4 不确定点，当 $R_g - C_a < R_t - (\alpha - \beta)(P_{mg} + P_{pg})$ 且 $R_{pp} - C_{ph} < R_{np} - C_{pl} - (\varphi - \gamma) P_{mp} - \beta P_{pg}$ 时，$\lambda_1(0, 0, 0, 0) < 0$，$\lambda_4(0, 0, 0, 0) < 0$，其余均衡点至少有一个特征值 $\lambda > 0$，此时 $(0, 0, 0, 0)$ 为系统唯一的渐

进稳定点；当 $R_g-C_a>R_t-(\alpha-\beta)(P_{mg}+P_{pg})$ 且 $R_{pp}-C_{ph}+I_{pg}<R_{np}-C_{pl}-(\varphi-\gamma)P_{mp}-\alpha P_{pg}$ 时，$\lambda_1(1,0,0,0)<0$，$\lambda_4(1,0,0,0)<0$，其余均衡点至少有一个特征值 $\lambda>0$，此时 $(1,0,0,0)$ 为系统唯一的渐进稳定点；当 $R_g-C_a<R_t-(\alpha-\beta)P_{mg}$ 且 $R_{pp}-C_{ph}>R_{np}-C_{pl}-(\varphi-\gamma)P_{mp}-\beta P_{pg}$ 时，$\lambda_1(0,0,0,1)<0$，$\lambda_4(0,0,0,1)<0$，其余均衡点至少有一个特征值 $\lambda>0$，此时 $(0,0,0,1)$ 为系统唯一的渐进稳定点；当 $R_g-C_a>R_t-(\alpha-\beta)(P_{mg}+P_{pg})$ 且 $R_{pp}-C_{ph}+I_{pg}>R_{np}-C_{pl}-(\varphi-\gamma)P_{mp}-\alpha P_{pg}$ 时，$\lambda_1(1,0,0,1)<0$，$\lambda_4(1,0,0,1)<0$，其余均衡点至少有一个特征值 $\lambda>0$，此时 $(1,0,0,1)$ 为系统唯一的渐进稳定点，如表 6-5 所示。

表 6-5　失真评论收益很高时均衡点稳定性分析

均衡点	特征值				稳定性
	λ_1	λ_2	λ_3	λ_4	
$(0,0,0,0)$	—	<0	<0	—	当 $R_{pp}-C_{ph}<R_{np}-C_{pl}-(\varphi-\gamma)P_{mp}-\beta P_{pg}$ 且 $R_g-C_a<R_t-(\alpha-\beta)(P_{mg}+P_{pg})$ 时，为渐进稳定点
$(1,0,0,0)$	—	<0	<0	—	当 $R_{pp}-C_{ph}+I_{pg}<R_{np}-C_{pl}-(\varphi-\gamma)P_{mp}-\alpha P_{pg}$ 且 $R_g-C_a>R_t-(\alpha-\beta)(P_{mg}+P_{pg})$ 时，为渐进稳定点
$(0,1,0,0)$	—	>0	<0	—	不稳定点
$(0,0,1,0)$	—	>0	>0	—	不稳定点
$(0,0,0,1)$	—	<0	<0	—	当 $R_{pp}-C_{ph}>R_{np}-C_{pl}-(\varphi-\gamma)P_{mp}-\beta P_{pg}$ 且 $R_g-C_a<R_t-(\alpha-\beta)P_{mg}$ 时，为渐进稳定点
$(1,1,0,0)$	—	>0	<0	—	不稳定点
$(0,0,1,1)$	—	>0	>0	—	不稳定点
$(1,0,0,1)$	—	<0	<0	—	当 $R_{pp}-C_{ph}+I_{pg}>R_{np}-C_{pl}-(\varphi-\gamma)P_{mp}-\alpha P_{pg}$ 且 $R_g-C_a>R_t-(\alpha-\beta)(P_{mg}+P_{pg})$ 时，为渐进稳定点
$(1,0,1,0)$	—	>0	>0	—	不稳定点
$(0,1,0,1)$	—	>0	>0	—	不稳定点
$(1,1,0,1)$	—	>0	>0	—	不稳定点
$(1,0,1,1)$	—	>0	>0	—	不稳定点
$(0,1,1,1)$	—	<0	>0	—	不稳定点
$(1,1,1,1)$	—	<0	>0	—	不稳定点

资料来源：笔者整理。

证毕。

由命题 13 可知，当商家诱导评价、恶意评价等失真评论给消费者和商家带来的收益很高时，必定导致系统恶化。此时，系统存在四种演化稳定策略：（传统监管，问题产品，失真评论，消极治理），（共治监管，问题产品，失真评论，消极治理），（传统监管，问题产品，失真评论，积极治理），（共治监管，问题产品，失真评论，积极治理），仿真结果如图 6-3 至图 6-6 所示。

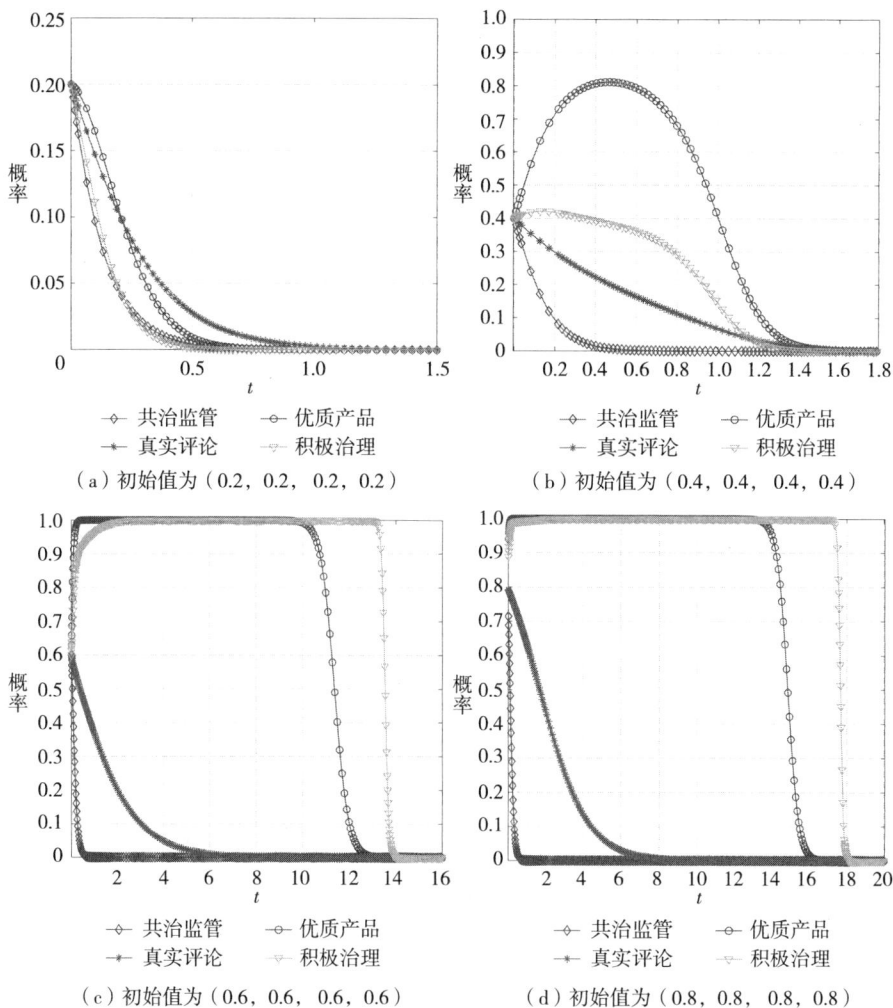

（a）初始值为（0.2, 0.2, 0.2, 0.2）

（b）初始值为（0.4, 0.4, 0.4, 0.4）

（c）初始值为（0.6, 0.6, 0.6, 0.6）

（d）初始值为（0.8, 0.8, 0.8, 0.8）

图 6-3 演化稳定点（0, 0, 0, 0）在不同初始值下的仿真分析

资料来源：笔者整理。

在该情境下，无论商家选择"优质产品"的初始比例如何，经过长期演化最终一定会选择"问题产品"策略；无论消费者选择"真实评论"的初始比例如何，经过长期演化最终一定会选择"失真评论"策略。

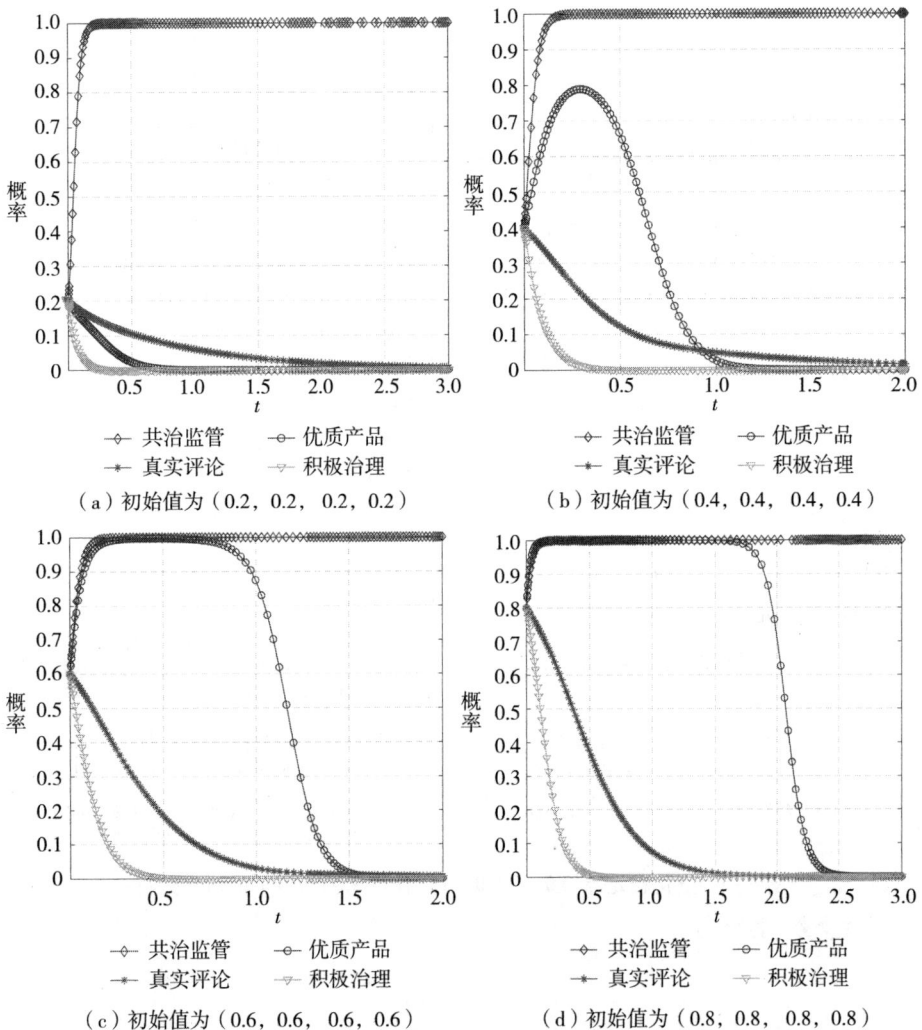

（a）初始值为（0.2，0.2，0.2，0.2）

（b）初始值为（0.4，0.4，0.4，0.4）

（c）初始值为（0.6，0.6，0.6，0.6）

（d）初始值为（0.8，0.8，0.8，0.8）

图 6-4 演化稳定点（1，0，0，0）在不同初始值下的仿真分析

资料来源：笔者整理。

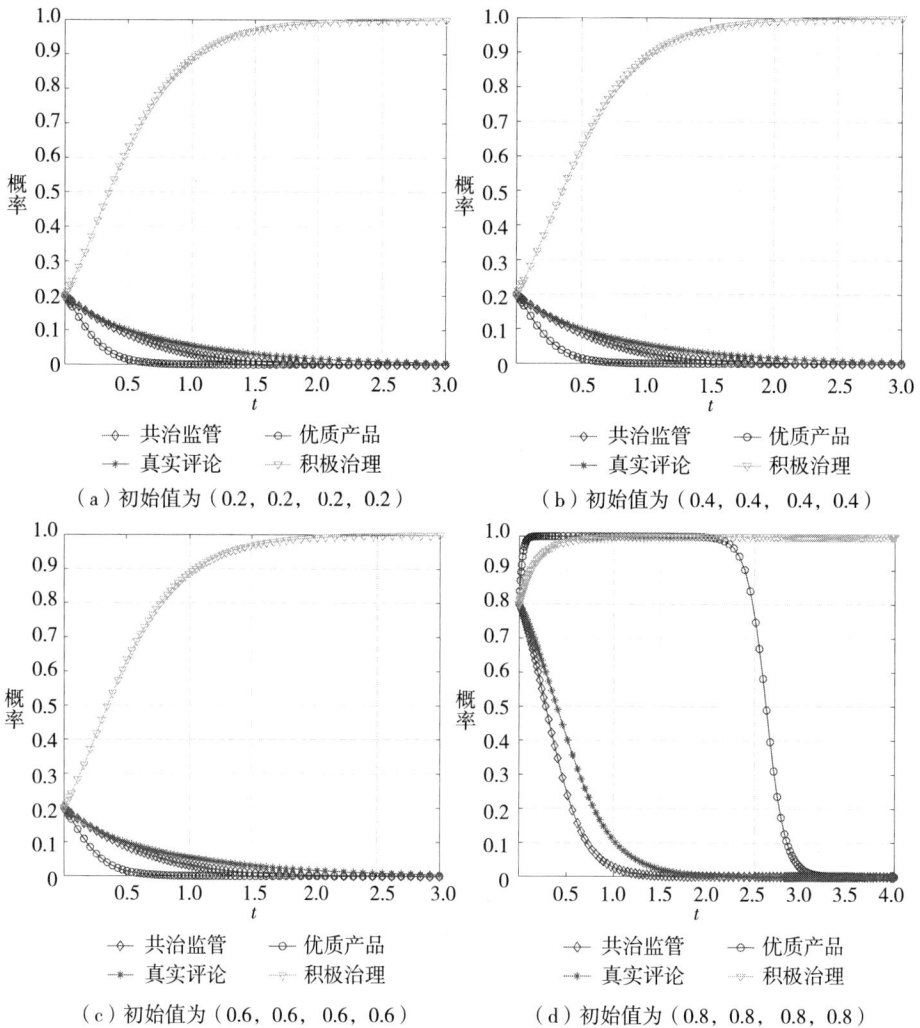

（a）初始值为（0.2，0.2，0.2，0.2）

（b）初始值为（0.4，0.4，0.4，0.4）

（c）初始值为（0.6，0.6，0.6，0.6）

（d）初始值为（0.8，0.8，0.8，0.8）

图6-5 演化稳定点（0，0，0，1）在不同初始值下的仿真分析

资料来源：笔者整理。

（四）消费者维权概率对演化稳定策略的影响

消费者维权能够对不法经营的商家起到一定的震慑作用，从而在一定程度上减少直播电商市场中的产品质量问题。本模型中，假设当商家提供问题

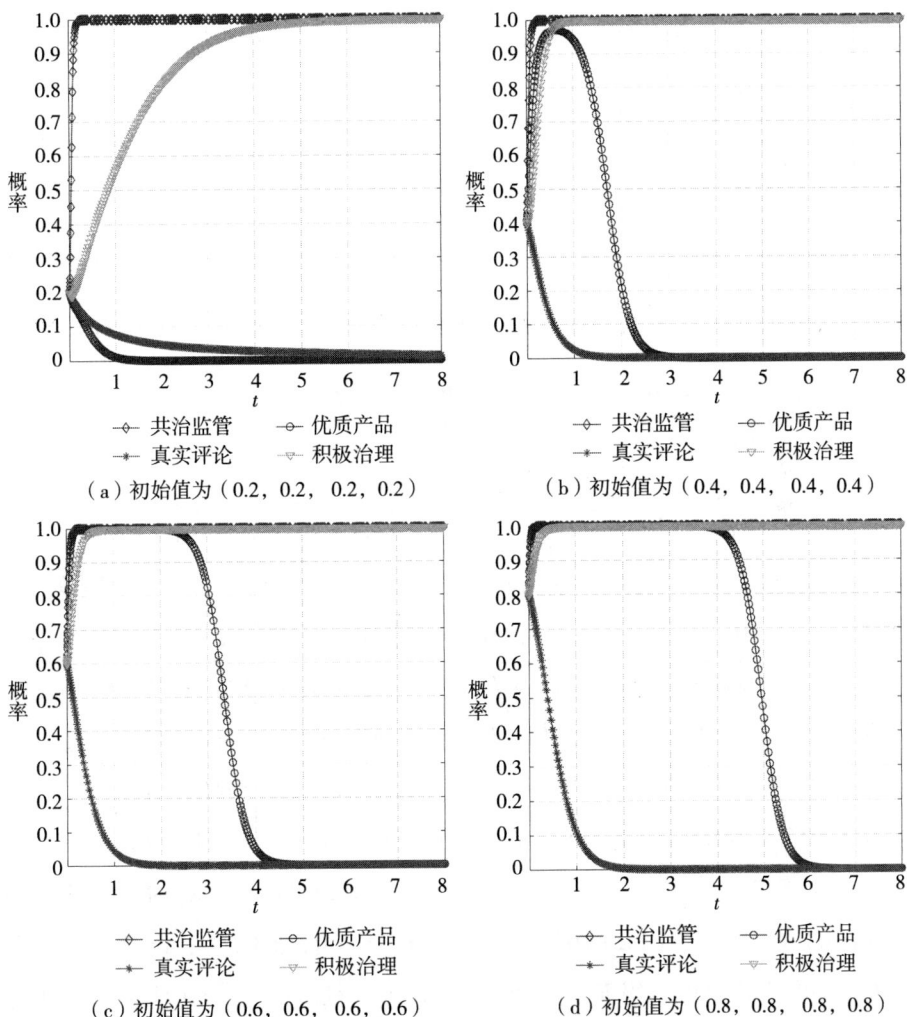

（a）初始值为（0.2，0.2，0.2，0.2）

（b）初始值为（0.4，0.4，0.4，0.4）

（c）初始值为（0.6，0.6，0.6，0.6）

（d）初始值为（0.8，0.8，0.8，0.8）

图 6-6　演化稳定点（1，0，0，1）在不同初始值下的仿真分析

资料来源：笔者整理。

产品时，作出真实评论的消费者有 η 的概率向政府监管机构或平台维权。需要注意的是，消费者维权概率对演化稳定策略的影响，在消费者选择真实评论策略的情境下讨论才是有意义的。消费者维权的预期收益（即所获得赔偿减维权成本）对消费者维权概率有着积极的正向影响，因此消费者维权概率较高时，其隐含条件为其维权的预期收益也较高。

命题 14：当消费者维权概率很高时，满足 $\eta > \max\left\{\dfrac{\xi M}{P_c-C_3},\right.$

$\left.\dfrac{C_{mh}-R_{mc}-L_{mc}-C_{ml}}{P_{mg}+P_{mp}+P_c}-\dfrac{(\beta+\gamma)(P_{mg}+P_{mp}+P_c)}{P_{mg}+P_{mp}+P_c}\right\}$ 时，系统在不同条件下存在 2 个渐进稳定点，即 $(0,1,1,1)$，$(1,1,1,1)$。

证明：由于 $0\leqslant\eta\leqslant1$，首先应证明命题条件的可行性，当消费者维权概率较高时，其隐含条件为其维权的预期收益也较高，即 $0<\dfrac{\xi M}{P_c-C_3}<1$；由于 $P_{mg}>R_m>C_{mh}$，因此 $\dfrac{C_{mh}-R_{mc}-L_{mc}-C_{ml}-(\beta+\gamma)(P_{mg}+P_{mp}+P_c)}{P_{mg}+P_{mp}+P_c}<1$，即命题条件可行。

当 $\eta>\max\left\{\dfrac{\xi M}{P_c-C_3},\dfrac{C_{mh}-R_{mc}-L_{mc}-C_{ml}-(\beta+\gamma)(P_{mg}+P_{mp}+P_c)}{P_{mg}+P_{mp}+P_c}\right\}$ 时，$\lambda_2(0,0,$ $1,0)=R_{mc}+L_{mc}+C_{ml}-C_{mh}+(\beta+\gamma+\eta)(P_{mg}+P_{mp}+P_c)>0$，同理可得 $\lambda_2(0,0,1,1)>0$，$\lambda_2(1,0,1,0)>0$，$\lambda_2(1,0,1,1)>0$，$\lambda_2(0,1,1,1)<0$，$\lambda_2(1,1,1,1)<0$；$\lambda_3(0,0,1,0)=\xi M-\eta(P_c-C_3)<0$，同理可得 $\lambda_3(0,0,1,1)<0$，$\lambda_3(1,0,1,0)<0$，$\lambda_3(1,0,1,1)<0$，由于均衡点 $(0,0,1,0)$，$(0,0,1,1)$，$(1,0,1,0)$，$(1,0,1,1)$ 至少有一个特征值 $\lambda>0$，因此均为系统的不稳定点；均衡点 $(0,1,1,1)$，$(1,1,1,1)$ 的 $\lambda_2<0$，λ_1，λ_3，λ_4 不确定，当 $R_g-C_a<R_t$，$(1-\delta)R_{pp}-C_{ph}+C_{pl}>0$ 且 $\omega N<\rho L_f$ 时，$\lambda_1(0,1,1,1)<0$，$\lambda_3(0,1,1,1)<0$，$\lambda_4(0,1,1,1)<0$，此时 $(0,1,1,1)$ 为系统唯一的渐进稳定点；当 $R_g-C_a>R_t$，$(1-\delta)R_{pp}-C_{ph}+C_{pl}+I_{pg}>0$ 且 $\omega N<\rho L_f$ 时，$\lambda_1(1,1,1,1)<0$，$\lambda_3(1,1,1,1)<0$，$\lambda_4(1,1,1,1)<0$，此时 $(1,1,1,1)$ 为系统唯一的渐进稳定点，如表 6-6 所示。

表 6-6　消费者维权概率很高时均衡点稳定性分析

均衡点	特征值				稳定性
	λ_1	λ_2	λ_3	λ_4	
$(0,0,1,0)$	—	>0	<0	—	不稳定点
$(0,0,1,1)$	—	>0	<0	—	不稳定点

均衡点	特征值				稳定性
	λ_1	λ_2	λ_3	λ_4	
(1, 0, 1, 0)	—	>0	<0	—	不稳定点
(1, 0, 1, 1)	—	>0	<0	—	不稳定点
(0, 1, 1, 1)	—	<0	—	—	当 $R_g-C_a<R_t$，$\omega N<\rho L_f$ 且（$1-\delta$）$R_{pp}-C_{ph}+C_{pl}>0$ 时，为渐进稳定点
(1, 1, 1, 1)	—	<0	—	—	当 $R_g-C_a>R_t$，$\omega N<\rho L_f$ 且（$1-\delta$）$R_{pp}-C_{ph}+C_{pl}+I_{pg}>0$ 时，为渐进稳定点

资料来源：笔者整理。

证毕。

命题 14 表明，当消费者维权概率很高时，系统可能存在（传统监管，优质产品，真实评论，积极治理），（共治监管，优质产品，真实评论，积极治理）两种演化稳定策略，如图 6-7 和图 6-8 所示。

由此可见，当消费者投诉概率很高时，无论商家选择"问题产品"的初始比例如何，经过长期演化最终一定会选择"优质产品"策略；无论平台选择"消极治理"的初始比例如何，经过长期演化最终一定会选择"积极治理"策略，因此消费者维权概率的提升一定会促使直播电商产品质量治理系统向好的方向演变。

（五）惩罚机制对演化稳定策略的影响

惩罚机制是目前政府和平台产品质量治理的主要手段之一。惩罚机制共包括两方面：一方面是政府对平台、商家的惩罚，实践中主要体现为罚金的形式，在法律法规中予以规定；另一方面是平台对商家和恶意评价消费者的惩罚，除罚金（如风险保证金、消保保证金、违约金、消费者赔偿金等）外，通常还包括查封账户、扣分、商品下架、店铺屏蔽、限制产品发布、降低搜索优先权/浮现权、限制参加营销活动、限制购买、限制评价、删除评价等管控措施。本模型中，政府惩罚机制包括政府对提供问题产品商家的处罚

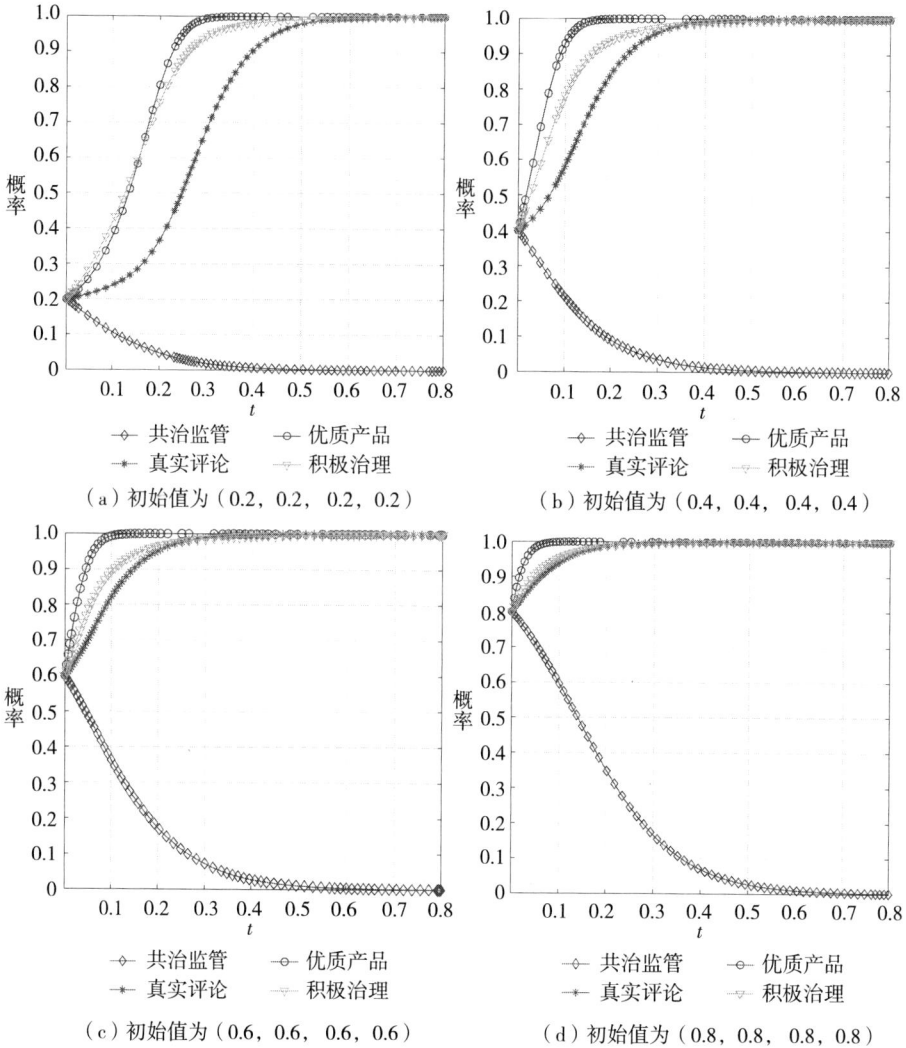

图6-7 演化稳定点（0，1，1，1）在不同初始值下的仿真分析

资料来源：笔者整理。

P_{mg}，政府对消极治理平台的处罚 P_{pg} 及责令商家对消费的赔偿 P_c，平台惩罚机制包括平台对提供问题产品商家的惩罚 P_{mp}，对恶意评价消费者的惩罚 L_f，基于此，提出命题15。

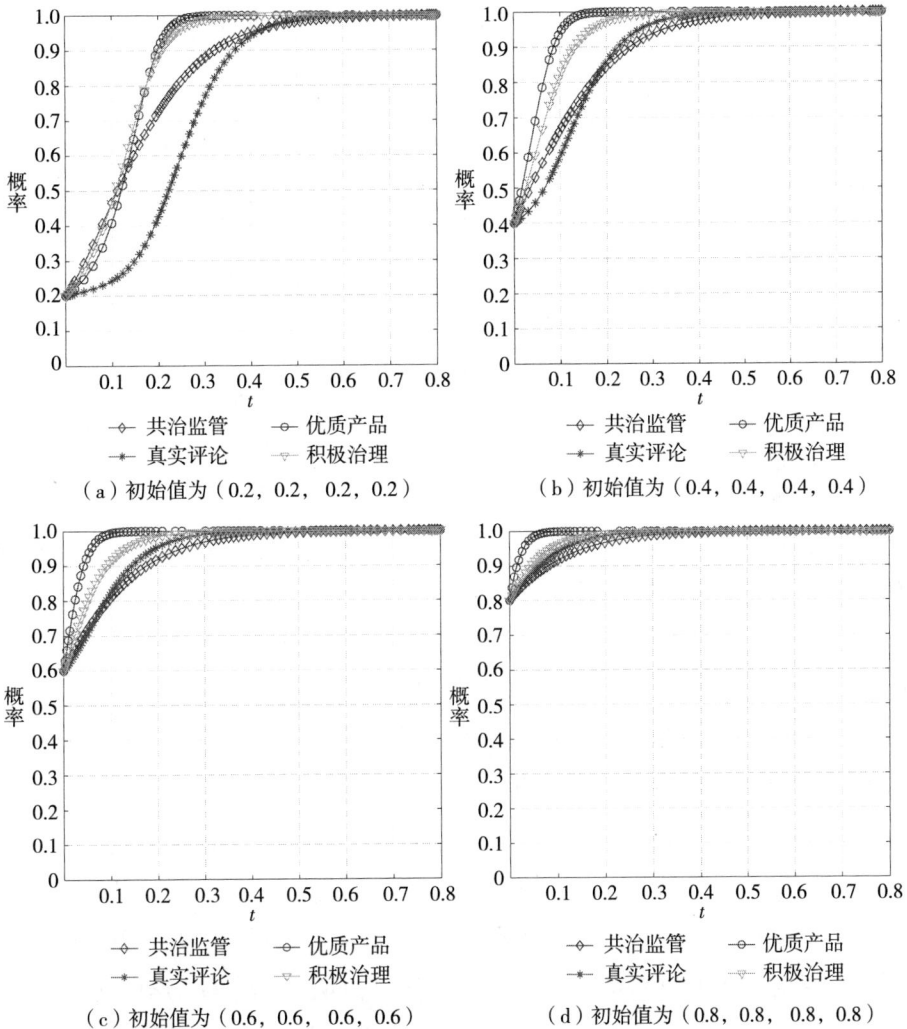

（a）初始值为（0.2，0.2，0.2，0.2）

（b）初始值为（0.4，0.4，0.4，0.4）

（c）初始值为（0.6，0.6，0.6，0.6）

（d）初始值为（0.8，0.8，0.8，0.8）

图 6-8　演化稳定点（1，1，1，1）在不同初始值下的仿真分析

资料来源：笔者整理。

命题 15：当政府和平台惩罚力度很大，满足 $P_{mg} > \dfrac{R_t + C_a - R_g}{\alpha - \beta}$，$P_{mg} + P_{mp} +$

$P_c > \dfrac{C_{mh} + (1-\omega)(R_{mc} + L_{mc}) + \omega N - C_{ml} - \xi M}{\beta + \gamma}$，$P_c > \dfrac{\eta C_3 + \xi M}{\eta}$，$L_f > \dfrac{\omega}{\rho} N$ 且 $(\varphi - \gamma) P_{mp} +$

$\beta P_{pg} > R_{np} + C_{ph} - R_{pp} - C_{pl}$ 时，系统在不同条件下存在 4 个渐进稳定点，即(0, 1, 0, 0)，(1, 1, 0, 0)，(0, 1, 1, 1)，(1, 1, 1, 1)。

证明：当 $P_{mg} > \dfrac{R_t + C_a - R_g}{\alpha - \beta}$ 时，均衡点(0, 0, 0, 0)，(0, 0, 1, 0)，(0, 0, 0, 1)，(0, 0, 1, 1) 的特征值 $\lambda_1 > 0$；当 $P_{mg} + P_{mp} + P_c > \dfrac{C_{mh} + (1-\omega)(R_{mc} + L_{mc}) + \omega N - C_{ml} - \xi M}{\beta + \gamma}$ 时，均衡点(0, 0, 0, 0)，(1, 0, 0, 0)，(0, 0, 1, 0)，(0, 0, 0, 1)，(0, 0, 1, 1)，(1, 0, 0, 1)，(1, 0, 1, 0)，(1, 0, 1, 1)的特征值 $\lambda_2 > 0$；当 $P_c > \dfrac{\eta C_3 + \xi M}{\eta}$，$L_f > \dfrac{\omega}{\rho} N$ 时，均衡点(0, 0, 0, 0)，(1, 0, 0, 0)，(0, 0, 1, 0)，(0, 0, 0, 1)，(1, 0, 0, 1)，(0, 1, 0, 1)，(1, 1, 0, 1)的特征值 $\lambda_3 > 0$；当 $(\varphi - \gamma)P_{mp} + \beta P_{pg} > R_{np} + C_{ph} - R_{pp} - C_{pl}$ 时，均衡点(0, 0, 0, 0)，(1, 0, 0, 0)，(0, 0, 1, 0)，(1, 0, 1, 0)的特征值 $\lambda_4 > 0$。综上所述，均衡点(0, 0, 0, 0)，(1, 0, 0, 0)，(0, 0, 1, 0)，(0, 0, 0, 1)，(0, 0, 1, 1)，(1, 0, 0, 1)，(1, 0, 1, 0)，(0, 1, 0, 1)，(1, 1, 0, 1)，(1, 0, 1, 1)至少有一个特征值 $\lambda > 0$，因此均为系统的不稳定点；均衡点(0, 1, 0, 0)，(1, 1, 0, 0)，(0, 1, 1, 1)，(1, 1, 1, 1)的 $\lambda_2 < 0$，$\lambda_3 < 0$，λ_1，λ_4 不确定，当 $R_g - C_a < R_t$ 且 $(1-\delta)R_{pp} - C_{ph} + C_{pl} + \rho(R_{pc} + L_{pc}) < 0$ 时，$\lambda_1(0, 1, 0, 0) < 0$，$\lambda_4(0, 1, 0, 0) < 0$，其余均衡点至少有一个特征值 $\lambda > 0$，此时(0, 1, 0, 0)为系统唯一的渐进稳定点；当 $R_g - C_a > R_t$ 且 $(1-\delta)R_{pp} - C_{ph} + I_{pg} + C_{pl} + \rho(R_{pc} + L_{pc}) < 0$ 时，$\lambda_1(1, 1, 0, 0) < 0$，$\lambda_4(1, 1, 0, 0) < 0$，其余均衡点至少有一个特征值 $\lambda > 0$，此时(1, 1, 0, 0)为系统唯一的渐进稳定点；当 $R_g - C_a < R_t$ 且 $(1-\delta)R_{pp} - C_{ph} + C_{pl} > 0$ 时，$\lambda_1(0, 1, 1, 1) < 0$，$\lambda_4(0, 1, 1, 1) < 0$，其余均衡点至少有一个特征值 $\lambda > 0$，此时(0, 1, 1, 1)为系统唯一的渐进稳定点；当 $R_g - C_a > R_t$ 且 $(1-\delta)R_{pp} - C_{ph} + C_{pl} + I_{pg} > 0$ 时，$\lambda_1(1, 1, 1, 1) < 0$，$\lambda_4(1, 1, 1, 1) < 0$，其余均衡点至少有一个特征值 $\lambda > 0$，此时(1, 1, 1, 1)为系统唯一的渐进稳定点，如表 6-7 所示。

表6-7　惩罚力度很大时均衡点稳定性分析

均衡点	特征值				稳定性
	λ_1	λ_2	λ_3	λ_4	
$(0, 0, 0, 0)$	>0	>0	>0	>0	不稳定点
$(1, 0, 0, 0)$	<0	>0	>0	>0	不稳定点
$(0, 1, 0, 0)$	—	<0	<0	—	当$(1-\delta)R_{pp}-C_{ph}+C_{pl}+\rho(R_{pc}+L_{pc})<0$ 且 $R_g-C_a<R_t$ 时，为渐进稳定点
$(0, 0, 1, 0)$	>0	>0	>0	>0	不稳定点
$(0, 0, 0, 1)$	>0	>0	>0	<0	不稳定点
$(1, 1, 0, 0)$	—	<0	<0	—	当$(1-\delta)R_{pp}-C_{ph}+I_{pg}+C_{pl}+\rho(R_{pc}+L_{pc})<0$ 且 $R_g-C_a>R_t$ 时，为渐进稳定点
$(0, 0, 1, 1)$	>0	>0	<0	<0	不稳定点
$(1, 0, 0, 1)$	<0	>0	>0	<0	不稳定点
$(1, 0, 1, 0)$	<0	>0	>0	>0	不稳定点
$(0, 1, 0, 1)$	—	<0	—	—	不稳定点
$(1, 1, 0, 1)$	—	<0	—	—	不稳定点
$(1, 1, 1, 1)$	<0	<0	<0	<0	不稳定点
$(0, 1, 1, 1)$	—	<0	<0	—	当$(1-\delta)R_{pp}-C_{ph}+C_{pl}>0$ 且 $R_g-C_a<R_t$ 时，为渐进稳定点
$(1, 1, 1, 1)$	—	<0	<0	—	当$(1-\delta)R_{pp}-C_{ph}+C_{pl}+I_{pg}>0$ 且 $R_g-C_a>R_t$ 时，为渐进稳定点

资料来源：笔者整理。

证毕。

命题15表明，当政府监管机构和平台惩罚力度很大时，系统可能存在（传统监管，优质产品，失真评论，消极治理），（共治监管，优质产品，失真评论，消极治理），（传统监管，优质产品，真实评论，积极治理），（共治监管，优质产品，真实评论，积极治理）四种演化稳定策略，仿真结果分别如图6-9至图6-12所示。

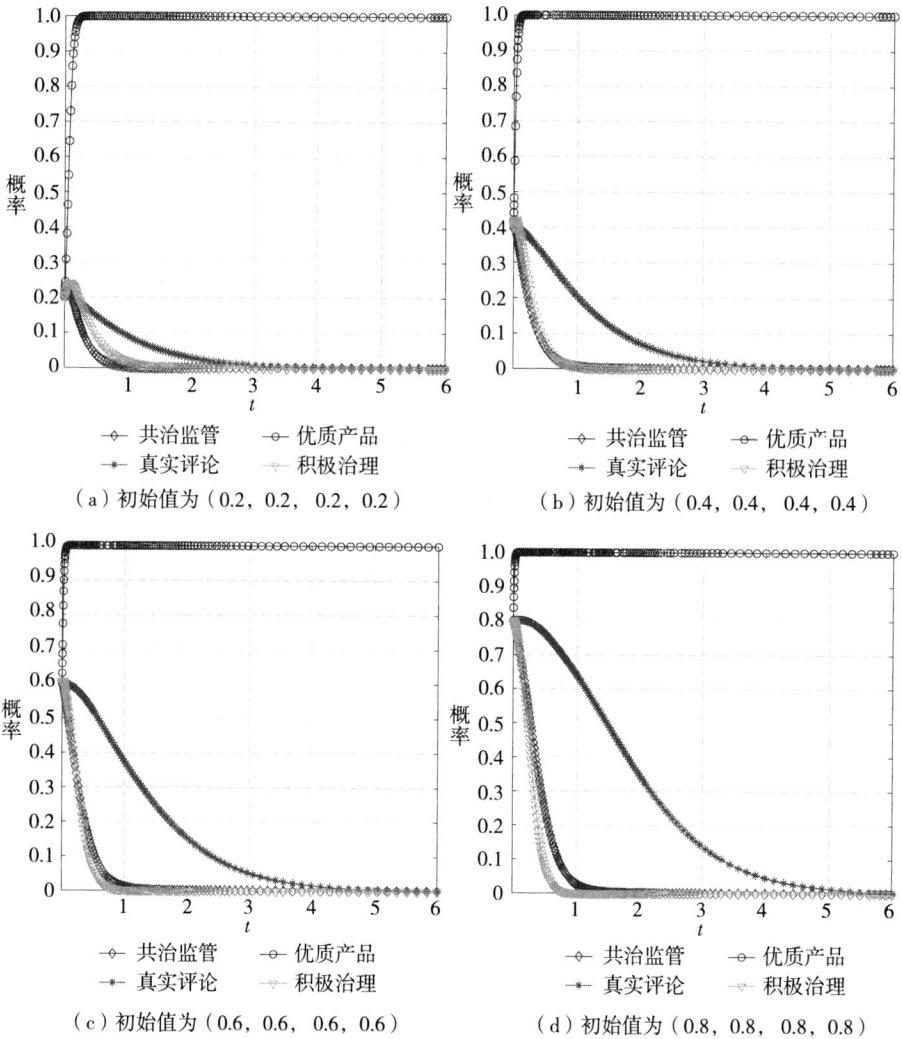

（a）初始值为（0.2，0.2，0.2，0.2）

（b）初始值为（0.4，0.4，0.4，0.4）

（c）初始值为（0.6，0.6，0.6，0.6）

（d）初始值为（0.8，0.8，0.8，0.8）

图6-9　演化稳定点（0，1，0，0）在不同初始值下的仿真分析

资料来源：笔者整理。

　　由此可见，当政府和平台惩罚力度很大时，无论商家选择"问题产品"的初始比例如何，经过长期演化最终一定会选择"优质产品"策略，因此提升惩罚力度有助于促进商家提供优质产品；但此时政府监管机构、消费者和平台的策略是不确定的，因此仅通过提升政府和平台惩罚力度，未必会使整个系统协同性好转。

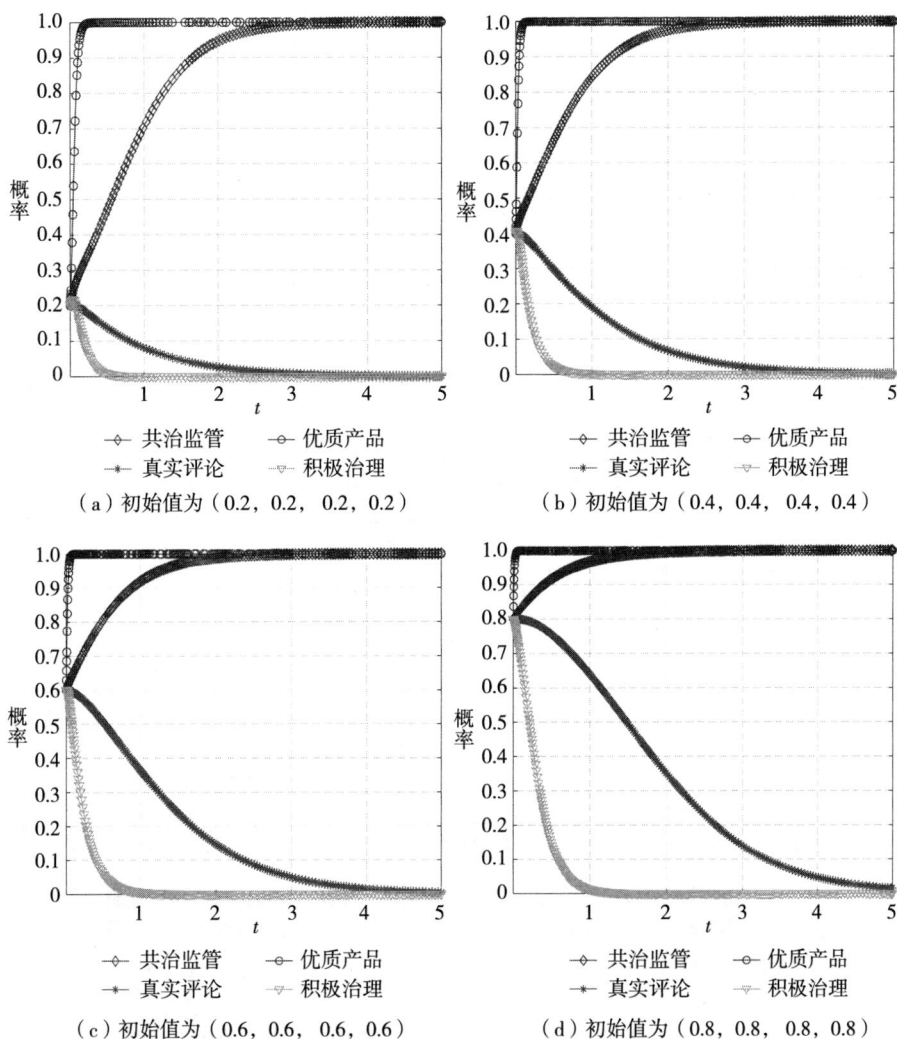

（a）初始值为（0.2, 0.2, 0.2, 0.2）

（b）初始值为（0.4, 0.4, 0.4, 0.4）

（c）初始值为（0.6, 0.6, 0.6, 0.6）

（d）初始值为（0.8, 0.8, 0.8, 0.8）

图 6-10　演化稳定点（1，1，0，0）在不同初始值下的仿真分析

资料来源：笔者整理。

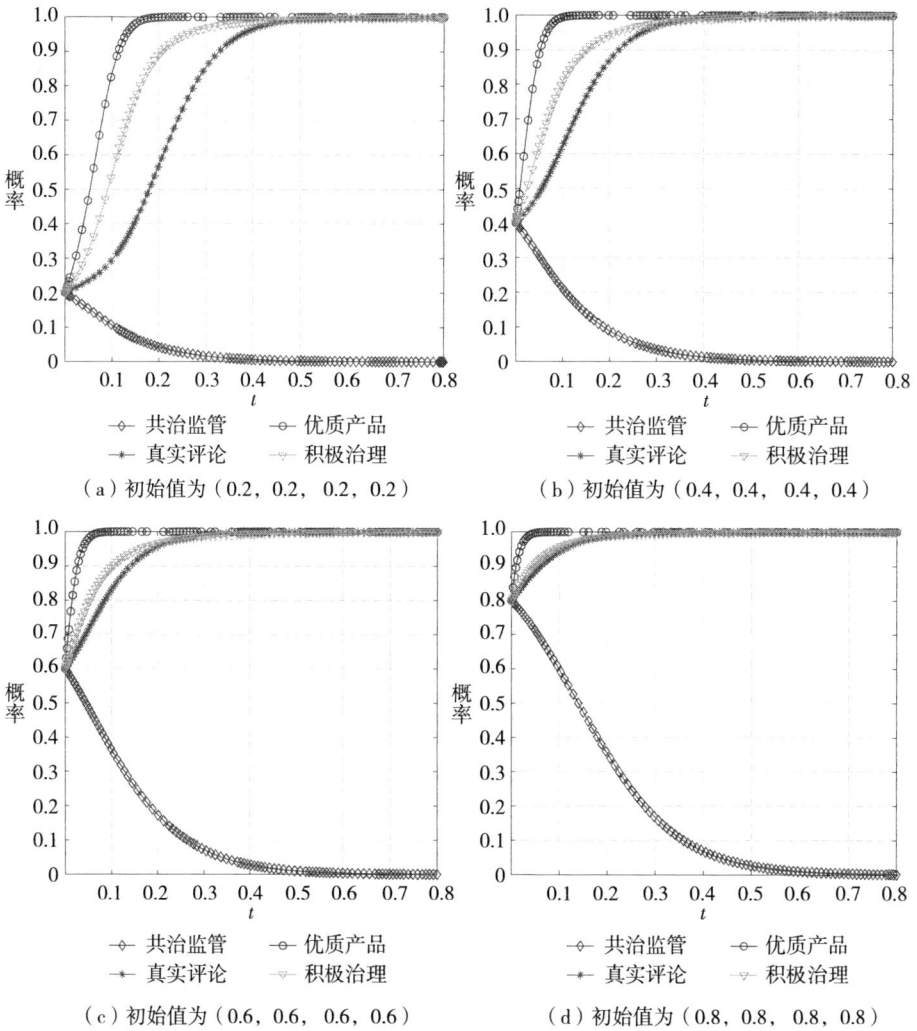

（a）初始值为（0.2，0.2，0.2，0.2）

（b）初始值为（0.4，0.4，0.4，0.4）

（c）初始值为（0.6，0.6，0.6，0.6）

（d）初始值为（0.8，0.8，0.8，0.8）

图6-11 演化稳定点（0，1，1，1）在不同初始值下的仿真分析

资料来源：笔者整理。

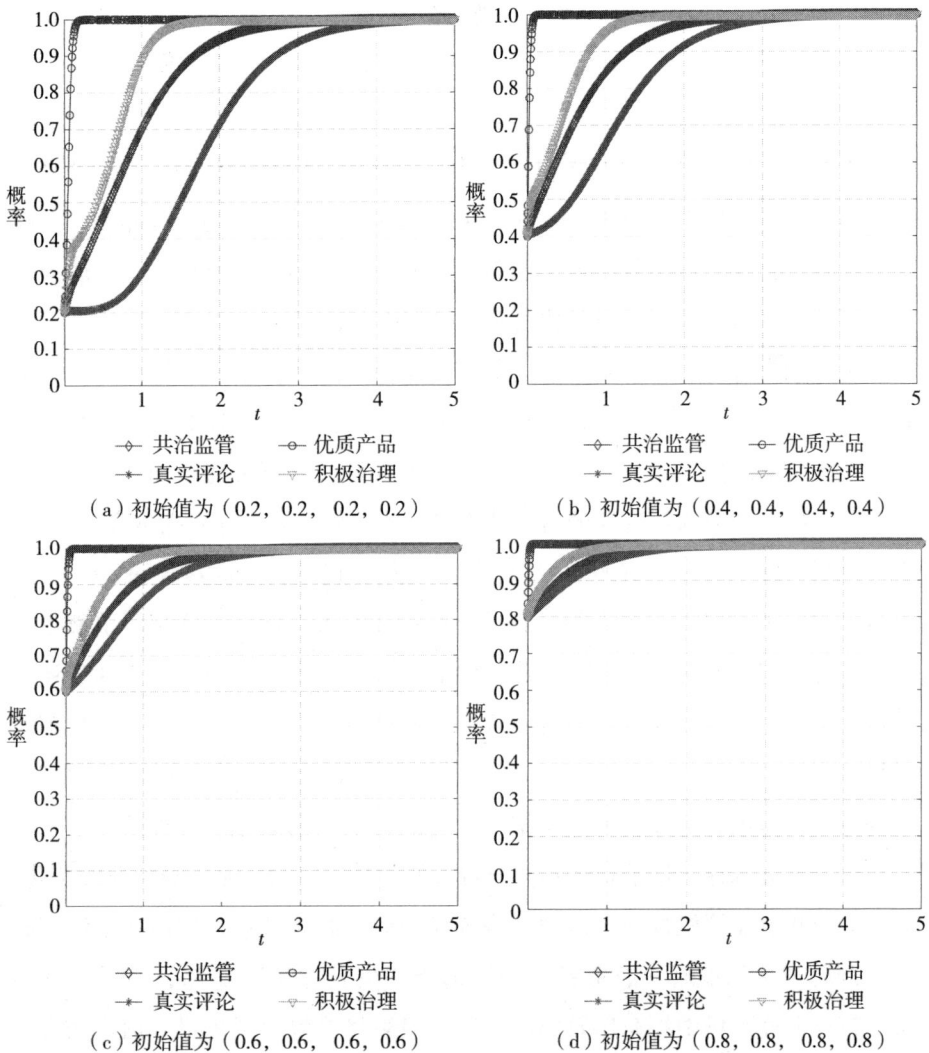

（a）初始值为（0.2，0.2，0.2，0.2）

（b）初始值为（0.4，0.4，0.4，0.4）

（c）初始值为（0.6，0.6，0.6，0.6）

（d）初始值为（0.8，0.8，0.8，0.8）

图 6-12　演化稳定点（1，1，1，1）在不同初始值下的仿真分析

资料来源：笔者整理。

五、博弈启示

本章从"社会共治"视角出发,建立了政府监管机构、商家、消费者和平台的四方博弈模型,分析了各博弈主体策略稳定性之间的相互作用,并探讨了消费者在线评论声誉机制、消费者失真评论、消费者维权概率、政府和平台惩罚机制等关键因素对演化稳定策略的影响,主要研究结论如下:

第一,完善的声誉机制能够促进直播电商产品质量治理系统向好的方向转变,然而,由于消费者反馈信息的不确定性,消费者反馈为商家和平台带来的声誉价值或损失增加,未必一定会使系统好转,也可能会加速系统的恶化,这一研究结果为第五章的研究结论提供了有效补充。在直播电商业态下,声誉机制实现了由"商家声誉+平台声誉"向"直播服务商声誉+商家声誉+平台声誉"的升级,因此声誉机制对业态发展的重要性更加突出。消费者反馈是声誉机制价值实现的重要一环,然而,由于消费者反馈机制中商家诱导评价、消费者恶意差评等行为所导致的虚假信息的存在,使得消费者反馈声誉机制成为一把"双刃剑",在一定程度上能促进直播电商产品质量治理系统的好转,但也有可能会加速系统的恶化。特别是当商家诱导评价、消费者恶意评价等失真评论给消费者和商家带来的收益很高时,必定导致系统恶化,此时无论政府监管机构和平台的策略选择如何,商家经过长期演化最终将选择"问题产品"策略,消费者最终将选择"失真评论"策略,劣币驱逐良币,直播电商市场中将充斥着问题产品,最终将导致市场失灵。商家诱导评价、消费者恶意差评等所导致的虚假评论严重扰乱了平台声誉评价体系,侵害了相关方的法定权利,阻碍了直播电商市场的健康发展。因此,对消费者反馈机制中失真信息的治理是非常必要的。从政府层面来看,尽管广州、浙江、江苏等地政府监管机构已意识到虚假评论对业态发展秩序的重大影响,并着手开展了诸如平台约谈、发布负面典型案例等治理措施,但政府层面尚未出台相关规定，从法律法规层面对商家诱导评价、消费者恶意评价等违法行为进行明确定性。平台在虚假评论治理中承担着主体责任，阿里巴巴、京东、拼多多等平台已着手从平台规则、技术升级等方面对虚假评论予以识别和治理，但由于法律法规依据不完善、虚假评论执法取证困难、商家及消费者等市场主体对虚假评论的危害性认识不足等，导致当前虚假评论问题的治理效果并不理想。首先，政府层面应尽快出台相关规定，对商家诱导评价、消费者恶意评价等违法违规行为进行明确定性，并将该行为纳入"双随机、一公开"监管范围；其次，平台层面应进一步完善声誉评价管理体系，持续完善其积分和排名规则，并积极运用大数据、云计算、人工智能等技术开展虚假评论治理；最后，商家和消费者分别是虚假评论的诱导者和实施者，很多商家和消费者尚未认识到虚假评论的危害性，建议通过短视频平台、互动论坛、微博等新型渠道加强消费者及商家的法制教育，使其认识到虚假评论的违法违规属性，了解虚假评论对相关方及业态发展的重大危害，同时鼓励消费者拒绝小利诱惑，以确保在线评论的真实性。

第二，消费者维权对直播电商产品质量治理有着积极的正向影响。当消费者投诉概率很高时，系统可能存在（传统监管，优质产品，真实评论，积极治理），（共治监管，优质产品，真实评论，积极治理）两种演化稳定策略。此时，无论商家选择"问题产品"的初始比例如何，经过长期演化最终一定会选择"优质产品"策略；无论平台选择"消极治理"的初始比例如何，经过长期演化最终一定会选择"积极治理"策略。消费者维权是产品质量治理的重要线索来源，能够对不法经营的商家起到一定的震慑作用，从而在一定程度上减少直播电商市场中的产品质量问题，然而由于直播电商业态比传统网络购物模式下责任主体更加模糊、维权取证更加困难，因此消费者维权难在这一新型复合业态下进一步加剧。提高消费者维权概率，重点要提升消费者维权的能动性。中国消费者协会发布的直播电商消费者专项满意度调查报告显示，37.3%的消费者在直播购物过程中曾遇到过消费问题，但仅有13.6%的消费者选择了投诉（中国消费者协会，2024），即在直播购物过程中遇到消费问题时进行投诉的消费者所占比例仅为36.46%，这一数据表明消费者维权的能动性依然较低。一方面,要着力提升消费者维权意识,目前我国消费者友好型的法律体系已基本建立,但多数消费者法律意识淡薄,对于消费者权利及其保护方式不甚了解,相关部门及消费者保护组织应针对不同类型消费者选择性地采取短视频平台、互动论坛、微博、走进社区、走进学校等差异化方式,使消费者权益保护知识走进千家万户,鼓励消费者敢于维权、主动维权、依法维权。另一方面,要进一步降低消费者维权成本,包括消费者维权所需的费用、时间、精力等投入。一是要发挥消费者权益保护部门的协同工作机制,进一步拓宽维权渠道,推进部门间数据共享、协同施策,避免出现各部门相互推诿、消费者维权无门的状况。二是要增强消费者维权供给,尤其是落后地区消费者权益保护专业力量的供给,持续打造消费者友好型的司法救济体系,为有需要的消费者提供专业指导。三是降低消费者取证和举证难度,提高维权效率。直播电商业态下,取证难成为消费者维权的重要障碍因素,各级政府监管机构应创新消费者取证和举证方式,如在监管 App 中为消费者提供接口,方便消费者取证和举证,同时进一步建立纠纷多元化解决机制,完善诉讼、仲裁与调解对接等制度,解决"取证难""维权慢"等难题。

第三,当政府和平台惩罚力度很大时,无论商家选择"问题产品"的初始比例如何,经过长期演化最终一定会选择"优质产品"策略,但仅靠提升政府和平台惩罚力度,未必会使得整个系统协同性好转。这一结果进一步验证了第四章和第五章的研究结果。第四章探讨了守信激励和失信惩戒力度对直播服务失信治理系统演化稳定策略的影响,研究结果表明:当守信激励和失信惩戒力度均处于较低水平时,必将导致系统的恶化;但仅提升失信惩戒力度,并不能使整个系统协同优化。第五章探讨了平台惩罚力度对直播电商产品质量治理系统演化稳定策略的影响,研究结果表明:当平台处罚力度很高时,无论商家选择"问题产品"策略的初始比例如何,经过长期演化最终都会选择"优质产品"策略,但处罚过高未必会使整个系统好转,过高的处罚力度也可能会导致平台、直播服务商等市场主体自我治理意愿的下降。本章探讨了政府和平台联合惩罚机制对直播电商产品质量治理系统演化稳定策略的影响，研究结果表明：当政府监管机构和平台惩罚力度很大时，系统可能存在（传统监管，优质产品，失真评论，消极治理）、（共治监管，优质产品，失真评论，消极治理）、（传统监管，优质产品，真实评论，积极治理）、（共治监管，优质产品，真实评论，积极治理）四种演化稳定策略，即商家经过长期演化最终一定会选择"优质产品"策略，但此时政府监管机构、消费者和平台的策略是不确定的，处罚力度过高可能会导致政府监管意愿及平台自我治理意愿的下降；此时消费者策略选择取决于平台治理策略的选择，当平台选择积极治理时，消费者将选择真实评论策略；当平台选择消极治理时，平台将选择失真评论策略。因此，惩罚机制能够在一定程度上缓解直播电商业态中的产品质量问题，但意图通过单纯提高惩罚力度从而实现一劳永逸的治理机制是不可取的，政府和平台处罚力度并非越高越好，在其他因素协同的条件下，处罚力度在适当的水平上也有可能实现系统的整体最优。

六、本章小结

本章从"政府监管—行业自治—社会共治"研究逻辑中的"社会共治"视角出发，综合考虑"治理主体+责任主体"的双重角色叠加下消费者反馈机制的正面和负面影响，建立了政府监管机构、商家、消费者和平台的四方博弈模型，通过各博弈主体策略稳定性分析及关键因素对稳定策略组合的影响，讨论了政府监管机构、商家、消费者和平台策略选择之间的相互作用，探索了消费者在线评论声誉机制、消费者失真评论、消费者维权概率、政府和平台惩罚机制等关键因素对演化稳定策略的影响，研究结果发现：①完善的声誉机制能够促进直播电商产品质量治理系统向好的方向转变，然而由于消费者反馈信息的不确定性，消费者反馈为商家和平台带来的声誉价值或损失增加，未必一定会使系统好转，也可能会加速系统的恶化；②消费者维权对直播电商产品质量治理有着积极的正向影响；③当政府和平台惩罚力度很大时，无论商家选择"问题产品"的初始比例如何，经过长期演化最终一定会选择"优质产品"策略，但仅靠提升政府和平台惩罚力度，未必会使得整个系统协同性好转。本章创新性地考虑了消费者"治理主体+责任主体"的双重角色定位，将消费者失真评论问题融入直播电商产品质量治理研究，从"社会共治"视角为完善直播电商产品质量治理理论提供了有效补充，并为政府监管机构、平台如何有效发挥消费者质量共治最大效能提供了重要启示。

第七章　研究结论与展望

一、研究结论与管理启示

（一）研究结论

本书聚焦多元共治格局下直播电商产品质量治理这一议题，构建了较为完善的直播电商产品质量治理理论框架，并探讨了政府监管机构、平台、直播服务商、商家、消费者等多元主体参与直播电商产品质量治理的内在机制与实现路径，主要研究结论如下：

第一，平台和直播服务商在直播电商产品质量治理中处于"双核心"主体地位。相较于政府监管，平台治理具有技术优势、信息优势、执行优势、规则优势、成本优势和管理优势（刘双舟，2020；王坤和周鲁耀，2021）；在直播电商即时性、普惠性、跨界融合性、主体多元化等发展特征下，平台作为"治理主体"，在产品质量治理系统中的核心地位进一步增强。主播、MCN 机构等直播服务商在产品质量治理系统中兼具"治理主体+责任主体"双重角色定位。作为"责任主体"，直播服务商失信是导致当前直播电商产品质量问题愈演愈烈的关键因素之一，直播服务商失信治理构成了直播电商产品质量治理研究的重要组成部分；作为"治理主体"，直播服务将传统网络购物交易中商家与消费者［1-1］的关系转化为商家、主播、消费者［m-1-n］的关系，与平台、政府监管机构面对海量商家和产品的抽检机制不同，直播服务商对所有上播产品采取"全检"模式，其特有的交易地位优势使之不仅成为供需双方交易链和信任链的核心，还处于带货产品质量治理的关键一环。因此，积极推动平台、直播服务商等市场主体自律自治，对于缓解目前我国直播电商产品质量痛点意义重大。

第二，消费者在直播电商产品质量治理中兼具"治理主体+责任主体"双重角色定位，应进一步关注其作为"责任主体"的影响和治理。一方面，消费者参与共治对直播电商产品治理有着积极的正向影响。当消费者投诉概率很高时，将促进商家从"问题产品"种群向"优质产品"种群演变，平台从"消极治理"种群向"积极治理"种群演变。另一方面，也要辩证地看待作为"责任主体"的消费者对直播电商产品质量治理系统的负面影响。当消费者失真评论给消费者和商家带来的收益很高时，必定导致系统恶化。在该情境下，无论商家选择"优质产品"的初始比例如何，经过长期演化最终一定会选择"问题产品"策略；无论消费者选择"真实评论"的初始比例如何，经过长期演化最终一定会选择"失真评论"策略。

第三，完善的声誉机制能够促进直播电商产品质量治理系统向好的方向转变，然而，由于消费者反馈信息的不确定性，消费者反馈为商家和平台带来的声誉价值或损失增加，未必一定会使系统好转，也可能会加速系统的恶化。当声誉机制对商家、平台和直播服务商充分发挥作用时，（优质产品，积极治理，积极治理）是系统唯一的演化稳定策略；然而由于消费者反馈机制中商家诱导评价、消费者恶意差评等行为所导致的虚假信息的存在，使得消费者反馈声誉机制成为一把"双刃剑"，在一定程度上能促进直播电商产品质量治理系统的好转，但同时也有可能会加速系统的恶化。当消费者反馈声誉机制充分发挥作用时，系统可能存在6种演化稳定策略，有可能向（共治监管，优质产品，真实评论，积极治理）稳定策略演化，也有可能向（传统监管，问题产品，失真评论，消极治理）稳定策略演化。

　　第四，客观认识惩罚机制对于直播电商产品质量治理的有限作用。当正向激励和负向惩戒力度均处于较低水平时，必将导致系统恶化；但仅提升惩罚力度，并不能使得整个系统协同性好转。惩罚力度的增加，有助于促进直播服务商策略选择由"失信"向"守信"演变，商家策略选择由"问题产品"向"优质产品"演变；然而，处罚力度过高未必会使整个系统协同性好转，过高的处罚力度也有可能会导致政府监管机构、平台、直播服务商等主体自我治理意愿的下降。因此，惩罚机制能够在一定程度上缓解直播电商业态中的产品质量问题，但意图通过单纯提高惩罚力度从而实现一劳永逸的治理机制是不可取的，政府和平台处罚力度并非越高越好，在其他因素协同的条件下，处罚力度在适当的水平上也有可能实现系统的整体最优。

　　第五，关注成本因素对于直播电商产品质量治理的影响。直播电商业态下，相对无限的监管对象与相对有限的监管资源将成为政府监管的主要矛盾，成本因素是影响各方参与主体策略选择的重要阻碍。当消费者参与共治成本处于较高水平时，无论其选择"参与共治"的初始比例如何，经过长期演化最终都会选择"不参与共治"策略；当保持传统监管模式下消费者维权共治成本不变，仅降低共治模式下的维权共治成本及参与诚信直播服务商共治的成本时，未必会使得系统得到系统性好转；当消费者参与共治的成本均处于较低水平时，无论其选择"不参与共治"的初始比例如何，经过长期演化最终都会选择"参与共治"策略。当政府监管机构实施共治监管所投入的额外成本过高时，将促进政府监管机构向"传统监管"种群演变；当实施共治监管所投入的额外成本很低时，将促进政府监管机构向"共治监管"种群演变。当商家提供优质产品的额外成本、平台和直播服务商选择积极治理的额外成本均处于较高水平时，（问题产品，消极治理，消极治理）是系统唯一的稳定策略组合，此时必将导致系统恶化；当商家提供优质产品的额外成本、平台和直播服务商选择积极治理的额外成本均处于较低水平时，（优质产品，积极治理，积极治理）是系统唯一的稳定策略组合，系统得到整体性、协同性好转。

（二）管理启示

本书的管理启示如下：

第一，夯实直播电商产品质量治理制度基础，完善直播电商法律法规和制度体系，推进市场规则体系与政府政策协同演进。直播电商是融合了市场营销、电子商务、网络直播、广告代言等诸多要素的新型复合业态，因此在治理制度体系建设方面仍存在一定"盲区"。首先，加速推进直播电商领域法律法规的立法和修订工作（邓锦雷，2020；张艳荣和闫晓彤，2021；刘双舟，2020），进一步明晰主播、MCN机构、平台、消费者等相关主体的法律责任和义务，对主播失信经营、商家诱导评价、消费者恶意评价等违法违规行为进行明确定性，并纳入"双随机、一公开"监管范围，缓解原有单一领域法律法规"晕轮效应"及部分业态乱象治理"无法可依"的困境；在法律法规层面明确主播、MCN机构等直播服务商的"应知明知责任"，强化直播服务商在产品质量治理中的责任和义务，避免其在产品质量问题中的责任推诿现象；在适当的水平上提高违法违规处罚力度，加大各方"责任主体"违法违规成本，需要注意的是，处罚力度的设定原则应在不影响各方"治理主体"自我治理意愿的基础之上。其次，建立健全支撑直播电商业态高质量发展的国家、行业、地方标准体系，进一步激发市场主体标准活力，引导建立覆盖直播带货全流程、全产业链的团体标准和企业标准体系，充分发挥标准化在直播电商产品质量治理中的基础性和引领性作用。再次，完善直播电商包容审慎监管制度体系，建立包容审慎监管的落地运行机制和考核保障机制，降低"包容创新"和"审慎监管"割裂认知带来的监管失灵风险，使得这一监管实践创新有效落地。又次，探索包容审慎监管背景下的直播电商监管影响分析制度。作为一种有效的监管改革工具，监管影响分析在提升政府监管质量及监管有效性等方面的作用已得到广泛认同（Baldwin et al.，2010）。成本—收益分析是最为常用和最具价值的监管影响分析工具（Aquila et al.，2019），一方面能够提高资源配置效率；另一方面能够使得监管过程更加公开、透明，避免不必要的成本，有效预防过度监管和不监管。鉴于成本因素对于直播电商产品质量治理的重要影响，建议建立以成本—收益分析为核心的监管影响分析制度，为包容审慎监管政策的制定提供科学依据，提升直播电商产品质量治理的有效性。最后，引导推进市场规则体系与政府法律法规制度体系的协同演进。基于问题触发的市场规则的建立通常要领先于政府政策的建立（汪旭晖和张其林，2017），在形成过程中往往会经历反复的试错和修订过程，政府政策制定过程中应注重引导市场规则体系的协同演进，一方面通过消化、吸收市场规则内容使得所出台的政策更加合理有效，另一方面更好地发挥市场在资源配置中的决定性作用。

第二，探索直播电商产品质量治理机制创新，推进多元主体协同参与，打造直播电商产品质量多元共治新格局。市场监管职能整合的大背景下，直播电商产品质量监管仍涉及多个政府部门，执法过程中多头监管和多层监管问题仍然存在（宋林霖和黄雅单，2020；周剑平，2021），因此应深入推进直播电商产品质量监管的部门协同、区域协同和央地协同，适应这一新型业态精准化监管、全过程监管和一体化监管的内在要求。一方面要强化顶层设计，统筹考虑不同部门、不同区域、不同层次政府监管机构和各项资源要素，运用系统化思维整体布局；另一方面要充分发挥基层监管机构效能，着手解决部分基层机构监管资源有限、监管手段和工具落后、执法人员能力不足等现实问题，发挥每一个基层监管单元的最大效能。行业自律自治方面，要充分发挥联盟、协会等行业组织的作用，与政府监管实现有效联动；应激发市场主体活力，引导平台巨头、头部主播等在规范业态发展中的示范作用，如平台应持续完善规则体系，将主播纳入评价体系，探索"主播声誉+商家声誉+平台声誉"三元结构的声誉管理体系，建立声誉分享机制与责任追索机制；进一步发挥技术优势，从技术层面探索直播电商产品质量的有效治理。社会共治方面，直播电商受众群体的广泛性、自媒体时代的到来等有利因素使得以消费者为代表的社会力量能够以更低的成本、更畅通的渠道参与直播电商产品质量治理，并成为政府监管、行业自治的重要补充。推动消费者参与共治，一方面，着力提升消费者维权意识，目前我国消费者友好型的法律体系已基本建立，但多数消费者法律意识淡薄，对于消费者权利及其保护方式不甚了解，相关部门及消费者保护组织应针对不同类型消费者选择性地采取短视频平台、互动论坛、微博、走进社区、走进学校等差异化方式，使消费者权益保护知识走进千家万户，鼓励消费者敢于维权、主动维权、依法维权。另一方面，进一步降低消费者维权成本，包括消费者维权所需的费用、时间、精力等投入。一是要发挥消费者权益保护部门的协同工作机制，进一步拓宽维权渠道，推进部门间数据共享、协同施策，避免出现各部门相互推诿、消费者维权无门的状况；二是要增强消费者维权供给，尤其是落后地区消费者权益保护专业力量的供给，持续打造消费者友好型司法救济体系，为有需要的消费者提供专业指导；三是降低消费者取证和举证难度，提高维权效率。直播电商业态下，取证难成为消费者维权的重要障碍因素，各级政府监管机构应创新消费者取证和举证方式。例如，在监管 App 中为消费者提供接口，方便消费者取证和举证，同时进一步建立多元化纠纷解决机制，完善诉讼、仲裁与调解对接等制度，解决"取证难""维权慢"等难题。在直播电商产品质量多元共治进程中，智慧监管将发挥重要作用。智慧监管能够促进直播电商产品质量监管从分行业、分区域监管向跨行业、跨领域整合监管转变，从多层级监管向扁平化监管转变，从静态化监管向动态化监管转变，从封闭式监管向开放式监管转变，从单向度监管向多元共治监管转变（郭剑鸣和赵强，2021）。需要注意的是，要进一步关注基层单元的智慧化赋能水平。例如，部分基层监管机构由于监管资源和经费的限制，仍采用传统的监管工具和手段；由于智慧化技术资源不足，部分主播、商家等平台内经营者为履行信息义务而导致行政负担过重，这在一定程度上影响了市场主体履行信息义务的积极性。此外，目前智慧监管平台向社会公众开放的接口数量非常有限，仅有个别地区开展了相关探索，社会力量在智慧监管中的参与度有待提高。智慧监管体系不仅要赋能各级政府监管部门，还要与市场主体、社会力量实现智慧联动，如此才能更有效地发挥其在直播电商产品质量治理中的智慧支撑能力。

第三，构建直播电商产品质量治理资源基石，建立多方互动的信息共享机制，发挥大数据在直播电商产品质量治理中的核心资源价值。直播电商业态产生的数据量呈指数级增长，数据成为新型生产要素的同时，也将成为直播电商产品质量治理的核心资源。直播电商产品质量治理过程中源源不断地产生海量数据，如国家企业信用信息公示系统、全国企业信用信息共享平台及其他政府信用平台公示的执法信息，消费者交易、评论、投诉等反馈信息，平台内经营主体信息、信用信息、直播视频、产品和服务信息，直播服务商质量核查信息、第三方认证检测机构信息等，这些海量数据构成了直播电商产品质量治理的资源基础，如何实现这些大数据的价值，成为直播电商产品质量治理的关键所在。一方面，不同主体间信息共享是推动多元共治的基础，首先，要推动不同部门、不同区域、不同层级间政府监管机构的信息共享；其次，健全新媒体环境下政府信息公开机制，建立多元化的信息公开渠道，简化政府信息获取程序；最后，进一步开放在市场端和社会端的信息接口，有效发挥平台、直播服务商等市场主体的信息优势，并引导广大消费者积极参与信息共建共享。另一方面，海量数据对数据质量治理也提出了挑战，部分网络交易经营者为了获得短期利益不惜进行数据造假、虚假宣传，诱导消费者失真评价等，导致"数据大脑"中充斥着大量的虚假数据，这些虚假数据不仅误导了消费者选择，破坏了正常的市场竞争秩序，还加剧了"劣币驱逐良币"的恶性效应，严重影响了直播电商业态的可持续发展，因此数据质量治理成为直播电商产品质量治理的重要组成部分。一方面，建议通过短视频平台、互动论坛、微博等新型多元化渠道强化平台、商家、消费者及数据公司等相关主体的法治教育，使其认识到虚假信息的违法违规属性，了解虚假信息对相关方及业态发展的重大危害；另一方面，发挥平台技术优势，运用大数据、云计算、人工智能等技术开展虚假信息治理，提升数据质量治理的效率和效果。

第四，完善直播电商产品质量治理保障机制，建立"激励+惩戒"联合作用机制，加速直播电商产品质量由控制型监管向激励型治理转变。惩罚机制对于直播电商产品质量治理的有限作用已在前文进行了说明，然而，实践中多数政府监管机构仍以单向惩戒机制为主导推进电子商务领域质量监管，激励机制在电子商务监管实践中应用范围和效果有限。在直播电商产品质量多元共治模式下，应加速控制型监管向激励型治理转变，充分发挥"守信激励+失信惩戒"联合作用机制在推进直播电商信用体系建设中的重要作用。首先，建立直播电商守信名单制度，明确守信名单主体的认定标准，深入研究行之有效的奖励类型和措施清单，完善相关的制度体系建设。例如，政府可以建立主播守信名单，并加大对守信名单内主播的支持和激励力度，如在金融服务、行政审批、市场交易等方面提供便利，降低监管频次等。其次，在"联合惩戒"机制的基础上探索建立直播电商"联合激励+联合惩戒"机制。一方面，要做好国家信用平台与各部门、各层级政府监管机构执法系统的数据库对接，将守信名单及信用风险分类信息自动嵌入市场监管、行政审批、公共服务、金融业务等系统（朱春华，2021），以实现央地、部门、区域政府监管机构联合守信激励和联合失信惩戒；另一方面，充分发挥平台信息和技术优势，鼓励平台强化正向激励引导，对守信名单主体在搜索排序、信用积分、流量方面予以支持，打造更具可持续性的直播电商生态。最后，针对国家治理现代化视角下程序规范性、权利救济制度不完善等问题（刘双舟和马婷婷，2020），进一步完善直播电商守信名单的运行程序，探索建立预防性的法律救济制度和守信名单退出机制，更好地适应国家治理体系和治理能力现代化的要求。

二、研究不足与展望

（一）研究不足

本书仍存在以下不足：

第一，多元共治格局下直播电商产品质量治理涉及主体众多，本书尽管在直播电商产品质量治理理论框架中对其他相关方予以了关注，然而由于"治理主体—责任主体"双重角色结构使得研究更为多元化、复杂化，因此在博弈研究中仅考虑了政府监管机构、平台、直播服务商、商家、消费者等关键利益相关方，未能深入探索行业组织、媒体、第三方检测认证机构等多元主体参与直播电商产品质量共治的内在机理和影响因素。

第二，本书主要应用博弈论的方法探讨各方主体参与直播电商产品质量治理的内在机理和影响因素，尽管博弈论是一种非常好的研究方法，但该方法本身存在一定的局限性。事实上，影响直播电商产品质量治理的因素非常复杂，而博弈论的基本假设无法全面地刻画影响博弈各方策略选择的所有相关参数，因此可能导致研究结论不够全面。本书在模型构建过程中通过专家访谈征求了多位学者对于模型构建和参数设置的意见建议，以期能够减少方法本身的局限性对研究结果的影响。

第三，本书使用 MATLAB 软件对博弈模型析出命题进行了数据仿真分析，由于真实数据无法获取，笔者通过专家访谈法确定了原始仿真数据，并非真实运行数据，因此在该情况下，只能作为结果的最终呈现，无法对仿真过程和结果进行更为细化和动态化的讨论，而且本书也未能结合现实案例对所建立的模型进行验证。在现实案例和真实数据仿真的情况下，可对各方博弈主体演化速度、演化路径进行更为细致的探讨，从而得出可操作性更强的博弈启示和政策建议。

第四，我国对于直播电商等新业态创新性地提出实施"包容审慎监管"，本书的研究结论尽管能为建立"包容审慎制度体系"提供一定借鉴，然而，本书的研究结果并未回答如何有效实施"包容审慎监管"，如何解决对于"包容创新"和"审慎监管"的割裂认知，如何建立"包容审慎监管"的制度体系、工作机制和考核机制。对于以上问题尚未有明确的答案。

（二）未来研究展望

针对以上不足之处，提出以下研究展望：

第一，多元治理主体参与或多元化方法应用的相关研究。例如，应用结构方程模型、计量经济学模型、定性比较分析、扎根理论等方法进一步探讨行业组织、新媒体、第三方认证检测机构等多元化主体在直播电商产品质量治理中的责任、影响因素、作用机理、实现路径及多个主体之间的协同作用等。

第二，基于机器学习算法的直播电商虚假信息检测研究。数据和信息将成为直播电商产品质量监管的核心资源，直播电商业态产生了海量数据，而这些海量数据对数据质量治理也提出了挑战，虚假信息将成为重要的监管对象。直播电商业态下，传统的治理方式已不再适用，从技术层面探讨虚假信息的检测及数据质量的治理，将成为重要的研究方向。

第三，"包容审慎监管"在我国的实施路径研究。作为一种金融领域监管创新工具，"监管沙盒"在英国、新加坡、韩国、德国、美国等国家多个领域的监管中得到了广泛应用，经证实能够有效平衡创新与风险，增强监管政策的包容性，充分保护消费者权益；北京市海淀区市场监督管理局已在直播电商领域率先开展了"监管沙盒"探索，今后可结合国外先进经验与北京市海淀区的实践，深入探索"监管沙盒"在我国"包容审慎监管"中的落地应用。

参考文献

［1］ Adam I O, Alhassan M D, Afriyie Y. What drives global B2C E-commerce? An analysis of the effect of ICT access, human resource development and regulatory environment ［J］. Technology Analysis & Strategic Management, 2020, 32 (7): 835-850.

［2］ Akerlof G A. The market for "lemons": Quality uncertainty and the market mechanism ［J］. The Quarterly Journal of Economics, 1970, 84 (3): 488-500.

［3］ Aquila G, Pamplona E D O, Filho J A F, et al. Quantitative regulatory impact analysis: Experience of regulatory agencies in Brazil ［J］. Utilities Policy, 2019, 59: 100-931.

［4］ Baldwin R, Cave M, Lodge M. The Oxford Handbook of Regulation ［M］. Oxford: Oxford University Press, 2010.

［5］ Barkatullah A H, Djumadi. Does self-regulation provide legal protection and security to e-commerce consumers? ［J］. Electronic Commerce Research and Applications, 2018, 30: 94-101.

［6］ Chan T K H, Cheung C M K, Lee Z W Y. The state of online impulse-buying research: A literature analysis ［J］. Information & Management, 2017, 54 (2): 204-217.

［7］ Cheung M, She J, Sun W W, et al. Detecting online counterfeit-goods seller using connection discovery [J]. ACM Transactions on Multimedia Computing Communications, and Applications, 2019, 15 (2): 1-16.

[8] Chow D C K. Alibaba, amazon, and counterfeiting in the age of the internet [J]. Northwestern Journal of International Law & Business, 2020, 40 (2): 157-202.

[9] Dellarocas C. The digitization of word of mouth: Promise and challenges of online feedback mechanisms [J]. Management Science, 2003, 49 (10): 1407-1424.

[10] Du X K, Dong R, Li W L, et al. Online reviews matter: How can platforms benefit from online reviews? [J]. Sustainability, 2019, 11 (22): 6289.

[11] European Brands Association. Digital services act-the opportunity for Europe to lead in the platform economy [EB/OL]. (2020-02-19) [2021-03-15]. https://www.euractiv.com/section/digital/opinion/digital-services-act-the-opportunity-for-europe-to-lead-in-the-platform-economy/.

[12] European Commission. Europe fit for the digital age: Commission proposes new rules for digital platforms [EB/OL]. (2020-12-15) [2021-03-15]. https://ec.europa.eu/newsroom/growth/items/697546.

[13] Fornaciari T, Cagnina L, Rosso P, et al. Fake opinion detection: How similar are crowdsourced datasets to real data? [J]. Language Resources and Evaluation, 2020, 54 (4): 1019-1058.

[14] Fouliras P. A novel reputation-based model for e-commerce [J]. Operational Research, 2013, 13 (1): 1-26.

[15] Friedman D. On economic applications of evolutionary game theory [J]. Journal of Evolutionary Economics, 1998, 8 (1): 15-43.

[16] He H, Zhu L L. Online shopping green product quality supervision strategy with consumer feedback and collusion behavior [J]. PLoS One, 2020, 15 (3): 229-471.

[17] Hui X, Saeedi M, Shen Z Q, et al. Reputation and regulations: Evi-

dence from eBay [J]. Management Science, 2016, 62 (12): 3604-3616.

[18] Laffont J. Regulation and development [M]. Cambridge: Cambridge University Press, 2005.

[19] Li B, Wen D C, Shi X D. Research on product quality control in Chinese online shopping: Based on the uncertainty mitigating factors of product quality [J]. Total Quality Management & Business Excellence, 2015, 26 (5-6): 602-618.

[20] Lin C, Lee S, Horng D. The effects of online reviews on purchasing intention: The moderating role of need for cognition [J]. Social Behavior and Personality, 2011, 39 (1): 71-81.

[21] Li Y P, Wen D C, Sun X J. Quality supervision game between government and online shopping platforms [J]. Total Quality Management & Business Excellence, 2018, 29 (9-10): 1246-1258.

[22] Li Z X, Zhang S M, Liu H B, et al. Study on the factors influencingusers' purchase intention on live-streaming e-commerce platforms: Evidence from the live-streaming platform of TikTok [J]. Journal of China Studies, 2021, 24 (3): 25-49.

[23] Lund B R. Curbing counterfeiting: Leveraging top-level domains to fight fraudsters [J]. Journal of Applied Security Research, 2019, 14 (3): 308-328.

[24] Monaro M, Cannonito E, Gamberini L, et al. Spotting faked 5 stars ratings in E-Commerce using mouse dynamics [J]. Computers in Human Behavior, 2020, 109: 106-348.

[25] Muzellec L, Ronteau S, Lambkin M. Two-sided Internet platforms: A business model lifecycle perspective [J]. Industrial Marketing Management, 2015, 45: 139-150.

[26] Ndubizu G, Arinze B. Legal determinants of the global spread of e-commerce [J]. International Journal of Information Management, 2002, 22 (3): 181-194.

［27］Ni X L. A study on the legal regulation of e-commerce system in China ［C］. Lancaster: 3rd International Conference on E-commerce and Contemporary Economic Development, 2017.

［28］Otim S M, Grover V. E-commerce: A brand name's curse ［J］. Electronic Markets, 2010, 20 (2): 147-160.

［29］Park C, Lee T M. Information direction, website reputation and eWOM effect: A moderating role of product type ［J］. Journal of Business Research, 2009, 62 (1): 61-67.

［30］Park D, Lee J, Han I. The effect of on-line consumer reviews on consumer purchasing intention: The moderating role of involvement ［J］. International Journal of Electronic Commerce, 2007, 11 (4): 125-148.

［31］Pavlou P A, Liang H G, Xue Y J. Understanding and mitigating uncertainty in online exchange relationships: A principal-agent perspective ［J］. MIS Quarterly, 2007, 31 (1): 105-136.

［32］Raman R, Pramod D. A strategic approach using governance, risk and compliance model to deal with online counterfeit market ［J］. Journal of Theoretical and Applied Electronic Commerce Research, 2017, 12 (3): 13-26.

［33］Rastogi A, Mehrotra M. Opinion spam detection in online reviews ［J］. Journal of Information & Knowledge Management, 2017, 16 (4): 136-175.

［34］Rochet J, Tirole J. Platform competition in two-sided markets ［J］. Journal of the European Economic Association, 2003, 4 (1): 990-1029.

［35］Sappington D E M. Incentives in principal-agent relationships ［J］. Journal of Economic Perspectives, 1991, 5 (2): 45-66.

［36］Spink J, Moyer D C, Park H, et al. Development of a product-counterfeiting incident cluster tool ［J］. Crime Science, 2014, 3 (1): 2-8.

［37］Starbird S A. Designing food safety regulations: The effect of inspection policy and penalties for noncompliance on food processor behavior ［J］. Journal of Agricultural & Resource Economics, 2000, 25 (2): 616-635.

［38］ Starbird S A. Moral hazard, inspection policy, and food safety ［J］. American Journal of Agricultural Economics, 2005, 87 (1): 15–27.

［39］ Ströbel M. Quality management through electronic markets intermediaries ［R］. Armonk: IMB, 2000.

［40］ Sun M, Leo M S, Munawwar E, et al. Semi–supervised Category–specific Review Tagging on Indonesian E–Commerce Product Reviews ［C］. Stroudsburg: Workshop on E–commerce and NLP (ECNLP 3), 2020.

［41］ The Mad Hatter. Seeing fakes, angry traders confront eBay ［N］. The New York Times, 2006–01–28.

［42］ Turkyilmaz C A, Erdem S, Uslu A. The effects of personality traits and website quality on online impulse buying ［J］. Procedia – Social and Behavioral Sciences, 2015, 175: 98–105.

［43］ Wadleigh J, Drew J, Moore T. The E – Commerce Market for "Lemons": Identification and Analysis of Websites Selling Counterfeit Goods ［C］. New York: The 24th International Conference, 2015.

［44］ Wang B, Tong C H, Chen T G, et al. Evaluation of China's live streaming e – commerce industry policies based on a three – dimensional analysis framework ［J］. PloS ONE, 2024, 19 (5): 301–451.

［45］ Wen D C, Sun X J, Yan D W. The quality movement: Where are we going? Past, present and future ［J］. Total Quality Management & Business Excellence, 2022, 33 (1–2): 92–112.

［46］ Wen D C, Yan D W, Sun X J, et al. Evolutionary game analysis of online shopping quality control: The roles of risk attitude and government supervision ［J］. Complexity, 2021 (7): 1–18.

［47］ Yang Y. Research on the Construction of Agricultural Product Quality Supervision System Based on E–commerce ［C］. London: 2017 International Conference on Frontiers in Educational Technologies and Management Science (FETMS 2017), 2017.

［48］Yelundur A，Chaoji V，Mishra B. Detection of Review Abuse via Semi-Supervised Binary Multi-Target Tensor Decomposition ［C］. New York：Proceedings of the 25th ACM SIGKDD International Conference on Knowledge Discovery & Data Mining，2019.

［49］Zeithaml V A. Consumer perceptions of price，quality and value：A Means-End model and synthesis of evidence ［J］. Journal of Marketing，1988，52（3）：2-22.

［50］Zhang M，Fan B，Zhang N，et al. Mining product innovation ideas from online reviews ［J］. Information Processing & Management，2021，58（1）：102-389.

［51］艾媒咨询. 艾媒咨询｜2020-2021 年中国 MCN 产业运行大数据监测及趋势研究报告 ［R/OL］.（2020-01-22）［2021-03-15］. https：//www. iimedia. cn/c400/68403. html.

［52］艾媒咨询. 艾媒咨询｜2020 上半年中国直播电商市场研究报告 ［R/OL］.（2020-10-20）［2021-05-15］. https：//www. iimedia. cn/c400/74827. html.

［53］毕马威，阿里研究院. 迈向万亿市场的直播电商 ［R/OL］.（2020-10-12）［2021-03-15］. https：//assets. kpmg/content/dam/kpmg/cn/pdf/zh/2020/10/live-streaming-e-commerce-towards-trillion-market. pdf.

［54］陈昌凤. 商业性网络水军的全链条治理 ［J］. 人民论坛，2019（32）：120-122.

［55］程虹. 中国质量怎么了 ［M］. 武汉：湖北科学技术出版社，2013.

［56］程虹，王晓璐. 基于行业差异的质量监管政策绩效实证研究：来自中国企业-员工匹配调查数据？［J］. 广东社会科学，2016（3）：5-15.

［57］邓锦雷. 强化对直播带货的柔性约束 ［J］. 人民论坛，2020（23）：60-61.

［58］丁国峰. 协同共治视角下网络直播带货法律治理体系的构建 ［J］. 学术论坛，2024，47（2）：18-31.

［59］都雯雯. 直播购物氛围对消费者购买意愿影响研究 ［D］. 保定：

河北大学，2021.

　　［60］抖音电商．抖音电商创作者管理总则［EB/OL］．（2020-05-20）
［2021-03-20］．https：//school．jinritemai．com/doudian/wap/article/102117.

　　［61］杜惠英，王兴芬，庄文英．在线评价对消费者购买意愿影响理论
模型与实证研究［J］．中国流通经济，2017，31（8）：49-56.

　　［62］范寒冰．比较实验方法在中国产品质量治理中的应用研究［D］．
武汉：武汉大学，2015.

　　［63］费威，王阔．直播电商下品牌商与主播的食品安全动态策略分析
［J］．宏观质量研究，2023，11（1）：87-98.

　　［64］封俊丽．信息不对称视角下网络食品市场的各主体行为博弈分析
［J］．华北水利水电大学学报（社会科学版），2016，32（3）：47-50.

　　［65］付倩雯．网络购物平台产品质量监管下买卖双方的种群动力学研
究［D］．济南：山东大学，2018.

　　［66］付业勤，罗艳菊，张仙锋．我国网络直播的内涵特征、类型模式与
规范发展［J］．重庆邮电大学学报（社会科学版），2017，29（4）：71-81.

　　［67］傅田．网络购物商品质量管控演化博弈研究［D］．济南：山东大
学，2016.

　　［68］高博．电子商务商家信用机制的研究：基于社交网络数据的分析
［D］．北京：中央财经大学，2019.

　　［69］顾钰炜．电商直播对消费者购买决策影响研究［J］．价格理论与实
践，2020（2）：124-127.

　　［70］郭海玲．好评返现对电子商务网购市场的影响及治理对策［J］．中
国流通经济，2015，29（3）：42-48.

　　［71］郭剑鸣，赵强．智慧社会视域下的政府监管创新：使命、困境与
进路［J］．社会科学战线，2021（6）：199-208.

　　［72］郭延禄，罗公利，侯贵生，等．"种草"与"翻车"：网红直播带货
的产品质量问题与治理研究［J］．中国管理科学，2023，31（10）：162-174.

　　［73］国家市场监督管理总局．2023年消费者投诉举报呈现八大特点

[EB/OL]. (2024-03-14) [2024-05-15] . https：//mp. weixin. qq. com/s/ YDxNGvFIW-F-0WkduiuVlg.

[74] 韩菁，蔡寻，滕新玉. 价值与风险感知对好评返现行为影响的演化分析 [J]. 中国管理科学，2019，27（9）：205-216.

[75] 韩箫亦. 电商主播属性对消费者在线行为意向的作用机理研究 [D]. 长春：吉林大学，2020.

[76] 韩箫亦，许正良. 电商主播属性对消费者在线购买意愿的影响：基于扎根理论方法的研究 [J]. 外国经济与管理，2020，42（10）：62-75.

[77] 韩新远. 网络直播营销的特质与治理研究：以双循环新发展格局为视点 [J]. 河南社会科学，2021，29（6）：102-110.

[78] 贺明华，梁晓蓓. 共享经济模式下平台及服务提供方的声誉对消费者持续使用意愿的影响：基于滴滴出行平台的实证研究 [J]. 经济体制改革，2018（2）：85-92.

[79] 赫伯特·金迪斯. 演化博弈论：问题导向和策略互动模型（第2版）[M]. 王新荣，译. 北京：中国人民大学出版社，2015.

[80] 胡春华，陈皖，周艳菊，等. 基于演化博弈的直播电商监管机制研究 [J]. 管理科学学报，2023，26（6）：126-141.

[81] 黄楚新，吴梦瑶. 我国直播带货的发展状况、存在问题及优化路径 [J]. 传媒，2020（17）：11-14.

[82] 黄华，毛海帆. 负面在线评论对消费者购买意愿的影响研究 [J]. 经济问题，2019（11）：71-80+88.

[83] 黄敏学，叶钰芊，王薇. 不同类型产品下直播主播类型对消费者购买意愿和行为的影响 [J]. 南开管理评论，2023，26（2）：188-198.

[84] 蹇洁，陈华，耿博伟. 基于委托代理博弈的政府监管部门与第三方网络交易平台关系研究 [J]. 商业研究，2014（3）：1-9.

[85] 姜洁. 网络直播带货主播主体定位研究 [D]. 蚌埠：安徽财经大学，2021.

[86] 雷兴虎，习小琴，吕业峰. 中国企业产品免检制度的存与废：兼

谈我国企业产品质监制度的完善［J］. 法学，2004（7）：97-104.

［87］李波. 网络购物商品质量管控研究［D］. 济南：山东大学，2014.

［88］李国昊，梅婷，梁永滔. 政府监管下直播带货平台合谋行为的奖惩机制研究［J］. 江苏大学学报（社会科学版），2024，26（2）：100-112.

［89］李凌，周业萍. 智能时代网络信任的模型、风险与重构：从直播带货引发的信任危机谈起［J］. 新闻与写作，2020（9）：21-28.

［90］李淼，华迎. 直播电商中临场感对购买意愿的影响：替代学习视角［J］. 中国流通经济，2021，35（8）：81-92.

［91］李明琨，葛艺博. 好评奖励的有限理性经济策略与演化博弈分析［J］. 上海理工大学学报，2021，43（2）：202-212.

［92］李乃文，荣帅，赵宏霞. 双边市场环境下网购平台的质量诚信监控行为研究［J］. 软科学，2017，31（8）：129-133+138.

［93］李琪，高夏媛，徐晓瑜，等. 电商直播观众的信息处理及购买意愿研究［J］. 管理学报，2021，18（6）：895-903.

［94］李秋红. 直播带货热尚需冷思考［J］. 传媒，2020（17）：1.

［95］李希盛. "网红带货"的责任分配问题［J］. 中国市场监管研究，2020（5）：24-25.

［96］李雅萍. 社会共治视角下网络购物产品质量监管的多方博弈研究［D］. 济南：山东大学，2019.

［97］刘佳，邹韵婕，刘泽溪. 基于 SEM 模型的电商直播中消费者购买意愿影响因素分析［J］. 统计与决策，2021，37（7）：94-97.

［98］刘乃梁. 包容审慎原则的竞争要义：以网约车监管为例［J］. 法学评论，2019，37（5）：122-132.

［99］刘平胜，石永东，林炳坤. 电商直播背景下社群互动信息对用户购买意愿的影响［J］. 企业经济，2020，39（9）：72-79.

［100］刘双舟. 关于网红"直播带货"法律属性的思考［J］. 中国市场监管研究，2020（5）：21-23.

［101］刘双舟. 直播电商协同治理要更加注重平台自治［EB/OL］.（2020-

06-24）［2021-03-20］. https：//www.sohu.com/a/403785917_100011202.

［102］刘双舟，马婷婷. 国家治理语境下市场监管领域"黑名单"制度的优化［J］. 行政管理改革，2020（7）：64-72.

［103］刘小鲁，李泓霖. 产品质量监管中的所有制偏倚［J］. 经济研究，2015，50（7）：146-159.

［104］刘雅婷，李楠. 直播电商虚假宣传的法律规制［J］. 知识产权，2021（5）：68-82.

［105］刘洋，李琪，殷猛. 网络直播购物特征对消费者购买行为影响研究［J］. 软科学，2020，34（6）：108-114.

［106］陆海霞，吴小丁，苏立勋. 差评真的那么可怕吗？：负面线上评论对消费者购买行为的影响研究［J］. 北京社会科学，2014（5）：102-109.

［107］梅傲，侯之帅."直播+"时代电商直播的规范治理［J］. 电子政务，2021（3）：28-37.

［108］美腕（上海）网络科技有限公司. 直播电商商品质量和合规管理规范：Q/310115 MW001-2021［S］. 2021.

［109］孟陆，刘凤军，陈斯允，等. 我可以唤起你吗：不同类型直播网红信息源特性对消费者购买意愿的影响机制研究［J］. 南开管理评论，2020，23（1）：131-143.

［110］孟雁北. 直播带货中主播商业宣传行为的规制研究［J］. 人民论坛，2020（25）：116-119.

［111］孟园，王洪伟，王伟. 网络口碑对产品销量的影响：基于细粒度的情感分析方法［J］. 管理评论，2017，29（1）：144-154.

［112］宁连举，孙韩. 在线负面评论对网络消费者购买意愿的影响［J］. 技术经济，2014，33（3）：54-59+96.

［113］潘锡泉. 我国网络直播电商发展现状及治理机制：基于2020年快手直播数据的统计分析［J］. 学术交流，2021（6）：100-109.

［114］潘勇. 电子商务市场中的"柠檬"问题与解决途径的策略取向［J］. 情报杂志，2009，28（6）：173-176+207.

［115］潘勇．网络交易中"柠檬市场"分析：理论模型与实践意义［J］．财贸研究，2008（4）：68-73.

［116］钱贵明，阳镇，陈劲．平台监管逻辑的反思与重构：兼对包容审慎监管理念的再反思［J］．西安交通大学学报，2022，42（1）：131-140.

［117］邱燕飞．直播带货主播法律责任要素与区分规则［J］．中国流通经济，2021，35（5）：121-128.

［118］沈岿．食品免检制之反思：以风险治理为视角［J］．法商研究，2009，26（3）：3-10.

［119］宋林霖，黄雅卓．"变"与"常"：电商直播监管的问题检视与对策探寻［J］．河南社会科学，2020，28（12）：106-114.

［120］宋亚辉．网络直播带货的商业模式与法律规制［J］．中国市场监管研究，2020（8）：9-15+27.

［121］苏宏元．"唯流量论"的危害及应对［J］．人民论坛，2019（33）：46-47.

［122］苏强，吴海龙，秦星红，等．职业差评师的产生机理与治理策略研究：以淘宝 C2C 交易平台为例［J］．南开管理评论，2014，17（4）：151-160.

［123］孙瑾，陈静．普通消费者口碑和专家评论对消费者购买决策的影响研究［J］．商业经济与管理，2020（1）：15-26.

［124］孙韶阳．网络市场平台与政府协同治理的策略选择与模式优化：基于"平台-政府"双层治理模式的演化博弈分析［J］．企业经济，2021，40（3）：132-141.

［125］淘宝直播．2019年淘宝直播生态发展趋势报告［R/OL］．（2019-09-04）［2021-03-15］．http：//www. 100ec. cn/detail--6526004. html.

［126］田丽．电商直播："水火交融"，未来可期［J］．青年记者，2020（36）：19-20.

［127］田丽．两岸电商直播发展的现状、问题与推进策略［J］．台湾研究，2021（3）：83-91.

［128］田宵函，郭瑞良，王保鲁．基于感知风险理论的淘宝直播中服装消费者购买意愿研究［J］．北京服装学院学报（自然科学版），2021，41（1）：61-66.

［129］汪旭晖，郭一凡．平台型电商声誉对平台卖家绩效的影响研究：基于顾客关系质量的研究视角［J］．西南民族大学学报（人文社会科学版），2018，39（11）：124-131.

［130］汪旭晖，乌云．平台型电商声誉管理模式研究：基于声誉分享机制与责任追索策略协同匹配视角［J］．财经问题研究，2020（8）：92-100.

［131］汪旭晖，张其林．平台型网络市场"平台—政府"双元管理范式研究：基于阿里巴巴集团的案例分析［J］．中国工业经济，2015（3）：135-147.

［132］汪旭晖，张其林．平台型网络市场中的"柠檬问题"形成机理与治理机制：基于阿里巴巴的案例研究［J］．中国软科学，2017（10）：31-52.

［133］汪旭辉，任晓雪．政府治理视角下平台电商信用监管的动态演化博弈研究［J］．中国管理科学，2021，29（12）：29-41.

［134］王彪，高贵武．疫情"催化"下的传媒转向：直播带货的动因、实质与潜在风险分析［J］．编辑之友，2020（10）：13-20.

［135］王家宝，武友成．共生视角下直播电商治理的创新机制［J］．管理现代化，2021，41（5）：44-46.

［136］王坤，周鲁耀．平台企业的自治与共治［J］．浙江学刊，2021（1）：4-15.

［137］王琦．交易差评的侵权法规制：以违法性审查为焦点［J］．北方法学，2021，15（4）：32-41.

［138］王仙雅，王称意，慕静．平台经济视域下的商家投机行为治理：基于平台主动治理视角［J］．商业经济与管理，2020（10）：17-28.

［139］王勇，刘航，冯骅．平台市场的公共监管、私人监管与协同监管：一个对比研究［J］．经济研究，2020，55（3）：148-162.

［140］王之熙，仲余年．对"直播带货"电子商务经营行为监管的思考

[J]. 中国市场监管研究，2020（5）：35-37.

[141] 网经社.《2023 年度中国直播电商市场数据报告》发布［EB/OL］.（2024-06-19）［2024-11-25］. https：//caifuhao. eastmoney. com/news/20240619 145226145231440.

[142] 吴正祥，郭婷婷. 负面在线评论文本特征对消费者购买意愿的影响：基于自我构建视角的分析［J］. 科技促进发展，2019，15（6）：582-587.

[143] 夏令蓝，宋姣. 后疫情时代"直播带货"规范化研究［J］. 传媒，2020（13）：94-96.

[144] 闫秀霞，董友衡，张萌萌，等. 直播带货对消费者购买行为的影响研究：以感知价值为中介［J］. 价格理论与实践，2021（6）：137-140.

[145] 杨劼，王璐. "直播+电商"模式下消费者重购意愿的影响因素［J］. 中国流通经济，2021，35（11）：56-66.

[146] 杨肃昌，董甜甜. 市场监管机制对网购市场诚信经营的作用：基于动态演化博弈分析［J］. 兰州财经大学学报，2018，34（4）：56-63.

[147] 易开刚，张琦. 平台经济视域下的商家舞弊治理：博弈模型与政策建议［J］. 浙江大学学报（人文社会科学版），2019，49（5）：127-142.

[148] 袁源，张永汀. 职业差评师：游离于法律与规则边缘的网络灰色职业群体［J］. 中国青年研究，2014（6）：20-24+35.

[149] 张宝生，张庆普，赵辰光. 电商直播模式下网络直播特征对消费者购买意愿的影响：消费者感知的中介作用［J］. 中国流通经济，2021，35（6）：52-61.

[150] 张效羽. 行政法视野下互联网新业态包容审慎监管原则研究［J］. 电子政务，2020（8）：71-81.

[151] 张艳荣，闫晓彤. 论"电商+直播"营销新模式［J］. 学术交流，2021（4）：100-110.

[152] 赵保国，王耘丰. 电商主播特征对消费者购买意愿的影响［J］. 商业研究，2021（1）：1-6.

［153］中国消费者协会.2024年"双11"消费维权舆情分析报告［R/OL］.（2024－11－28）［2024－12－03］. https：//www. cca. org. cn/Detail？catalogId=475800865030213&contentType=article&contentId=616947538542661.

［154］中国消费者协会."双11"消费维权舆情分析报告［R/OL］.（2020－11－20）［2021－04－25］. http：//www. cca. org. cn/zxsd/detail/29854. html.

［155］周剑平.电商直播监管的难点与对策创新［J］.中国流通经济，2021，35（8）：72－80.

［156］周敏，陈奥，寇宗来.用户评价如何影响在线市场购买？［J］.消费经济，2018，34（3）：72－79.

［157］朱春华.信用联合奖惩机制的探索与实践：基于湖北省的考察［J］.中南民族大学学报（人文社会科学版），2021，41（2）：103－114.

［158］朱立龙，荣俊美."互联网+医疗健康"背景下考虑患者反馈机制的药品质量监管策略研究［J］.中国管理科学，2020，28（5）：122－135.

［159］朱永明，黄嘉鑫.直播带货平台感知示能性对消费者购买意愿的影响研究［J］.价格理论与实践，2020（10）：123－126.

附　录

国际监管经验借鉴：直播电商监管成本-收益分析

　　监管一词源于英文"Regulation"，又称为规制，通常是指政府依据相应规则对微观经济主体行为实施的一种干预，其目的在于克服市场失灵，实现社会福利最大化。事实上，监管实践在西方国家由来已久，经济合作与发展组织（Organization for Economic Co-operation and Development，OECD）曾在报告中指出，"20 世纪监管型国家的出现是现代工业文明发展的必要一步……监管在帮助政府保护广泛的经济和社会价值方面取得了令人瞩目的成就"①。然而，西方国家监管实践的历史并不是一帆风顺的，先后经历了"监管—放松监管—监管改革"的动态变迁历程。1995 年，鉴于成员国家"监管通胀"、监管成本上升、监管过程合法性和透明性的压力、规则制定的国际化、经济衰退等内外部监管环境，OECD 发布了《关于提升监管质量的建议》（Recommendation on Improving the Quality of Government Regulation），自此提升

---

　　①　OECD. Regulatory Policies in OECD Countries：From Interventionism to Regulatory Governance ［M］. Paris：OECD Publishing，2002.

监管质量成为各国监管改革的核心和共识①。监管影响分析（Regulatory Impact Analysis，RIA），又称为监管影响评估（Regulatory Impact Assessment），是一种有效的监管改革工具，其对于提升政府监管质量及监管有效性等方面的作用已得到广泛认同②；此外，研究表明 RIA 还能够在一定程度上促进包容性增长③。

一、成本-收益分析在监管改革中的应用

成本-收益分析（Cost-Benefit Analysis，CBA）是最为常用和最具价值的 RIA 工具，通过分析监管政策可能的成本和收益，能够为政府决策是否监管及如何监管以实现监管目标提供科学依据。美国、欧盟、加拿大、澳大利亚等国家和地区纷纷建议将成本-收益分析作为监管影响评估的核心。美国的监管制度经历了从"命令-控制"向"成本-收益分析"的转变。1936 年，美国颁布《全国洪水控制法案》（Flood Control Act），要求评估防洪项目时应权衡成本和收益。随着现代福利经济学的发展，20 世纪 60 年代，CBA 获得了短暂的流行。然而，由于数据获取的实际困难及意识形态的问题，CBA 的有效性在 20 世纪 70 年代受到了广泛质疑。总体来说，20 世纪 80 年代之前，成本-收益分析并未在美国政府监管领域得到系统运用。1981 年，里根总统签发了 12291 号行政命令，即《联邦规制》（Federal Regulation），规定对重要规章的制定必须进行成本-收益分析，并提交监管影响分析报告；该行政命令提出，政府监管的潜在社会收益应超过潜在社会成本，否则不应采取该监管行为；在既定目标下，如果有多种可选方案，则应选择社会总成本最小，且社会净收益最大的方案。1993 年，美国总统克林顿签发了 12866 号行政命

① OECD. Recommendation of the Council on Improving the Quality of Government Regulation ［S/OL］.（1995 - 03 - 09）［2020 - 11 - 25］. https：//legalinstruments. oecd. org/en/instruments/OECD - LEGAL - 0278.

② OECD. Recommendation of the Council on Regulatory Policy and Governance ［M］. Paris：OECD Publishing，2012.

③ Deighton-Smith R，Erbacci A，Kauffmann C. Promoting inclusive growth through better regulation：The role of regulatory impact assessment ［M］. Paris：OECD Publishing，2016.

令，即《管制计划与审查》（Regulation Planning and Review），要求监管机构采用 CBA 方法，对于每一项"重要监管行动"都必须提交成本－收益分析报告，以证实监管获得的收益和花费的成本是适当的。1995 年以后，国会先后通过了几十项包含"成本－收益分析"的法案，从法律层面建立了"成本－收益分析"的监管制度体系，美国政府监管机构对 CBA 的运用越来越普遍。2007 年，加拿大发布了《精简监管的内阁指令》（Cabinet Directive on Streamlining Regulation），该指令要求监管机构应评估监管和非监管选项，使得整个社会的净效益最大化，因此，工具选择对监管过程变得至关重要；2007 年，加拿大对 1995 年发布的《监管项目的收益—成本分析指南》进行了修订，发布了《加拿大成本－收益分析指南》（Canadian Cost-Benefit Analysis Guide：Regulatory Proposals）；2012 年，加拿大发布了《监管管理内阁指令》（Cabinet Directive on Regulatory Management），指出在决定是否监管及如何监管时，监管部门和机构应评估监管和非监管措施的效益和成本，这种分析应包括定量方法，如果无法量化效益和成本，则应进行严格的定性分析。2018 年，《监管管理内阁指令》修订为《监管内阁指令》（Cabinet Directive on Regulation），指出 CBA 是一种结构化的方法，用于识别和衡量监管提案对于经济、环境、社会的正面和负面影响，帮助决策者确定最佳行动方案。欧盟联合 OECD 自 2008 年启动了 EU15 项目，通过评估 15 个欧盟成员国 1998 年至 2006 年取得的监管改革进展，并分析其与 OECD 和欧盟委员会提出的最佳实践的差距，提出了"更好的监管"（Better Regulation）的目标。2019 年，OECD 在审查中发现，几乎所有的欧盟成员国都采用了成本－收益分析等 RIA 工具来提高监管质量[①]。

我国部分规章文件对于监管成本－效益分析也有所提及。2004 年，国务院发布了《全面推进依法行政实施纲要》，其中"提高制度建设质量"部分提出"积极探索对政府立法项目尤其是经济立法项目的成本效益分析制度。政府立法不仅要考虑立法过程成本，还要研究其实施后的执法成本和社会成

① OECD. Better Regulation Practices across the European Union ［M］. Paris：OECD Publishing，2019.

本"。2010 年国务院发布的《关于加强法治政府建设的意见》也提出，"积极探索开展政府立法成本效益分析、社会风险评估、实施情况后评估工作"。此外，多个部门规章、地方政府规章、地方规范性文件也都对成本−效益分析作出了简要规定，然而这些规定多止步于文件，如何将成本−效益分析有效地运用于我国的监管实践尚处于探索阶段①。

二、直播电商监管成本−收益分析

（一）直播电商监管成本−收益分析框架

成本−收益分析将经济学的基本概念引入政府监管领域，把成本最小化和收益最大化作为监管决策的约束条件，并以监管收益必须超过成本为基本原则，通过对监管政策可能对经济、社会、环境所产生的所有成本和收益进行分析和评估，从而为政府提供是否监管及如何监管的决策依据。成本−收益分析是监管循证决策的重要组成部分，一方面成本−收益分析能够提高资源配置效率；另一方面能够使得监管过程更加公开、透明，避免不必要的成本，从而提升监管质量和监管绩效，有效预防过度监管和不监管。

成本−收益分析是基于福利经济学的一种定量分析方法，与拟定的监管政策及其所有可行的替代方案相关的潜在社会总成本和总收益的货币化是成本−收益分析的核心要素。借鉴欧盟委员会及经济合作与发展组织对监管成本和收益的分类，结合直播电商业态监管特点，本书将监管成本分为直接成本（Direct Costs，DC）、间接成本（Indirect Costs，IC）、管理和执法成本（Administration and Enforcement Costs，AEC）三类，如附图 1 Area 1、Area 2、Area 3 所示；监管收益分为直接收益（Direct Benefits，DB）和间接收益（Indirect Benefits，IB）两类，如附图 1 Area 4、Area 5 所示。

---

① 王玉凤，陈彦达，隋学深. 成本收益法在美国金融规制影响分析中的应用与启示［J］. 征信，2020（10）：61-68.

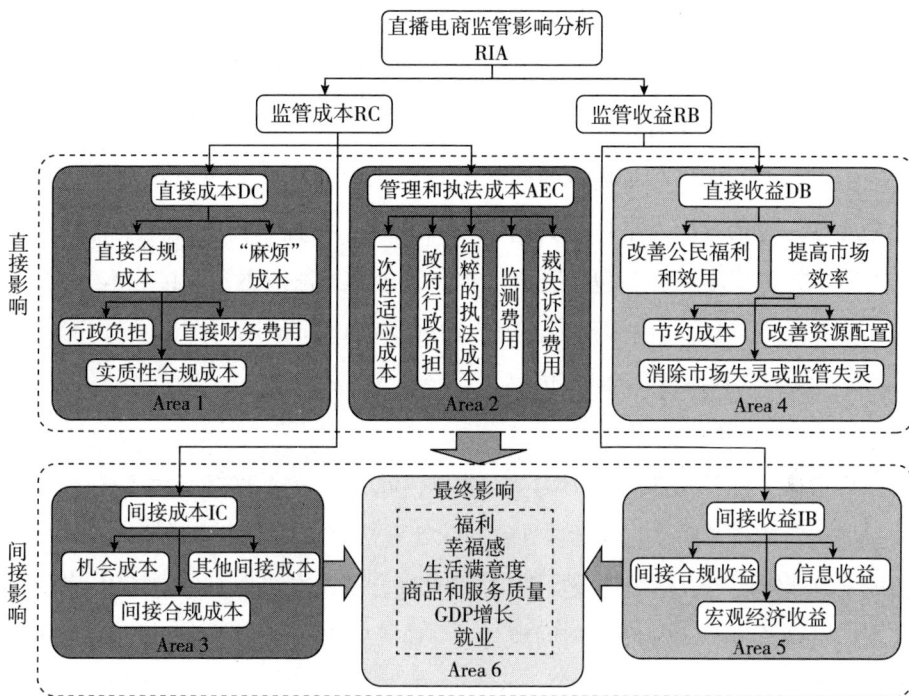

附图 1　直播电商监管收益-成本

资料来源：笔者根据公开资料整理。

直播电商监管的成本-收益分析，即分析拟定的包容审慎监管政策可能产生的社会总成本、总收益和净收益，数学表达式如下：

$$F(x) = B(x) - C(x)$$

$$B(x) = DB(x) + IB(x)$$

$$C(x) = DC(x) + IC(x) + AEC(x)$$

其中，B 表示社会总收益，即拟定的监管政策所产生的全部监管收益之和；C 表示社会总成本，即拟定的监管政策所产生的全部监管成本之和；F 表示社会净收益，也代表了拟定政策的监管绩效。当 $F(x) < 0$ 时，则不采用该监管政策；当 $F(x) > 0$ 时，对比分析拟定的监管政策与"不监管"或其他替代性方案的社会净收益 $F(x')$ 的大小，选择社会净收益 F 最大，即监管绩效最高的监管政策方案予以实施。

（二）直播电商监管成本分析

政府监管是一项需要成本支持的公共政策，几乎所有的监管活动，都会产生不同程度的成本。直播电商监管成本是指由于实施监管要求而产生的社会总成本，包括政府、平台、卖家、MCN 机构、主播、消费者等所有利益相关方所承担的成本，主要包括直接成本、管理和执法成本及间接成本三类。

直接成本（DC）包括直接合规成本（Direct Compliance Costs，DCC）和"麻烦"成本（Hassle Costs，HC）：

$$DC(x) = DCC(x) + HC(x)$$

其中，"麻烦"成本（HC）是指与行政延误（不直接归因于信息义务时）相关的成本及由于行政延误导致的在处理行政或诉讼程序时等待时间的机会成本，通常难以进行量化或货币化[1]。直接合规成本（DCC）是指电商平台、商家、主播及 MCN 机构等监管对象为遵守监管要求所产生的直接成本，可进一步划分为实质性合规成本（Substantive Compliance Costs，SCC）、行政负担（Administrative Burdens，AB）和直接财务成本（Direct Financial Costs，DFC）：

$$DCC(x) = SCC(x) + AB(x) + DFC(x)$$

实质性合规成本（SCC）：监管对象为满足监管的实质性义务或要求而面临的直接投资和支出费用[2]，通常包括实施成本（Implementation Costs，SCC_i）、直接人工成本（Direct Labour Costs，SCC_l）、设备成本（Equipment Costs，SCC_{eq}）、质量合规成本（Quality Compliance Costs，SCC_q）以及外部服务成本（External Services Costs，SCC_{es}）：

$$SCC(x) = SCC_i(x) + SCC_l(x) + SCC_{eq}(x) + SCC_q(x) + SCC_{es}(x)$$

实施成本（SCC_i）是指监管对象在熟悉新的监管要求、制定合规策略及落实监管要求相关责任时产生的成本。例如，一项直播电商监管政策出台后，

---

[1] CEPS. Assessing the costs and benefits of regulation [R/OL]. (2013-12-10) [2021-02-15]. http://www. economistiassociati. com/files/cba_study_sg_final_0. pdf.

[2] OECD. OECD Regulatory Compliance Cost Assessment Guidance [M]. Paris：OECD Publishing，2014.

电商平台、商家、主播及 MCN 机构等监管对象需对监管政策进行研究学习，并据此制定相应的合规策略，分配相应的监管责任，这些活动产生的成本则为实施成本，实施成本一般是短期成本。直接人工成本（SCC_l）是指监管对象员工为完成符合监管要求的活动所花费的成本，包括支付的工资成本及保险、公积金、福利、补贴等非工资性费用；工资成本由相关员工完成监管活动所需时间和每小时工资率决定，通常工资率可通过行业平均工资成本或调查数据进行估算；非工资性费用可根据工资成本的百分比，或基准数据进行估算。例如，《网络交易监督管理办法》明确了开展直播带货的社交平台、内容平台等网络平台均应履行电子商务平台经营者的责任和义务，而在此之前，这些平台大多并未履行电商平台的责任和义务。该办法出台后，社交平台、内容平台等网络平台应投入大量人力以符合电商平台的监管要求。设备成本（SCC_{eq}）是指为满足监管要求需投入的硬件和软件的成本。又如，《网络交易监督管理办法》规定，"网络直播服务提供者对网络交易活动的直播视频保存时间自直播结束之日起不少于三年"，部分 TOP 主播或 MCN 机构可能会购置服务器或租用云服务器用于保存直播视频，这部分费用则可归于因满足监管要求而增加的设备成本；多数主播可能会选择向平台支付存储费用的方式，从而会增加外部服务成本。再如，该办法规定"网络交易平台经营者对平台内经营者身份信息的保存时间自其退出平台之日起不少于三年；对商品或者服务信息，支付记录、物流快递、退换货以及售后等交易信息的保存时间自交易完成之日起不少于三年"，这一监管要求会增加网络交易平台的设备成本。质量合规成本（SCC_q），是指监管对象为满足监管要求而提升其所售商品和提供服务的质量所产生的增量成本。随着直播电商新业态热度持续爆发，"带货"变"带祸"的行业乱象也逐渐显现，商品质量差、货不对板、产品售假、虚假促销、退换货难等成为影响直播消费者满意度的重要因素。随着直播电商包容审慎监管的进一步探索，这些行业乱象将逐渐得到整治，监管必定会推动商家、主播、MCN 机构等电子商务经营者提升商品和服务质量，从而产生一定增量的质量成本。外部服务成本（SCC_{es}），是指监管对象为实现合规需向外部供应商支付的成本。通常，外部服务成本可用于以下情况：监管对象缺乏相应的技术专长无法实现合规要求，从而向外部供应商寻求帮助；或是突发性的强制执行重大合规义务，而监管对象在未提前规划的情况下能力不足从而向外部供应商寻求帮助，这些情况下向外部供应商支付的成本则为监管的外部服务成本。

行政负担（AB）：为履行政府监管要求的信息义务而产生的成本，其中信息义务（Information Obligations，IOs）是向公共部门或第三方提供信息和数据的义务①。事实上，从目前已发布的直播电商监管文件中可以看出，政府对于直播电商平台和经营者信息方面的监管要求是比较严格的，这说明行政负担在直接合规成本中将会占到相对较大比例。例如，《网络交易监督管理办法》规定，"网络交易平台经营者应当按照法律、行政法规的规定，向市场监督管理部门报送有关信息"等。行政负担通常采取标准成本模型（Standard Cost Model，SCM）进行估算②，该模型是一种基于活动的衡量行政负担的方法。SCM 模型将每项信息义务分解为数据需求，即遵从信息义务时必须提供的每个信息元素；然后将每项数据需求再分解为若干具体的行政活动，收集每项行政活动所花费的时间（Time）、价格（Price）和数量（Quantity）等成本参数，从而计算出每项活动的成本，经汇总估算总体行政负担。由于监管对象类型较为复杂且不同对象履行的信息义务不同，因此直播电商行政负担估算时应在标准成本模型基础上增加各信息义务主体，通过计算不同主体的行政负担汇总得出直播电商总体行政负担成本，如附图 2 所示。

直接财务成本（DFC）：监管对象为满足监管要求而直接向政府相关部门支付的费用，可能包括税金、行政收费等。例如，《中华人民共和国电子商务法》第十条规定便民劳务活动、零星小额交易无须办理市场主体登记，但由于未对这两类情形的认定标准和适用范围进行明确规定，因此关于网络交易经营者办理市场主体登记的问题一直存在争议和漏洞。2021 年 5 月 1 日正

---

① OECD. OECD Regulatory Compliance Cost Assessment Guidance ［M］. Paris：OECD Publishing，2014.

② Atanassov A，Trifonova S，Saraivanova J，et al. Assessment of the administrative burdens for businesses in Bulgaria according to the national legislation related to the European union internal market ［J］. Management-Journal of Contemporary Management Issues，2017，22 （SI）：21-49.

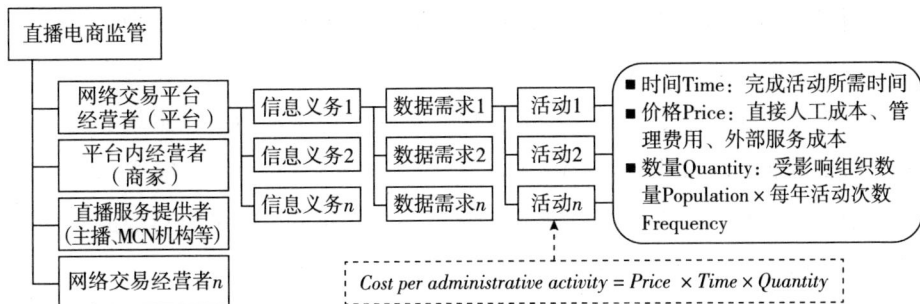

附图2 直播电商行政负担标准成本模型

资料来源：笔者整理。

式实施的《网络交易监督管理办法》对于不需要进行登记的情形进行了具体界定，并明确了直播带货等新业态参与主体的网络交易经营者身份，这些规定将为税收、行政收费等提供明确依据，从而增加部分监管对象的直接财务成本。

间接成本（IC）是指在直播电商相关市场发生的成本，或者由平台、商家、主播、MCN机构、消费者、政府或其他利益相关方所承担的不属于监管直接范围内的成本，包括间接合规成本（Indirect Compliance Costs，ICC）、机会成本（Opportunity Costs，OC）及其他间接成本（Secondary Costs，SC）：

$$IC(x) = ICC(x) + OC(x) + SC(x)$$

直播电商业态是一个相互关联、相互影响的生态系统，对于直播电商平台及网络交易经营者的监管会导致相关市场，如前端生产制造商成本的提升，这些成本通常会通过商品或服务价格的上涨、可用性/质量的降低向商家、消费者、主播、MCN机构等参与主体转移，这些成本由于并非实施监管要求而产生的直接投入和费用，因此列入间接合规成本。机会成本是指由于将支出从首选用途（更高效）转移到合规用途而产生的成本，即监管支出的收益与这些支出最佳可选方案收益之间的差异①。其他间接成本，也称为"次级成

① OECD. OECD Regulatory Compliance Cost Assessment Guidance [M]. Paris：OECD Publishing, 2014.

本"，通常难以进行分类。直播电商监管中可能性较大的成本类型：监管可能会抑制直播电商经济规模的增长；监管可能导致市场竞争程度降低，从而可能影响资源配置效率；监管可能会抑制创新；直播电商对稳定就业作用明显，监管可能会对就业产生影响。通常，政府监管政策的"次级成本"占比相对较小，然而对于直播电商新业态而言，"次级成本"可能会构成非常重要的成本项目。

管理和执法成本（AEC）是指政府在管理和执行监管要求方面所产生的成本，一般包括政府为执法所投入的一次性适应成本（如建立监管大数据平台、购置监管所需设备等）；政府为有效监测合规性而收集数据和信息所产生的行政负担；监测成本；纯粹的执法成本，如"双随机、一公开"检查、处理投诉等成本；裁决/诉讼费用等。

（三）直播电商监管收益

直播电商监管收益是指由于实施监管要求而获得的社会总收益，通常分为直接收益（Direct Benefits，DB）和间接收益（Indirect Benefits，IB）两部分。

直接收益（DB）主要包括改善公民福利和效用（Improved Citizens' Well-Bing and Utility）以及改善市场效率（Improved Market Efficiency）。效用是一种关于消费者消费满意程度的度量，消费者会通过效用最大化这样一种衡量消费满意度的方式来做出选择。直播电商监管可能会使得消费者在同一消费预算水平下获得更多的总效用，从而增进社会福利，这也是直播电商监管的主要目的之一。然而，由于效用是消费者在商品或服务消费中所获得的主观心理感受，不同个体偏好不同从而导致其量化和货币化难度很大，因此现代成本收益分析大多基于这样一个假设，即收入可以用来代表公民效用、福利或满意度，因此该部分直接收益通常采用支付意愿（Willingness to Pay，WTP）或接受意愿（Willingness to Accept，WTA）近似计算。支付愿意是指个体为获得一定数量的商品或服务所愿意支付的金额；接受意愿是指个体为放弃某种商品、服务或预期收益而愿意接受的最小补偿金额。然而，一些实证研究发现，WTP 与 WTA 之间存在巨大差距，例如，Horowitz 和 Mcconnell

（2002）对45项涉及不同商品的实证研究的结果进行了综合分析，发现平均而言，WTA大约是WTP的7倍①。改善市场效率，主要体现在通过监管改善资源配置、消除市场失灵或监管失灵，由于监管带来的成本节约等。电子商务市场由于比线下实体市场的信息不对称和市场不确定性更为严重，因此更易导致卖方的道德风险和买方的逆向选择，从而导致市场失灵。直播电商业态下，尽管视频直播、实时互动等在一定程度上缓解了传统电商模式的信息不对称问题，然而，MCN机构、主播等多元化主体的入局、直播与交易相分离、低价竞争造成的劣币驱逐良币、直播"即时性"导致的不可控、新业态监管的滞后性等因素也反向加剧了直播电商市场失灵，这也是政府实施监管的原因。此外，监管还可能会改善市场资源配置，实现成本节约。需要注意的是，监管成本和收益往往互为镜相。例如，成本节约可能是最重要的收益类别，因为许多监管干预旨在简化立法和降低监管成本；而一项监管干预在实现某项类别收益的同时会产生相应类别的成本，如监管通常会改善资源配置从而提高市场效率，然而由于监管要求的实施，可能会减少市场竞争，在一定程度上降低市场效率，从而产生间接成本。

间接收益（IB）主要包括间接合规收益（Indirect Compliance Benefits，ICB）、信息收益（Information Benefits，IB）及宏观经济效益（Macro-Economic Benefits，MB）。监管和立法往往会产生超出监管对象合规行为以外的溢出效应②，遵守法律法规能够为同一价值链上的其他利益相关者创造效益，如通过监管能够促进直播电商业态持续健康发展，这也会为上游的生产商及其前端供应链创造价值。此外，政府监管及监管对象的合规行为将会营造更加公平有序的市场环境，从而给平台、商家、主播、MCN机构、消费者等利益相关方创造超出直接收益之外的更大价值。宏观经济效益（MB）包括GDP增长、赋能经济发展、增加就业机会等方面的影响，这些通常会在监管

① Mcconnell J K, Horowitz K E. A Review of WTA/WTP Studies [J]. Journal of Environmental Economics and Management, 2002, 44 (3): 426-447.

② CEPS. Assessing the Costs and Benefits of Regulation [R/OL]. (2013-12-10) [2021-02-15]. http: //www. economistiassociati. com/files/cba_study_sg_final_0. pdf.

政策的直接目标中予以描述。各方信息义务在直播电商监管中得到了加强，数据和信息将成为直播电商监管的核心资源，因此信息收益（IB），即各方履行信息义务获得的收益，将会成为间接收益的重要组成部分。

三、直播电商监管影响分析建议

第一，基线场景的确定将对监管成本和收益的衡量产生根本性的影响。直播电商监管影响分析，是评估拟定的监管政策对问题的增量影响，即仅评估由该政策所带来的监管成本和收益，而不包括无论是否采取该政策都会存在的其他任何影响。因此，在开展监管影响分析时，除了要概念化监管场景（包含政策场景，With Regulation）外，还需概念化基线场景（不包含政策，Baseline），即基于现有的法律和监管环境，不采取任何政府干预的情况下直播电商的发展基线。基线场景的确立是非常必要的，不考虑基线场景的监管影响分析可能会对监管政策的选择和实施做出错误的判定。

第二，监管成本-收益分析通常需要辅以其他方法。成本-收益分析是一种定量分析方法，与拟定的监管政策及其所有可行的替代方案相关的潜在社会总成本和总收益的货币化是成本-收益分析的核心要素。然而，为非货币性的成本和收益准确确定货币性价值通常是非常困难的，因此在监管影响分析中，监管成本-收益分析通常会结合多准则分析（Multi-Criteria Analysis）、最小成本分析（Least Cost Analysis）、成本有效性分析（Cost-Effectiveness Analysis）、SWOT 分析等多种方法使用，以实现不同分析方法之间的优势互补。

第三，考虑贴现率对监管成本和收益的影响。对于所考虑的每一项监管方案，其成本和效益通常不会在同一年内发生，可能会分散于数年之内，因此监管成本-收益分析必须考虑社会贴现率的影响，从而将整个社会未来的成本和收益转换为"现值"，并计算每项监管政策的"净现值"（Net Present Value，NPV）。社会贴现率会受到多种因素的影响，而不同的社会贴现率可能导致相差巨大的监管成本和收益，从而做出错误的监管决策，因此正确地选择社会贴现率对于直播电商监管影响分析尤为重要。

$$NPV = \sum_{i=0}^{i=n} \frac{B_i}{(1+r)^i} - \sum_{i=0}^{i=n} \frac{C_i}{(1+r)^i}$$

其中，B_i 和 C_i 分别表示第 i 年的监管成本和收益。

第四，正确理解各监管利益相关方成本、收益与社会总成本、总收益的关系。直播电商监管的社会总成本与总收益等于由于实施监管要求所有利益相关方所产生的成本和收益之和。监管成本-收益地图中列出了不同监管成本和收益的类别，这是将直播电商生态作为一个系统进行的划分结果，而具体到特定的利益相关方，由于实施监管要求所产生的成本和收益可能并未在此地图上全部体现，如监管对象由于未履行监管要求而产生的违规成本，从短期来看，违规成本由监管对象交至监管机构，并未直接产生社会总成本，但从长远来看，违规成本必定会对间接成本和间接收益造成影响。